LA GRAN ESCALA

TRIADAS DE EVOLUCIÓN Y TRANSFORMACIÓN.

INTRODUCCIÓN

Aun siendo verdad que la realidad final se presenta con forma y sin ella, con atributos específicos y diferenciadores por un lado y sin cualidades distinguibles por el otro, como fenómenos particulares y como vacío omnipresente a la vez; como sometido a orden y jerarquía estricta y como libertad incondicionada total; como cero y como infinito, como realidad e ilusión compartidas, como sueño y vigilia simultáneos, como vida y muerte articuladas como un todo indisociable, como onda y partícula según que se la mire o no se la mire, como ser y no-ser...aun así y admitiendo todo esto como verdad incomprensible, no hay forma alguna de vivir correctamente si no se maneja uno con la realidad formal, perceptible, mensurable, jerarquizada, constatable, compartible, modificable y también Separada en si misma de todo lo demás. Lo que quiere decir que hablaremos de una realidad que se presenta como constituida por seres aparentemente separados que son cada uno un Ser en sí mismo independiente de alguna manera de todos los demás; seres que se relacionan con el resto de seres mediante intercambios específicos que se cumplen en determinadas circunstancias y no en otras; o sea que están sometidos a leyes sean estas universales o locales, eternas o temporales, genéricas o particulares, pero Leyes, Leyes al fin, que debemos conocer.

Nada tiene que hacer aquel que niega el mundo de los fenómenos y las leyes, de la multiplicidad y de las formas y las desprecia refugiándose en un narcisismo infantil indiferenciado propio del psiquismo de un bebe, como esta en boga hoy en día a través de todo lo que constituye el culto al Vacío que nadie sabe lo que es, a la Unidad que nadie desea sinceramente, a la Fusión amorfa e informe de todo lo que se desea y se conoce, y el sorprendente amor a no "saber nada" , con la confusión resultante de la confusión de todo en una sola cosa propia de las doctrinas de la No-dualidad tan en boga de nuestros tiempos de postmodernidad. Aquí nosotros aceptamos que la Realidad tiene siempre dos caras indisociables e inseparables pero complementarias: la Forma y el Vacío, la Unidad y la Multiplicidad, la Unión y la Separación. El ego de nuestra época tiene algunas peculiaridades que habrá que conocer y estudiar, pero en concreto tiene unos rasgos centrales que se agudizan con el paso del tiempo, como serian el de ser frágil, ligero e hipersensible y además ego-céntrico como un niño malcriado. Lo terrible es que esos niños manejan las acciones y las decisiones de las grandes empresas, los medios de propaganda y comunicación de efectos devastadores para nuestras mentes y nuestras almas, y el posible uso de armas convencionales y atómicas de enorme poder. En fin, todo aquello que era y es de valor para nuestras vidas ha quedado en manos de hombres que dan valor narcisistico solo a su "preocupante irresponsabilidad".

Dado que se ha olvidado casi por completo la función del "buen padre" de las aspiraciones de los dirigentes de los pueblos, confiemos en que la sustituya rápidamente la entrega y dedicación de una "buena madre" que también logra educar, pero no por coerción y autoridad como el varón sino por fidelidad e identificación amorosa más o menos sincera con aquellos que le rodean, y también con aquellos que vienen. Y esperemos también en que esta acción protectora y directiva no sea solo el efecto de alguna derivada del chantaje emocional, con toda su esclavitud acompañante y muy propio de madres castradoras, ni de la simple histeria hueca de la vida social que todo lo falsifica. Confiemos.

INDICE

PARTE PRIMERA: DESCRIPCIÓN.

1. **LA ESCALA.**

En esta exposición trabajaremos únicamente con realidades "experimentables solo subjetivamente", nadie puede pretender encontrar aquí pruebas objetivas o demostraciones externas de nada: el instrumento de validación será nuestra propia capacidad personal de comprender y nuestras personales vivencias previas; a las que añadiremos las intuiciones que podamos sentir. Esto quiere decir que para participar y aprovechar lo que estas páginas creemos que ofrecen, no basta con utilizar simplemente la capacidad que ya disponemos los buenos lectores de temas abstractos de leer simplemente dejando al vuelo nuestra capacidad de asociación libre. Esta lectura propone que nos detengamos en frases, párrafos o simples términos inhabituales, sin esperar a que después de leer un buen rato surja … "como resultado…una especie de comprensión", sino que al detenernos voluntariamente aquí o allá, e interrumpir el hábito lógico habitual, nos permitiría absorberla por elementos aislados, "como por impregnación". Queremos decir que no se propone ofrecer "verdades", sino solo "impresiones", en este caso intelectuales.

Estas "realidades subjetivas" (o sea, toda la gama posible delo que podemos experimentar como hombres que somos, como sujetos) de las que vamos a hablar, cambian constantemente para bien o para mal, evolucionan con el tiempo hacia mejor o peor y todo ello "dependiendo en gran medida de nuestra propia Voluntad", como veremos luego (suponiendo que aceptemos disponer de algo parecido a una capacidad en nosotros que pudiera admitir ese nombre). Todas las experiencias posibles sobre las que aquí se va a hablar son un producto de la Voluntad del hombre. Voluntad que se dirigirá sobre una u otra dirección incesantemente, como ya lo está haciendo ahora, por cierto.

O sea, resumiendo, en este trabajo solo hablaremos de cosas experimentables personalmente con la "integridad del ser", no de cosas simplemente creíbles o demostrables por razonamiento. Tampoco hablaremos de realidades u objetos externos, (como si fueran partículas elementales o elementos celulares), que se pudieran estudiar desde fuera con solo la razón lógica (como hace la ciencia con sus objetos de estudio). Para seguir adecuadamente, y aprovecharse en la mayor medida, esta exposición, deberemos activar en nosotros todas nuestras capacidades de entender, sentir e intuir; e incluso admitir nuevas posibilidades de "ser". Todo lo que se propone aquí es para sentirlo, comprenderlo y Serlo, a la vez. Por eso proponemos que se lea a fragmentos, con una actitud corporal adecuada y dejándose "impregnar" por estas ideas, sin pretender entenderlas como si constituyeran un sistema conceptual. En realidad, este texto se ha producido por chispazos de intuición logrados aquí y allá.

LAS TRES DIMENSIONES

INTELECTUAL

VISIÓN, GNOSIS, CONSCIENCIA

SOMÁTICA

SENSACIÓN, ENERGÍAS, SER

EMOCIONAL

SENTIMIENTOS, EMOCIONES, BEATITUD

Estas "posibilidades de experimentar", que constituyen el objeto de este estudio, presentan una naturaleza de tipo cuantitativo: esto es que tienen dimensiones. Por lo que pueden ser... más fuertes o más débiles, más grandes o pequeñas, y además pueden disminuir o crecer en el transcurso del proceso de nuestra vida. Nuestra propia vida emocional puede servir como ejemplo clarificador, dado que esta cambia todo el tiempo; lo hace decenas de veces a lo largo del día. Supongamos que alguien recibe una buena noticia, o tiene un encuentro positivo, una esperanza largamente acariciada cumplida o un éxito en cualquier ámbito... y entonces todos nos sentimos exaltados y contentos. Cuando esto no sucede, o peor, si sucede todo lo contrario, entonces conocemos, sin desearlo por supuesto, las profundidades del dolor psicológico o moral, en sus diferentes variantes ampliamente conocidas por todos: la angustia, la vergüenza, el miedo o el odio y la desesperación, etc. Todas estas emociones pueden ser más fuertes o más débiles, eso nadie lo negara. Pero lo que si se niega en general es que el proceso de convertirse en persona o el de llegar a "ser real", o el más simple de auto-realizarse, tenga grados, estadios, etapas, pasos, niveles y probablemente varias cosas más. En general hoy en día se niega que sea necesario un "camino gradual", progresivo, continuado y esforzado; la gente joven parece querer un camino milagroso, instantáneo y casi diríamos que automático.! ¡Pero no los hay! Lo afirmamos con toda la convicción que podemos.

Los caminos de "un solo un solo" paso son reales por supuesto y se les respeta profundamente, y además son casi necesarios al final de un largo trayecto de trabajo y purificación. Nadie negará el intenso trayecto de preparación exigido en el Zen, el Budismo Dzogcheng, e incluso en el Vedanta advaita, caminos todos ellos que culminan en un chispazo impactante de conciencia nueva. Pero la gente de nuestro tiempo quiere la iluminación instantánea y gratis, y lo que es peor sin cambiar nada de cómo son. Pretenden echar el vino nuevo en odres viejos y obviamente el vino se va a perder. Hoy en día nadie parece sentir la necesidad de prepararse, adecuarse o purificarse para lograr aquello que consideraríamos la "experiencia humana más alta posible". Creemos tener derecho a ella…" tal como somos". Equivaldría a querer seguir siendo un niño y a la vez desear pilotar un avión. Equivaldría a negarse a dejar de ser un adolescente con sus juegos e inestabilidades y ejercer la paternidad con responsabilidad a su vez. No puede ser.

LA PERSONALIDAD

1- LA A-PERSONALIDAD. DEBIL E INARMÓNICA, INSUFICIENCIA DEL YO, EDUCACIÓN POBRE	
2- LA PERSONALIDAD ARMÓNICA Y FUERTE.	FORMACIÓN EMOCIONAL E INTELECTUAL
3- LA IMPERSONALIDAD VOLUNTARIA.	ESENCIAL O NATURAL, TRABAJO SOBRE SÍ
4- LA SUPREMA IDENTIDAD.	TRANSFORMACIÓN DEL YO
5- LA DESPERSONALIZACIÓN PATOLÓGICA.	AUSENCIA DE VOLUNTAD, NEGATIVIDAD

Lo que queremos recalcar con todo esto es que en nuestra exposición habrá un elemento fundamental cuantitativo, o sea habrá más y habrá menos, estaremos cerca o lejos, etc. Con esto queremos decir que, aunque el Absoluto no gana ni pierde, no crece ni disminuye, nosotros ... ¡sí! Estamos constantemente moviéndonos en un mundo en el que nuestra situación es mejor o peor por momentos. En que el proceso general de nuestra vida puede ir bien o puede ir mal. Creemos que es una evidencia que algunas vidas parecen haber ido bien y otras por desgracia parecen haberse truncado. El éxito de una vida humana en principio no está garantizado, para nadie.

Utilizaremos un esquema donde representamos las "posibilidades" de la vida subjetiva psíquica, y para ello diseñaremos un espectro o diagrama de posibilidades o Posiciones que irán desde 12 a 1, desde la periferia más extrema al Centro Original casi inaccesible. Este espectro también se podrá analizar en sentido contrario desde la Positividad Creadora inimaginable del Origen hasta la Negatividad, inamovible casi, de la Posición 12, la del hombre Esclavo.

Este concepto de Positividad es lo central y característico de este trabajo. Se refiere a la positividad en sus tres posibles dimensiones: la física, la mental y como resultante, y predominando sobre ellas, la emocional.

Esta positividad emocional vendrá a su vez expresada en tres áreas. En la primera, en relación al regalo de la vida donde debiera primar la gratitud en principio y la responsabilidad, como consecuencia lógica. En segundo lugar, en la relación al otro semejante donde debe predominar la empatía y el altruismo. Y en tercer lugar en la relación hacia sí mismo, donde lo justo sería que predominara la alegría por "ser yo" y un sentimiento propio de auto-admiración por la grandeza que sostiene y manifiesta nuestro propio ser, el de cualquier ser humano.

La Positividad intelectual consistirá en generar y disponer pensamientos verdaderos (sin prejuicios ni creencias vulgares), propios o personales; y, por último, creativos, o digamos que continuamente renovados y acercándose más y más a su objetivo de ser la expresión lo más fiel posible de la Verdad.

Y la Positividad manifestada en el cuerpo consistirá en un estado de bienestar orgánico con "sensaciones nuevas de naturaleza gozosa", caracterizadas particularmente por una nueva alegría y gozo orgánico que ahora casi desconocemos por completo, salvo algunos momentos de "apertura" corporal. Implica que el cuerpo recibirá un flujo continuo de energías que aceptará de forma consciente y agradecida. Sencillamente: eso es la Vida. ¡este regalo! ¡Y se nos había olvidado!

Volvamos a nuestra escala y fijémonos que entre la Posición 1 y la 12 hay, como se puede ver en el gráfico, todo un registro de posibilidades con la Posición central humana en 7, que será la propia que le correspondía al hombre creado originalmente, al hombre verdadero antes de la caída en el sueño: el así llamado Primer hombre sobre la tierra o sea el bíblico Adam. Por ello, para facilitar nuestra representación llamaremos a las posiciones de 7 a 1 las posiciones a la Derecha del Hombre, y sobre ellas hablaremos poco, porque poco se puede hablar…pero existen y no deben ser olvidadas. Porque desde allí nos llegan continuamente influencias, sugestiones e influjos.

Los estados, emocionales, intelectuales y fiscos, correspondientes a las posibilidades que tenia de comunicación con su Creador serán las Posiciones 6-5 y 4. Estas serían las situaciones intermedias de la humanidad en contacto con realidades y estados de supra-humanidad (la literatura se ha referido a ellas como Iniciados, Budas, Avatares, Ángeles y Arcángeles, y muchas posibilidades más). Pero sin olvidar nunca que por más atrayentes que nos resulten estas posibilidades superiores, nuestra posición responsable, la que deberíamos ocupar mientras vivimos en este cuerpo, no son esas, sino la Posición 7. Esta es una posición "entre dos mundos", como siempre se ha dicho, Posición que constituye la función esencial del hombre. El hombre no está destinado a ser Dios sino Hombre. Hombre Verdadero, claro está. Por ahora.

La huida hacia los cielos (que imaginamos y deseamos) y sus acompañantes placeres, propios exclusivamente del yo limitado que somos ahora,(porque ninguna otra cosa más elaborada, ningún otro placer o felicidad más humanizada nos lo podemos representar por ahora), no es deseable y representa una equivocación de importantes consecuencias: en este caso el hombre no quiere ser hombre, ocupar su sitio y cumplir su función; sino que quiere huir hacia el placer y la indiferenciación, dimitir como hombre y dejar vacía su "insustituible posición". El escapismo espiritual egoísta es imperdonable sobre todo cuando contemplamos como está el mundo, y todavía lo es más cuando nos tememos como podría acabar si el hombre no cumple bien su función.

La "imperiosa y urgente necesidad de Realización", o sea en un sentido justo, "volver a ser real", del hombre que ahora se siente falso e incompleto, es otra cosa, y es profundamente respetable; pero afortunadamente, no tiene casi nada que ver, aunque lo parezca con la "urgencia escapista", siempre egoísta e infantil, del hombre que quiere buscar una improbable "situación celestial" para gozar. Nuestra necesidad de encontrar amor, claridad y sentido en algún cielo prometido favorece todo tipo de actitudes egoístas y de dimisión de nuestra verdadera naturaleza. El Paraíso prometido se vive con la glotonería personal propia de una "adicción", como lo fuera a cualquier substancia tóxica. De hecho y aunque parezca difícil de entender, esta huida o evasión hacia lo así llamado Alto es todo lo contrario de lo que tendría que ser la verdadera realización humana.

No se nos ha creado en un universo como este, doloroso sin duda alguna, incompleto e insatisfactorio para las expectativas esenciales de nuestro verdadero ser, "para acabar huyendo de la vida como hombres" sino para cumplir una función en él, porque precisamente somos nosotros los únicos que podemos cumplirla, dado que justamente hemos sido creados casi exclusivamente para esa misión. Pero ahora no la estamos cumpliendo, porque algo no ha ido como debía, y nuestra "urgencia de escapar" solo sería comprensible cuando signifique que deseamos no el placer inmenso que imaginamos en los cielos, sino... "volver a ser ese ser Real que debe empezar a cumplir con su Función". Aquí, en esta tierra y con este cuerpo, pero con una mente renovada, volveríamos a cumplir con nuestra función.

Tenemos que volver a contactar con el Centro, pero sin abandonar nuestra posición humana actual en 7. Ese es el desafío.

Esto está perfectamente reconocido en diversos caminos, como, por ejemplo, en algunas corrientes del sufismo y también en los trayectos de muchas otras corrientes místicas, que han entendido que alcanzar lo supremo, o sea "volver a Dios" es solo el primer paso, ¡solo el primer paso! que luego hay "que vivir en Dios". Así se señala, aunque nadie parece entenderlo que primero viene "el viaje a Dios" que es limitado y tiene una duración temporal concreta; y luego viene el viaje "en Dios", ilimitado, eterno... para siempre.

Todo ello lo representamos como un primer trayecto que consistirá en volver a ser uno mismo otra vez, o sea "de nuevo Adam" para cumplir luego, con un deleite y unas posibilidades de ser inimaginables ahora por nosotros, la función para la que fuéramos creados por nuestro Creador.

Del "primer trayecto" podemos hacernos una cierta representación: porque se trata de lo que ha venido llamándose... auto-realización del Ser del Hombre verdadero, el conocimiento de Sí Mismo o el acceso al Verdadero Yo. O sea, nuestro ansiado desplazamiento de 10 a 7. Del "segundo trayecto", del trayecto en el Ser, en el Creador, del que carecemos por completo de experiencias, e incluso de relatos de terceros, es casi imposible hablar. Por eso simplemente señalamos que las Posiciones 1-2-3, no son propias del hombre, no son su residencia ni su posesión, pero sí qué "podemos participar" de ellas. Porque Ellas nos comunican su ser. De las Posiciones 6-5-4, que están mucho más individualizadas, recibimos influencias directas Superiores, que, si las aceptamos adecuadamente, nos permitirán "actuar en el mundo".

Esta teorización no pretende ser cerrada ni siquiera incompatible con otras, se trata solamente de una teorización aproximativa, donde afirmamos solo que las cosas... "parecen ser así". Es "algo así". O "como así". Y nos mantenemos esperando descripciones, relatos, y comunicaciones futuras de mayor fidelidad.

De esta forma tentativa, respetuosa con lo que desconocemos, podemos decir que el hombre "vive" en la Posición 7, "actúa" con las influencias directas que le llegan de 4-5-6. Y "recibe" el ser gratuitamente desde 1-2-3. ¿Y dónde actúa?: desde la Posición 7 a la 12.

Las posiciones de 7 a 12 serán las posiciones a la Izquierda del Hombre y dentro ellas la 11 y 12 serán las Negativas, que no son necesarias en absoluto para el hombre individual, y que, aunque quizás la humanidad no pueda librarse de ellas, un individuo concreto si lo podría hacer. Y lo debe hacer, aunque solo más tarde se entienda bien el porqué. Estas posiciones Negativas equivalen al freno de la Creación…donde esta se interrumpe y se acaba. Mientras que en la Posición 11 el hombre está solamente "dominado temporalmente" por lo Negativo, en la Posición 12 el hombre es ya Esclavo definitivo de la Negatividad.

La Posición 11 nos amenaza continuamente, y todos conocemos bien momentos infernales de negatividad tanto emocional como intelectual. La psicología se ocupa de ellas, pero en general solo para curarlas cuando ya han adquirido carta de naturaleza, pero nosotros proponemos un trabajo preventivo decidido contra la posible negatividad, "antes de que esta aparezca".

Y aunque en general todos los movimientos de auto-evolución y desarrollo de la Consciencia humana son vistos con sospecha por el pensamiento moderno y acusados de religiosidad trasnochada, fanatismo o simple ingenuidad intelectual, todos ellos sin excepción, (aunque sí con mayor o menos habilidad, y con resultados positivos o incluso negativos, ¡hay que reconocerlo!), tratan de "generar Positividad" a todo lo largo de la vida humana. Desarrollar Positividad es la tarea central de cualquier movimiento evolutivo individual y grupal. Pero esa Positividad no es humana exclusivamente, ni mucho menos simplemente emocional. Es Creadora.

Además de las Posiciones que hemos señalado, hacemos la consideración de que en general todos nos movemos durante casi toda nuestra vida "solo" entre tres posiciones adyacentes a las que llamaremos Triadas; y suele ser muy difícil que nos salgamos de ahí tanto en sentido positivo, hacia el centro, como negativo. Queremos decir con esto que en general nacemos y morimos en una Triada especifica; y que solo un muy mal destino en sentido negativo o un Trabajo personal muy sistemático, serio y bien conducido, en sentido positivo, nos permitirán cambiar de Triada durante el transcurso de una vida.

Si el hombre no trabaja sobre sí, nace y muere siempre en la misma triada, la 11-10-9. Suponemos que ha rechazado de su vida para siempre la negatividad esclava de la 12.

Veamos las Triadas y sus posiciones.

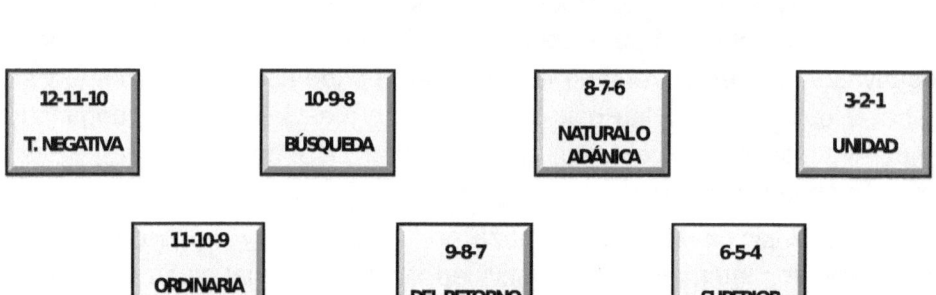

Y también repasemos las diferentes Posiciones con su terminología.

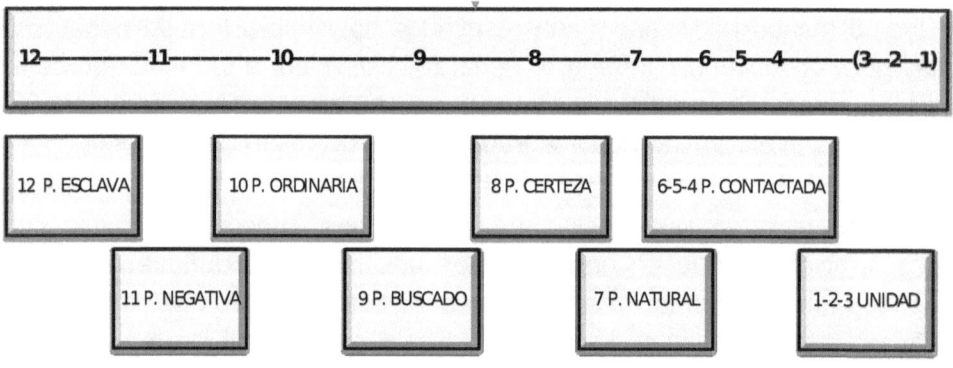

Repetimos que las Posiciones 1-2-3 y lo mismo las 4-5-6, el hombre no las posee ni las domina, sino que solo participa de ellas, en un contacto que puede ser de mayor o menos "estabilidad". Estamos hablando del "hombre mientras es hombre", que debe situarse siempre en la Posición 7.

Participa de otras realidades y se comunica con Seres superiores, pero él sigue siendo Hombre, en este venturoso caso "Hombre de verdad".

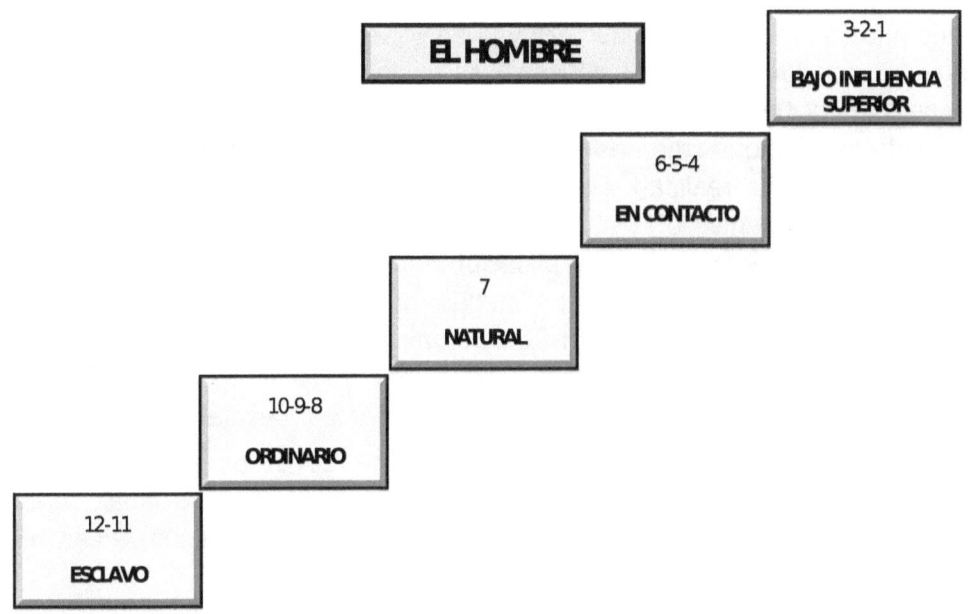

2-LAS DIMENSIONES DEL YO.

Soma. Psique. Nous. (Cuerpo. Emoción. Mente.)

Las modalidades de "experiencia yoica", o sea las diferentes formas que tenemos de experimentarnos a nosotros como individuo, de sentirse a sí mismo como un "yo", son variadas y no es, como se nos pretende hacer creer, que solo fuera una. Pero estas posibilidades no son innumerables, sino que son reducidas en número y pueden ser perfectamente el sujeto de nuestra consideración. Constituyen las "posibilidades de ser" que le son accesibles al hombre actual y en este ensayo hemos definido un número limitado de ellas que creemos que corresponde bastante fielmente a nuestra experiencia de la realidad. Pero valdría igual una división en un número diferente de variantes o posibilidades de ser, a condición de que esta nos permitiera posteriormente una "aplicación práctica" de la misma. No se trata de un estudio teórico, sino de un modelo que pudiera posteriormente ser funcional. No se busca un esquema que nos permita disfrutar intelectualmente, sino "movernos". ¿Movernos dónde?: en el ser, en ese campo del ser en el que por naturaleza nos podemos "desplazar".

Como ya hemos repetido aquí y allí, la capacidad de experimentarse a sí mismo tiene tres áreas: la somática, la cognitiva y la emocional. Otras las califican como funciones humanas, centros de coordinación, áreas de expresión, cerebros, etc.

La primera o Somática es la menos reconocida de todas, al menos en occidente, donde el cuerpo ha sido rechazado, durante siglos, para cualquier aproximación a lo Superior (parece que nos hemos conformado con los extremos de salud o enfermedad, placer o displacer; y nos ha parecido muy natural incorporar la criminal dicotomía irreconciliable entre el cuerpo y la mente, la materia y el espíritu, etc.). La dimensión somática del yo englobaría toda la gama de posibilidades de experimentar mi propio cuerpo, tanto las conocidas como las "desconocidas". Y es que, en este campo, como occidentales que somos privilegiamos lo "mental" o psíquico hasta niveles de desprecio y desvalorización de lo corporal. Tenemos mucho que descubrir y aprender. El cuerpo es el gran desconocido.

La experimentación del cuerpo propio como base para un conocimiento de sí mismo ha estado por completo descartada en nuestra historia. Las nuevas tendencias que incorporan en nuestra cultura diferentes modalidades de vivencia activa del cuerpo (yoga, pilates, taichí, relajación, bioenergética, etc.) parecen hacerlo solo con un ambicioso deseo de salud, armonía, belleza o simplemente como nuevos usos y costumbres saludables y modernos, algo muy próximo al deporte, que además debemos mostrar a los demás. Y "mostrar", creemos que viene a ser la palabra clave. "Mostrar" es la actividad central en la histeria social, ese imaginario cruce de miradas reciprocas, que sustituye una verdadera sensación de ser real. El mundo cambió el día que se descubrió el espejo, y ahora el juego reciproco de imágenes que constituyen mi ser, el "imposible campo imaginario", ha dado lugar a que yo me ahogue en él.

La enorme distancia que hay entre un cuerpo simplemente "representado" (o sea mediante un simple proceso mental de rememoración, como cuando imagino o recuerdo mis sensaciones que ya tuve), y un cuerpo "vivido" en primera persona, participando de las inevitables sensaciones acompañantes que nos ponen en contacto con las energías propias de aquel, no hace más que aumentar en nuestra cultura. El predominio irresistible de lo visual y lo virtual, debido al imperio de los medios tecnológicos con su "gran pantalla" que sustituye al mundo verdadero, hace que cada vez nos alejemos más de una sensación viva de nosotros mismos. El hombre no siente su cuerpo de una forma global y consciente, y no siente ni su grandeza, ni su realidad; por eso poco nos debe extrañar que se haya impuesto una actitud general que dice: el cuerpo, poco nos puede enseñar sobre nosotros mismos. Sin embargo, nosotros diríamos que la actividad mental, incluso la mejor desenvuelta, e incluso la más creativa, tiene un tope o límite, pero que los misterios vivos que se abren a través de la sensación interior, cuando la recuperamos y entramos en ella, parecen ser inabarcables.

Nos cuesta muchísimo comprender la diferencia entre "sensación" y "representación". Y sin embargo ahí está la clave que nos permitirá avanzar con claridad. Ambas posibilidades deben avanzar al unísono, sin confundirse ni neutralizarse. Vida (energía sentida en movimiento) y consciencia (imagen del mundo y auto-representación) serían las dos manos con las que trabaja la creación. Y con las que debo trabajar yo.

Serian muchas las diversas posibilidades en este campo, pero intentaremos centrarnos en las más relevantes. El cuerpo para empezar puede "ser percibido o estar ausente". ¿A qué edad me di cuenta de que tenía un cuerpo? ¿En qué momento de mi vida sentí que "yo", mi "yo", era cuerpo también? ¿Cuándo comprendí que mi evolución necesitaba una serie de experiencias en ese cuerpo que habito yo? Y, por último, ¿algún día lograré sentir que mi cuerpo es un vehículo de "trabajo" transformador y un instrumento de "expresión" en este mundo?

Nuestro cuerpo puede sentirse como algo más o menos unificado o estar completamente dividido y fragmentado (en general no me obedece, no acompaña mis propósitos, y no participa de mis aspiraciones en la vida). Hay zonas que siento y otras que no. Observo tensiones, incluso dolorosas en determinadas partes; noto zonas vacías, casi como muertas. Determinados gustos de determinadas partes, sean sexuales u otras me obligan y se imponen a mi voluntad. Muchas veces me encuentro cansado, sin concentración, sin energía; el cuerpo me pesa, tiene sueño y se opone a mis iniciativas. Solo muy raras veces me siento unificado, vivo, armónico dentro de él y el cuerpo me acompaña con alegría...a donde quiero ir, (en ese estado de "salud perfecta" que implica la felicidad...como diría Whitman).

Puede ser globalmente sentido como agradable y gozoso o como fuente de tensión, malestar e incluso sufrimiento. Me puede responder a mi voluntad en alguna medida o serme ajeno, rebelde y enajenado. Y en conjunto puede sentirse como un objeto apagado, poco expresivo e incluso casi inerte o emitir señales de estar vivo y contener energías diversas en circulación revitalizadora y regeneradora.

Resumiendo, en general podremos decir que la vivencia de las sensaciones oscila entre dos polos; uno caracterizado por el cierre, el bloqueo inmovilizador y el displacer, por un lado, y el otro, el que buscamos, por la apertura, el dinamismo y un goce básico y constante.

Todo esto se refiere exclusivamente a cómo vivimos y valoramos el cuerpo ahora mismo todos nosotros, sin trabajo especial alguno, nuestra cultura. Quedaría toda una descripción pendiente de que fenómenos y experiencias del tipo sensación y energía, nuevos y desconocidos, podríamos recibir con él si evolucionamos. Las posibilidades de experimentar con el cuerpo y en el cuerpo son muy grandes, mucho más de lo imaginado. Buscamos la satisfacción en el pensamiento, olvidando que mucho antes que este estaba la sensación. La Realidad, si algún día se manifiesta, lo hará como un estado total, y por eso corporal.

En el campo emocional tendremos también varias posibilidades. En primer lugar, tenemos que dividir nuestras experiencias emocionales entre emociones altruistas y emociones egoístas según que hagan bien o mal a los demás, y según que nos unan o separen de ellos. Pero esta única diferenciación, digamos ética, no será suficiente porque, por ejemplo, aunque la ternura hacia un niño es altruista, y la venganza satisfecha sobre nuestros enemigos es completamente egoísta, sin embargo, ambas dos serán sentidas como experiencias deseadas para aquel que las da cabida en sí; ambas producirán satisfacción; otra cosa serán las consecuencias futuras tan diferentes de ambas. Con esto queremos decir que otra dimensión de las emociones que hay que tomar en consideración además de su valor ético o social, será "su sabor".

Hay emociones que nos gusta sentir y hay otras que no. Por eso la tristeza, el miedo, la angustia, etc., serán siempre sentidas como indeseables, y por eso desechables en todas las circunstancias, aun cuando, por el contrario, pudiera ser razonable sentirlas en determinadas ocasiones. Mientras que esas otras del tipo de la alegría, confianza, optimismo, éxito, victoria, etc., que pueden ser en ocasiones excesivas o infundadas, serán siempre vividas "positivamente"; porque aquel en quien se producen las disfruta y le "saben bien". Y sin embargo su valor objetivo para una correcta evolución sería muy discutible, y dependerá de en qué circunstancias se presentan.

Con esto queremos decir que el solo "sabor subjetivo" de una emoción no nos sirve como elemento determinante de juicio sobre su naturaleza. Existen muchas emociones claramente tóxicas o perjudiciales que "subjetivamente nos saben muy bien", aunque quizás esto se deba solo a nuestra propia "perversión del gusto". Para evitar el riesgo de esta confusión siempre tendremos que analizar y comprobar su "valor y resultados" a medio y largo plazo, en particular de aquellas emociones que nos parecen positivas. Emociones que nos gustan, y por ello las consideramos positivas, pueden tener consecuencias muy desfavorables para nuestra evolución futura. Porque lo que aquí nos importa, no es la satisfacción personal, sino solo la posibilidad más o menos garantizada de una evolución personal en una correcta dirección. Se nos enseña desde niños el gusto por lo negativo y luego no tenemos posibilidades de discriminación.

También tenemos que distinguir las emociones "ordinarias", básicas, universales y bien conocidas por todos y las "excepcionales", propias de ciertos individuos poco corrientes que las disfrutan y nos las ofrecen a partir de sus propias habilidades en determinados campos como el arte, la filosofía, la ciencia o la religión. Su logro no lo proporciona la vida por si misma, sino que se exige un trabajo específico para lograrlas y también para disfrutarlas.

Las alegrías ordinarias de la vida ante un éxito o realización cualquiera, en el área personal, profesional, familiar o de pareja, acompañan nuestra vida, y las conocemos todos y las ansiamos; pero alcanzar un gozoso "Eureka", un logro poco común o incluso excepcional en alguna área de interés para todos, es mucho menos frecuente porque exige una trabajosa tarea de elaboración. El éxtasis del artista, los goces del pensador, las victorias sobre sí mismo del deportista o del hombre compasivo, la creatividad e innovación en cualquier área, conllevan goces y experiencias poco comunes y exigen un arduo trabajo de cultivo previo para lograrlas, en primer lugar. Más tarde otra tarea no menos difícil será conseguir transmitirlas a los demás. Será quizás por eso por lo que son poco comunes: porque tienen un alto precio.

Pero independientemente de nuestras limitaciones, todos debiéramos poder aspirar a ellas, porque nos corresponden por derecho de nacimiento. Los logros de la genialidad en cualquier aérea pertenecen a todos los humanos, no solo a los genios, y cada hombre podría manifestar su creatividad si se le favoreciera. Todo hombre debiera ser algo parecido a lo que entendemos por "genio creador". Ahora mismo somos todos muy vulgares, mecánicos y repetitivos, pero solo porque todavía nuestra "singularidad" esta aplastada, oculta y vencida por la negatividad. Como decía una antigua enseñanza, cualquier hombre ordinario si fuera correctamente educado se podría convertir en un "genio"; y aquí genio no equivale a lograr el éxito social o económico, o cultural por sus logros, sino que equivale solo a verdadera "creatividad". Por eso se espera el día propicio en que cada hombre manifieste su singularidad irremplazable, o sea su genialidad

Por eso dividimos las emociones en conocidas y desconocidas, en actuales y posibles, ordinarias y extraordinarias y en propias de un hombre dormido o de un hombre en proceso de despertar.

Por eso en algún momento hablaremos de esas "emociones desconocidas" pero perfectamente posibles de experimentar por cualquier hombre, aunque sean extraordinarias, si se somete a un proceso verdadero de despertar. También reconocemos que ahora un hombre concreto solo es capaz de sentir cierto tipo de emociones pero que más tarde será capaz de sentir otras nuevas que ahora no sospecha que existan.

Y respecto a lo intelectual también tendremos que hacer distinciones, recordado siempre que la normalización del hombre o su recuperación, exige que se produzcan cambios y novedades en el campo del pensamiento. Necesitaremos plantear sin complejo alguno la cuestión de una sabiduría posible, o cuando menos de un nuevo conocimiento, e incluso de una Inteligencia Nueva. La idea proveniente de nuestras tradiciones más miopes de la posibilidad de una "santidad estúpida" debe ser descarta por completo, como lo debiera ser también rechazada la posibilidad de una "sabiduría mezquina, egoísta o miserable". Las posibles relaciones entre el despertar y el equilibrio y armonía en la personalidad, son también cuestiones importantes: ¿se puede estar despierto y ser neurótico, por ejemplo, a la vez?

Pero en relación a las funciones intelectuales, no hay duda alguna: no puede haber un avance verdadero sin este requisito: el "pensamiento", con todas sus posibilidades, debe cambiar en relación a la "mente cognitiva" que disponíamos al comenzar nuestra transformación. Más tarde comprobaremos ya de forma definitiva que nuestra mente tenía también unas limitaciones inaceptables. Podremos comprobar que nuestra mente intelectual disponía de posibilidades muy diferenciadas de funcionamiento así llamado mental, (montones de creencias heredadas, supersticiones ancestrales, simplismos y vulgaridades sonrojantes, lugares comunes de creencia y prejuicios, etc.), de las que usa y abusa profusamente, sin que nadie nos alerte sobre ello. Y que se encubre y justifica con el siempre reconocido y muy valorado concepto del "pensar". ¡Nunca ponemos en cuestión nuestra actividad mental! Hoy en día se huye de los pensadores y del pensamiento, porque se pondría en cuestión todo nuestro bagaje conceptual. Sin duda que una de las peores de estas variantes, serán los prejuicios.

El "prejuicio", o sea emitir un juicio antes de someter el tema a investigación, será una creencia, que ni se desea ni se puede someter a análisis o comprobación; a la que ni por un segundo le podemos retirar el carácter de verdad absoluta e inamovible, porque nos sentiríamos al descubierto y en un vacío de nuestra seguridad. Y estos prejuicios son generalmente heredados dentro de una determinada cultura, pero otras veces son de fabricación personal. Estas ideas fijas y valores inamovibles nos sirven para mantener nuestro propio equilibrio personal; refuerzan nuestra identidad y la ponen a salvo del peligro de "difusión de la identidad".

Los prejuicios deberán ser sustituidos por nuevas visiones, esquemas y creencias, pero que difícil será que podamos reconocer cada uno de nosotros que muchas de nuestras supuestas certezas...son solo simples "prejuicios". El "prejuicio" siempre será negativo porque se opondrá a la evolución mental, al crecimiento personal y al "cambio" en general. Los prejuicios no son solo respecto a los demás, sino que nos dañan personalmente e íntimamente, en gran medida, porque también tenemos prejuicios sobre nosotros mismos. Ejemplo de prejuicio clásico es la idea de haber sido castigado por el Creador, o abandonado por él, la idea de superioridad de unas clases sobre otras, la idea de la obligación natural de la lucha, la necesidad de atacar o ser atacado, la idea de pecado, etc. Hay miles evidentemente. Sin contar por supuesto los prejuicios de religión, de casta, de raza, de familia, de clase, de cultura, etc. Cuando no dudamos en absoluto de una idea y jamás hemos dudado, debiéramos poder pensar en que quizás estamos sosteniendo un prejuicio, sin darnos cuenta. Aunque no siempre tiene que ser así por fuerza.

Las "creencias simples", por el contrario, casi siempre tienen un aire de infantil ingenuidad, pero también debieran pasar de ser "creencias indudables" a poderse admitir que su carácter es solo provisional y … "metafórico". Nuestra descripción sobre la verdadera naturaleza de las cosas siempre será metafórica, y por ello nunca será definitiva porque siempre podrá ser sustituida…" por una metáfora mejor".

Abandonaremos la firme creencia de que:" las cosas son así y solo así", y empezaremos a comprender, a partir de una cierta edad o un cierto momento evolutivo, que ningún lenguaje puede describir correctamente y agotar las posibilidades de la formulación de la verdad. Que la verdad no puede ser dicha simplemente. La verdad que es hablada no puede ser la última verdad.

Comprenderemos con claridad que toda comprensión en el terreno de los valores y significados de la vida no pueden concretarse en ninguna formulación cerrada, en ninguna explicación verbal simple. Dejaremos de utilizar a partir de un cierto momento frases del tipo "las cosas son así y así" para sustituirlas por otras de una configuración mucho menos rotunda…" lo más real parece ser así…por ahora". El taoísmo dejó claro hace milenios que la verdad y lo real no pueden ser reducidos al lenguaje, o, mejor dicho, no pueden ser contenidos completamente por el lenguaje humano.

En el campo de la vida intelectual todo debe ser dinámico, fluyente, renovador y creativo, porque la "investigación", el inquirir constantemente sobre todo es la actividad fundamental del buscador. Sobre esto no nos cansaremos de repetir un dicho que una vez que se le entiende tiene un valor impagable: en el campo de la Búsqueda el noventa por ciento es "investigación" y solo investigación, sin preconcepción alguna. No trabajo, ni esfuerzo, no sacrificio, ni logro, ni culminación…sino" investigación radical".

Sin embargo, en general buscamos "confirmación", de nuestras creencias, de nuestras opiniones, de nuestros valores, etc., como sinónimo de "logro" y olvidamos hasta despreciarla toda "investigación radical" sobre la Verdad. La capacidad de "suspender" el logro (en este caso el logro de "sentido"), provisionalmente o casi para siempre, es una habilidad rara pero que produce frutos verdaderos de "renovación". Entrar en "interrogación" es una experiencia fuerte y poco deseada al comienzo, pero solo esta interrogación nos puede abrir a un nivel más alto de comprensión. El hombre que rechaza aquella se conformará con "validar" sus propios niveles previos de comprensión. Toda su vida consistirá en el simple intento de confirmar lo que ya sabe, de desvelar lo que ya intuye, y de lograr lo que anhela. Si solo hace eso no podrá cambiar de nivel.

Por eso frente a los pensamientos heredados siempre serán mejor los pensamientos "propios" o personalmente adquiridos. Frente al pensamiento antiguo el pensamiento nuevo. Frente al pensamiento y creencias estables… los pensamientos dinámicos, cambiantes, y sobre todo la investigación.

Y frente a la verdad considerada como definitiva y para siempre... la temporal y provisional. Frente a la absoluta convicción (es así), la metafórica (parece... ser; es...como...sí; o es. algo así...).

Y dentro de todo ello nuestra mente cambiará también para establecer una justa relación con el lenguaje y las palabras; de forma que conoceremos algunas cosas verbalmente pero también conoceremos "sin palabras", o mejor dicho por encima de las palabras. Conoceremos cosas de forma indirecta, mediante la reflexión mental, habilidad que está bien admitida, pero que cada vez usamos menos; y conoceremos también "directamente...sin pensar". Sin necesidad del lenguaje.

Este conocimiento directo se producirá por el solo ejercicio de mirar; ¿con qué instrumento?: con una mente viva y silenciosa, libre de palabras, conceptos y prejuicios. Conoceremos cosas con esfuerzo y elaboración personal, pero también otras recibidas espontáneamente, como viniendo directamente desde dentro de uno mismo. Y eso nos producirá una resonancia de lo que podría ser en nuestras vidas la "gratuidad esencial". Un día nos diremos sorprendidos: "el ser ya nos ya sido dado", y la comprensión también... ¿Cómo no lo entendí con anterioridad? Mi mente empieza a "encontrar" y recibir cosas nuevas sin aparente esfuerzo, porque yo ya he abierto mi mente hacia algo más grande.

Esta constitución de tres partes, o sea soma, psique y nous, articuladas de una determinada forma constituye lo que entendemos por "estructura yoica" general y compartida. Según la valiosísima aportación del chamanismo mesoamericano seria lo que allí se conoce como la "forma humana".

Esta "forma humana" puede ser vaciada para permitir el acceso a posibilidades de conciencia superiores que representan una forma distinta de ser hombre; distinta y además "superior" por ser simplemente más completa. Esa "forma humana" también se podría corresponder con lo que sería la "personalidad propia o esencial". Si tiene demasiados elementos ajenos o artificiales, y por ello predomina un funcionamiento negativo o no creativo, se la conocería como "forma egoica" o falsa personalidad. Algo que se puede "superar" ...solo si se desea de verdad. Dejando así paso al crecimiento de lo esencial.

3-TRIADA ORDINARIA 11-10-9

Sobre el esquema de la Doce Posiciones posibles para la conciencia subjetiva del hombre es necesario comenzar diciendo que nuestro punto de partida, por ser la posición común a la práctica totalidad de los hombres contemporáneos, es la Posición 10. En ella nacemos todos los hombres, cualquiera que vaya a ser luego nuestro destino. Nacemos en 10 y sufrimos todos la "influencia insuperable" de esta posición, que nos impone una inevitable falsa personalidad a todos. A todos. Por eso el "ego" del hombre es una impronta idéntica en todos: incluso se podría decir que el "ego es uno solo", que se produce por un simple proceso de replicación, y que todos los hombres tendremos después una primera e inexcusable tarea común: librarnos de ese "ego" falsificador.

Esta Posición 10, es el centro de gravedad de la Triada Ordinaria del hombre, la cual nos va a explicar muchas de nuestras experiencias psicológicas que nos serán perfectamente reconocibles, así como nuestras posibilidades y limitaciones actuales. Y desde esta posición conoceremos a veces las negatividades provenientes de la Posición 11 y también los mensajes de esperanza que nos llegan en los momentos en que se activa la Posición 9.

El hombre conoce tres posibilidades exclusivamente y el resto para él son leyendas. Tiene una dimensión de búsqueda de algo superior, de esperanza en lograr una posición personal mejor y compartirla con el mundo que le rodea; hace intentos y quizás logre algún resultado, pero no logra estabilizarlos y conoce la Posición 9 solo de visita, porque su centro de residencia permanente, por así decirlo, es 10, (La Ordinaria Posición 10). Aquella en que nacimos tú y yo.

Para llegar a ser un "buscador", y pasar así a que su posición central fuera la 9, esta actividad de búsqueda debiera ser el centro de su vida, lo más importante para él. No basta con esa suave y moderada aspiración a la perfección que todos tenemos; por el contrario, el hombre buscador valora más la Búsqueda que la vida.

La Triada 11-10-9, corresponde al hombre que aun cuando haya trabajado conscientemente sobre sí mismo, "no ha logrado el resultado suficiente para abrir e instalarse en la Posición 8. Y que por lo tanto se puede afirmar que él es un "producto del mundo que le rodea", es simplemente el sujeto de la "vida vivida espontáneamente" y solo para los propios fines y objetivos de esta.

La llamamos la triada del hombre Ordinario porque correspondería a la situación de aquel hombre que cree predominantemente en esta vida visible y externa, material y social, admitiendo, pero solo como "aspiración o ideal inalcanzable", otras posibilidades de Ser y otras capacidades de evolución. En esta triada se sostienen ideales, pero se valora sobre todo los logros humanos, nuestra civilización, nuestros valores, y nuestro ininterrumpido progreso material. Se sostienen ideales sin duda, pero solo como "ideales", o sea algo prácticamente inalcanzable para el hombre ordinario; mientras que se cree mucho más en la necesidad de la lucha, la confrontación y un sano egoísmo para vivir. Todo ello, no obstante, como tolerando su necesidad, aunque sin hacer apología de ellos.

Su hogar es la Posición 10 y tanto a la posición negativa o 11, como a la de la búsqueda ideal o 9, las visita con mayor o menos asiduidad, pero no reside allí.

La diferencia entre un hombre que trabaja solo para los propios fines de la vida y la de un hombre que aspira y persigue otros más allá de ella, puede venir dada por este aspecto concreto: el primer hombre nunca renunciara a nada que la propia vida le ofrezca o le permita experimentar; mientras que el insatisfecho buscador de trascendencia renunciará en alguna medida a vivir y gozar (con lo que se evitará también sufrir)... determinados aspectos o posibilidades de la propia vida, a favor de otros que él considera superiores.

Renunciará parcial o temporalmente a estos aspectos de la vida, que serían legítimos por lo demás, para poder dirigirse hacia otros objetivos "que en principio no representan ningún valor" desde el punto de vista de aquella. Por eso es muy difícil entender las motivaciones de una persona así, o sea un Buscador de cosas Transcendentes, porque desea algo que él no comparte con la mayoría de sus iguales. Por eso el buscador pasará siempre por un periodo de crisis más o menos intensa, y por eso debiera ser ayudado en este concreto momento de confusión, cuando su búsqueda le separa, provisionalmente solo, del curso general del interés humano. Ese momento de "despegue" es muy concreto y muy característico y no se debe confundir con otro tipo de crisis.

Y deja de compartir ciertas cosas, pues, aunque fuera religioso no se consolaría con una práctica religiosa simple, sino que se exigiría autenticidad, e investigaría y pondría a prueba su sinceridad dentro de ella". Y aunque fuera un pensador racional tampoco se reduciría a buscar solo con la seca razón, ni mucho menos a engañarse con argumentos sofísticos y admitiría que hay algo más que él con su pensamiento no alcanza. Y si fuera un devoto de esto o aquello, seguiría investigando y poniendo su "devoción" en cuestión; se interrogaría no solo "por fuera de sus creencias", sino también "dentro de ellas". Por eso el buscador siempre roza la soledad, dado que los valores, creencias subyacentes y prejuicios del grupo al que pertenece, entran también dentro del campo de su "propia investigación". Y así son puestos en cuestión. En la práctica lo que observamos es que un Buscador al llegar a la adolescencia entra en una crisis profunda de valores y creencias heredadas, y pone en cuestión, de forma más o menos turbulenta, todo lo que se le ha "enseñado" … y sobre todo lo que se empieza a dar cuenta de que se le ha "inculcado". Una reacción a veces intensa suele acompañar a esta constatación.

Un segundo aspecto a tener en consideración sobre esto, es que las metas u objetivos perseguidos por un Buscador no pueden ser solo… "sucedáneos disfrazados" de objetos de naturaleza mundana, sino que tienen que ser "objetos superiores genuinos", totalmente distintos de los precedentes, los que despertaban los deseos ordinarios. Un ejemplo muy frecuente seria aquel en que el deseo de éxito social se sustituye por el éxito en lo así llamado "espiritual"; o la fascinación por el poder espiritual disimula y encubre a la misma fascinación por el poder temporal, etc. Otro ejemplo sería cuando ante, la falta de amor humano en nuestras vidas la intentamos sustituimos por la búsqueda ansiosa de cualquier forma de amor transcendente o devoción espiritual.

Esta es una crítica que se hace con frecuencia al "buscador", al que se acusa de "buscar" por no saber encontrar en la vida aquello que de verdad necesita, o por carecer de algo vital (autoestima, calor humano, éxito, seguridad, placer, etc.) y sustituirlo por una persecución de quimeras. Hay algo de verdad en esto muchas veces, y habrá que tomarlo en consideración. Pero un buscador se definirá como aquel que entiende que la vida de cada ser humano individualmente, y la del conjunto de la humanidad, tienen un valor y un objetivo más altos que los intereses propios de la vida considerada en sí misma. ¡Se dice a si mismo…! hay algo más!

En esta posición transcendente, entendemos que la vida o sirve para algo más grande que ella, para un ideal o meta superior (sea la Realización del Yo, la Recuperación de la verdadera naturaleza, el conocimiento del Creador…etc.), y así la trasciende. O bien se entiende que esta vida como humanos es una parte de un trayecto mucho más amplio, en el cual la vida ordinaria sobre este planeta sirve solo como un eslabón o simple etapa que debe ser superada para ir más allá (se entiende que como humanidad nos encontraríamos en la "infancia" o la "adolescencia" de nuestras propias capacidades evolutivas y por lo tanto en proceso de perfeccionamiento y transformación). O sea…" esta vida de aquí", esta vida humana, sería solo una parte del gran Trayecto de la Vida individual y colectiva a través de las edades. Todo ello se resume con una importante constatación que trae grandes consecuencias: "el hombre en general y yo en particular soy un ser en medio de un proceso de evolución grandioso e inevitable". La comprensión de que este proceso es "inevitable", cambia para mí toda la perspectiva.

Ese buscador desea algo que podemos definir como "no presente ahora", pero que debería ser logrado de forma inexcusable "después". O bien como algo "no visible o perceptible ahora mismo" pero que sería imprescindible su re-conocimiento y captación tarde o temprano. Ese buscador busca también ser "distinto de lo que ahora es", no solo vivir "cosas diferentes" o experimentar "cosas mejores". Ese buscador no le importa "solo esta vida", en su totalidad incluso, sino que esta concernido e interesado por las "otras vidas posibles" que sabe, por una especie de "intuición" subjetiva o una especie de "recuerdo" vago pero indudable, que deberá confrontar después de esta.

Ese buscador también está interesado más por "el sentido que emana de su vida" que, por las vicisitudes concretas de esta, o sea por "las experiencias particulares" que le va a tocar vivir (sean buenas o malas, agradables o desagradables). No quiere decir que desprecie o desvalorice las experiencias concretas de su vida, sino que las coloca en un "marco global" mayor. Esta mucho más interesado en captar "la posición que le corresponde dentro del Todo" que en conocer o comprender "tales o cuales fenómenos" o experiencias parciales y limitadas, por más apasionantes que sean, y que son las que le están tocando vivir ahora.

Para finalizar podríamos decir que no quiere "solo conocer" sino "sentir y ser". Ya conoce la limitación que significa "el conocimiento a secas", sin una dimensión de "ser" detrás. Por eso sonríe ante el conocimiento científico, adjudicándole solo su justo valor.

Su vida se plantea con objetivos más allá del éxito particular, del bienestar egoísta y de su propia felicidad personal. La prueba de fuego para definir a un "buscador", es que este busca en cualquier circunstancia de la vida, en la juventud y en la vejez, en el éxito y el fracaso, en el amor y en la soledad, y en la enfermedad, pero también en plena salud. Un buscador tiene una búsqueda "incondicional", o sea no depende exclusivamente de las condiciones en las que vive. Su "búsqueda no está motivada por la carencia, ni por el dolor, ni por el fracaso de sus ambiciones o expectativas. Un verdadero buscador, busca en medio de una plena, satisfactoria y exitosa vida, porque aspira a algo "más allá de ella".

4-LA POSICIÓN 10. EL HOMBRE ORDINARIO.

Hemos dicho algunas cosas sobre la posición 10, en la triada 11-10-9, la cual no hará falta que expliquemos con demasiado detalle, porque la tenemos muy viva en nuestra mente, dado que coincide exactamente con nuestra posición actual. Y por eso mismo se supone que la tenemos bien presente, porque la estamos experimentando ahora mismo. El hombre actual lleva de la mejor forma posible sus goces y sus sufrimientos, sus certezas y sus dudas, sus aciertos y sus errores. Momentos positivos y de felicidad se suceden con otros de hundimiento y depresión; sus ideas le animan a continuar con sus proyectos y sus logros, pero todo ello dentro de una inseguridad básica generalizada, y unas dudas nunca resueltas sobre el valor de todo y de cada cosa.

Y con frecuencia sufre de una soterrada ansiedad flotante, cuando siente la nostalgia de algo más perfecto, de una posibilidad más digna y apropiada que cree que le debiera corresponder, tanto a sí mismo como al conjunto del mundo humano que le rodea.

Sin embargo, otras veces en lugar de aspirar a algo mejor, se encuentra dominado por el escepticismo, la indiferencia o una franca rebelión y negatividad ante el valor de la vida en general. Todos estos extremos, todas estas oscilaciones y contradicciones, todas estas carencias e inseguridades forman parte sin duda de nuestra vida individual y colectiva tal como la vivimos ahora. Algunos consideran incluso que esto es "todo lo que hay" y que no hay otra cosa mejor. Nosotros no pensamos así. No solo afirmamos que hay algo mucho mejor que esto, sino que decimos también que hay cosas mucho peores aun, y que nosotros, si nosotros, no estamos completamente libres de ellas.

¿Porqué? Porque incluso esta situación intermedia o casi equilibrada dentro de la continua dualidad en que vivimos, la podemos perder para caer en determinados momentos y ser dominados de forma más o menos duradera por posibilidades más negativas aún. Y sufrir así en nuestras experiencias emocionales o intelectuales, las negatividades que son las propias de la posición 11 y 12. Si esto sucede, el hombre se sentirá controlado y dominado casi por completo por las "negatividades" de todo tipo que ya conocía; pero estas ahora no solo le visitan en un flujo continuo de oscilaciones y alternancias que muchas veces se resuelven casi espontáneamente por el mismo discurrir de la vida, como sucedía antes en la Posición 10. No, ahora en la posición 11,y sobre todo en la 12 se instalan en él y se hacen dueñas dominando todo aquello que debiera ser su área de libertad. El hombre sabe que está en una posición "inestable" y si va un poco más allá en su grado de lucidez o sinceridad, reconoce que está en "peligro".

Las negatividades a veces son emocionales con estados de depresión, celos, agresividad, desconfianza, etc. Otras veces son intelectuales y predomina la duda, la desesperanza, el escepticismo, la confusión, la oscuridad, etc. E incluso otras veces llegan tan lejos que arrastran al propio cuerpo, el hombre se siente mal en su cuerpo o no se siente en absoluto encarnado en una "vivencia corporal" que debiera ser positiva siempre, excepto en casos de enfermedad concreta y puntual. Ahora, en 11, esas "negatividades" que ya conoce bien porque son las mismas que las de la posición 10, se le adhieren, se le pegan a la piel, persisten horas y horas, quizás incluso días y días.

Solo para neutralizarlas debe hacer tremendos esfuerzos que apenas logran un resultado limitado y parcial. Cuesta mucho lograr no ser dominado por ellas y quedar así engullido y atascado; y para eso hay que renovar constantemente el esfuerzo. Cuando sucede esto por desgracia, significa que el hombre se está dejando arrastrar peligrosamente hacia la Posición 11, y que esta posición podría llegar a ser a partir de entonces su posición más estable y central, o sea su centro de gravedad, y entonces pasaría a ser un hombre negativo.

Para establecer un criterio que permita ver claramente las diferencias entre posiciones, diremos que para la 10 las negatividades le "entran" o "llegan" desde algún sitio, exterior o interior, como deslizándose, pero solo en esos momentos en que no está vigilante y atento, activo, y manteniendo o generando "positividad". En la 11, por el contrario, lo negativo se le queda fijado, adherido, agarrado a su propio ser; y además no se mueve espontáneamente de ninguna forma, se ha instalado como un parásito que comienza a robar toda la energía del hombre. Corresponde a esos estados intermedios y amenazadores, cuando el hombre se siente "invadido" por lo negativo y comprueba con impotencia y pánico como este avanza y le domina sin ser capaz de reaccionar y frenar esa invasión. Estas situaciones son bien conocidas por todos nosotros y por lo tanto no hará falta insistir en su descripción.

Lo interesante es que precisamente sería en esos momentos "iniciales" del proceso de ser invadido y dominado por lo negativo, cuando cualquier hombre sería capaz "todavía" de reaccionar e intentar oponerse y lograrlo frenar. Toda la lucha de un hombre que quiere despertar para liberarse de la negatividad, se deberá llevar a ese momento favorable de la batalla: el momento inicial. Se procurará que no surja, que no se constituya, que no se solidifique lo negativo. Esa será la primera habilidad a conseguir, y le exigirá al hombre desde el primer momento…estar más activo y atento a sus movimientos interiores, en particular a la "emergencia" de las emociones y de las ideas en el campo de su propia mente. Periodo este que podría equivaler a esos momentos anteriores a que se forme y se constituya el ciclón que ya a partir de ahí va a ser incontrolable. Cuanto más positivamente "activo" este un hombre menos posibilidades tendrá la negatividad de dominarle, de hecho, esta es una criatura procreada por el sueño, la pasividad ingenua y la debilidad de la voluntad humana, actitudes estas que se suelen acompañarse unas de otras con gran facilidad.

Pero nuestra esclavitud a la negatividad todavía puede llegar a ser peor. Si en la 10 lo negativo "entraba" en el hombre y persistía allí un tiempo determinado según las circunstancias predominantes alrededor de él, y en la 11 se hace fijo y estable dominando la situación con tal intensidad que deberemos "hacer algo" muy intenso y sostenido por librarnos de ella, en la Posición 12, por el contrario, esta negatividad se hace cuerpo, se encarna de alguna manera, se cristaliza, nos "parasita" y utiliza nuestra vida y energía para vivir. Aquí no solo necesitaremos intensos y específicos esfuerzos personales sino también "ayuda externa" para salir. Hablaremos de ello más adelante, porque será muy difícil de hecho, encontrar "ayuda externa".

En nuestra situación en 10 solo cuento con mi acción personal y con las influencias que recibo en cada momento, que cuando son positivas, y muchas lo son afortunadamente, me ayudan a cambiar casi por sí mismas. Por poner alguna especie de ejemplo, en 10 aunque esté preocupado o negativo en alguna forma si viene una nueva circunstancia exterior positiva yo me libero con relativa facilidad porque en esa posición soy receptivo a dos clases de influencias posibles, tanto las negativas por supuesto, pero también a las positivas. Así una buena noticia, un detalle amistoso, un paisaje natural y bello, una conversación agradable o un libro, o un pasaje musical, me permiten lograr cambiar con cierta facilidad, porque la negatividad está todavía en un estado "móvil".

En 11 tendré que recibir una influencia positiva muy intensa y duradera y además "recibirla activamente "con participación y esfuerzo sostenido por mi parte porque aquí la negatividad se ha "fijado", ha ocupado algún nicho en mí mismo que yo en mi inconsciencia le he ofrecido.

EMOCIONES NEGATIVAS

NEGRAS

TRISTEZA   CULPA
REMORDIMIENTOS MELANCOLIA
ANHEDONIA PESIMISMO
FALTA DE CREATIVIDAD   AÑORANZA

ROJAS

IRRITABILIDAD   DOMINIO
INTOLERANCIA CELOS
PARANOIA   FANATISMO
DESCONFIANZA AGRESIVIDAD

BLANCAS

INSEGURIDAD   APATÍA
TIMIDEZ EVITACIÓN
INTROVERSIÓN EXCESIVA   DISTANCIAMIENTO
EGOCENTRISMO   REPLIEGUE

AZULES

FORMALISMO   GREGARISMO
CONVENCIONALISMO   INAUNTENTICIDAD
HIPERADAPTACIÓN HISTERIFICACIÓN
OBSEQUIOSIDAD CORTESÍA FALSA

5-LA POSICIÓN 12. LA ESCLAVITUD MENTAL.

Cuando el hombre ya no puede cambiar, ni moderar, ni dirigir sus pensamientos, podríamos decir que ha caído en una condición de esclavitud. En resumen, esa negatividad en 12, se ha hecho orgánica y se "ha cristalizado", por lo cual las posibilidades de liberarse de ella son mínimas, y en cualquier caso se necesitará casi siempre un trabajo largo y bien conducido para "des-cristalizar", y además será necesario también una importante ayuda del exterior. En esta situación el hombre por sí mismo no puede casi nada. Esta esclavitud se puede reconocer en aquellos casos en que una vez instalada una negatividad global nos acompaña hasta el final de nuestra vida. De caer ahí, ese sentimiento de odio, desconfianza, pesimismo, o cualquieras otras formas de pensar depresivas o negativas, nos acompañarían para siempre. Así es en algunos casos.

Si la Posición 12 se hace la más activa o dominante, el hombre quedara cerrado sobre sí mismo, incapaz de crecer y de intercambiar con el medio, aislado de la vida y de casi toda capacidad de aportar algo útil tanto a sí mismo como a los demás. Aquí el hombre ya no sirve prácticamente como hombre, está enfermo moralmente, su influencia es negativa en todos los sentidos y casi en todas las direcciones, y ya solo le quedan dos posibilidades extremas. En primer lugar, podría ser "curado", porque de eso se trata en este caso dado que la negatividad aquí ya es una enfermedad, (aunque para ello debiera persistir en él un resto de lucidez o esperanza de liberarse). En segundo lugar, podría ser "redimido" por una fuerza externa intencional que esté llena de compasión y le envuelva con "benevolencia". En la Posición 12 solo serviría un "prolongado trabajo" de disolución de estas "cristalizaciones negativas" e incluiría una importante ayuda proveniente de otras personas, sean estos benefactores entregados, o terapeutas o instructores con claridad mental. Hablaremos de ellos.

Considerada su situación individual, en 12 un hombre se ha rendido y ya no lucha consigo mismo. Como una fruta podrida, sin apenas posibilidades evolutivas, ese hombre se disolverá de forma casi completa, sin dar lugar a nada" especial", como le correspondía, sino solo a simples residuos. Una oportunidad se habrá perdido. Nunca sabremos porque ha sido así. Y aun cuando en esta vida no se haya consumado lo posible y lo esperable, siempre podrá haber en el futuro otra oportunidad. Habrá que esperar a otro "ciclo de tiempo" de más amplitud.

Afortunadamente son casos muy raros los que acaban de esta forma porque la inmensa mayoría de los hombres guarda dentro de si su "esperanza" intacta, aunque no la pueda manifestar ni desarrollar.

LA TORMENTA EMOCIONAL Y SUS FASES

1- TRUENOS EN LA LEJANÍA   Imagen o recuerdo negativo fugaz

2- NUBES AMENAZANTES Recreación voluntaria en la emoción

3- RAYOS   Justificación (el derecho a ser negativo)

4- LLUVIA TORRENCIAL Descarga verbal, corporal y conductual

5- CALMA POSTERIOR   Autocrítica y reconocimiento culposo

6- CONCLUSIONES   Aprendizaje y nueva habilidad de control

6-EL OBJETIVO ESPECIFICO HUMANO

Si se considera la triada 11-10-9, o triada Ordinaria, tal como la construye la vida, se puede caracterizar por dos factores, que están íntimamente relacionados entre sí. Estos factores determinantes de la posibilidad de evolución en esta Tríada serian: primero la Pasividad general de la mente (que se manifiesta en aspectos como indolencia, dependencia, influenciabilidad y falta de aspiraciones personales altas y también de ausencia de creatividad). Y sobre todo una forma particular de esta: la pasividad en relación a la Negatividad (la falsa creencia en la imposibilidad de resistirse a lo negativo).

La tarea más propia y específica de esta etapa es la" generación de Positividad" como una fuerza o energía, desconocida en principio por su casi imposibilidad de estudio científico objetivo. Para estudiar qué sería lo Positivo, se necesita incorporar la "subjetividad", emplear la subjetividad e incluso "arriesgar la subjetividad". No vale con un estudio simplemente mental, como si fuera por ejemplo el intento de conocer el número de estrellas de una galaxia. Eso no nos compromete a nada y para captarlo tampoco nos exige prácticamente ningún esfuerzo. Pero conocer la negatividad que se almacena en mí y que yo desplazo de un lugar a otro, exige un compromiso profundo de varias partes de mi personalidad además de un alto grado de sinceridad. ¿Quién está dispuesto a hacerlo? Nosotros creemos que la positividad es algo absolutamente real y contiene todas las cualidades inherentes a cualquier otra fuerza. De hecho, se puede reconocer y medir con bastante aproximación estudiando la naturaleza de los actos humanos, que son sus efectos o resultados.

Esta generación de positividad no puede ser solo instrumental y ocasional, o sea solo para librarse momentáneamente de los nefastos efectos de lo negativo, sino que debe también ser "anticipatoria y preventiva". Debemos generar positividad en los momentos intermedios o neutrales, sin esperar a estar rodeados y dominados por lo negativo. Y debemos guardar y mantener viva esa Positividad actualizándola y renovándola con la frecuencia y la intensidad requerida.

Además, debería o podría ser una positividad no solo para uso personal sino también para compartir e intercambiar con los demás. La cuestión de una posible "transmisión" de positividad completaría y complicaría a todas las dificultades derivadas de los procesos de su generación, en los cuales nadie somos expertos. Primero habría que neutralizar la negatividad, después generar positividad y por último transmitirla o compartirla.

Esta "posible transmisión" de positividad no tendría que ser una idea que nos remitiera a sensiblería psicológica alguna del tipo de lo que sería un "buenismo ingenuo", ni tampoco que nos despertara emocionalidad subjetiva religiosa, (dado que trata de la posibilidad de practicar con algo que se asemejaría a lo conocido como amor al prójimo o alguna forma de caridad), sino que por el contrario debiera poder desarrollarse muy imparcial e impersonalmente, con mucha serenidad y sobriedad, como una especie de ciencia que sostendría sus inevitables características de objetividad.

Aún a riesgo de que esta posibilidad sea considerada como una ilusión, creemos que, de ello, de nuestra habilidad colectiva para tal tarea, "la generación de positividad" y su "transmisión", dependerá en gran medida nuestro futuro como especie. Si se fracasa colectivamente en este compromiso, nuestro futuro estará gravemente comprometido. Comprendo perfectamente que lo que aquí se dice pueden parecer voluntarismo ingenuo o incluso exageración. Pero no lo es. Como en cualquier individuo considerado aisladamente, también en la humanidad considerada como un todo unitario, las fuerzas de la vida, del Eros universal, pueden triunfar o ser derrotadas por las fuerzas del Thánatos o de la destrucción. En realidad, todos sabemos, no solo los psicólogos, que un hombre que gestiona mal su frustración y agresividad puede intentar hacerse daño o incluso destruirse. El suicidio individual existe por desgracia.

En una diferente escala, la humanidad en su conjunto se encuentra ahora mismo en esa peligrosa posición y se podría autodestruir. Depende de nosotros el que no sea así y para ello solo hay una tarea que debamos cumplir: debemos transformar nuestra mente. Debemos generar Positividad.

Por lo tanto, la clave de cualquier trabajo personal en estos cuatro últimos niveles de experiencia, las Posiciones de 9 a 12, será la "oposición dialéctica" o mejor dicho la batalla Activa entre positividad y negatividad". El hombre deberá desarrollar estados positivos de todo tipo e intentará huir y no ser el Soporte de estados negativos. Aunque en principio pudiera parecer que esta distinción entre positivo y negativo en la práctica es arbitraria y vaga, o quizás dogmática y moralizante, creemos que no lo es en absoluto. Se basa en la posibilidad de hacer una distinción totalmente clara entre estados somáticos, emocionales e intelectuales positivos y sus contrarios. Pero esta concepción de lo Positivo como disponiendo de tres dimensiones, supera lo que sería un marco estrecho y clásico de reducir lo positivo a simples emociones subjetivas, intenciones nobles y sentimientos positivos. ¡No, no es eso, estamos hablando de energías!

LA POSITIVIDAD EXPERIMENTADA

ORDINARIAS			EXTRAORDINARIAS		SUPERIORES	ESTABLES
12——11——10——9——8——7——6–5–4——(3–2–1)						

La positividad no se agota en simples intenciones ni tampoco en sentimientos y aspiraciones a lo positivo, sino en actos verdaderos de "transformación continua de lo negativo en positivo". Se necesitan experiencias orgánicas y acciones que, aunque sean internas deben conllevar algún tipo de energía. Estamos hablando, aunque parezca un desatino de cuestiones de Energía, no solo de pensamientos y buenas intenciones. Por lo tanto, estamos hablando de disponer de una nueva Voluntad.

Por ello aquí será igual de importante procurarse "estados corporales y orgánicos positivos", casi como un "deber" para con uno mismo, como una tarea necesaria y deseada, referida a nuestra propia naturaleza humana y también a la naturaleza que nos rodea, además de los ya conocidos como pensamientos y sentimientos positivos. Esta "organicidad positiva" vendrá a complementar la positividad emocional; o de intenciones y sentimientos nobles, y a "cristalizarla" (cristalizarla significa aquí hacerla estable y sólida, o sea, cuando un simple pensamiento haya conseguido acumular energía dentro de sí. Y por ello podremos distinguir en los pensamientos unos de mayor peso y consistencia que otros, o sea que algunos estarán más "cargados" de energía que otros).

Por otra parte la positividad intelectual no consistirá solo en manejar pensamientos "buenos o bienintencionados", sino también en Disponer de pensamientos "verdaderos"; o sea "una nueva capacidad de Ejercer el acto de Pensar" que se aleja de lo falso y de lo débil (aunque "lo falso" está bien caracterizado, con sus errores, prejuicios y dogmatismos, lo "débil" es también muy peligroso porque se renuncia a pensar por sí mismo, en la terrible creencia de que el pensar no puede aportar apenas nada).El pensamiento fuerte, tan rechazado hoy en día , porque exige mucho esfuerzo, nunca puede ser rígido y formal, sino fluido y creativo.

La positividad en el área del pensamiento tiene mucho más que ver con la Verdad que con la Bondad. Y también tiene mucho que ver con la creación del pensamiento "creativo" frente al repetitivo o heredado. Puede parecer sorprendente lo que voy a decir, y es que entre los así llamados buscadores hay poquísimo pensamiento vivo o creativo, porque exige mucha actividad y energía, lo que predomina es la "rumiación asociativa". Pensamos continuamente, pero sin energía, en lo que llamamos lo Superior. Toda nuestra actividad mental para lograr nuestras metas consiste una una especie de rumiación obsesiva, que no se eleva nunca de intensidad. Y por ello no cambia nunca y no sirve para casi nada.

Queremos decir además que los estados de positividad humana no son solo para disfrute humano exclusivo, sino que cumplen una función incluso más allá de la humanidad. Esta posibilidad o habilidad de experimentar sensiblemente estados positivos orgánicos nos va preparando para permitir que más adelante se produzcan en nuestro cuerpo las Transformaciones de Energías que debieran tener lugar si la evolución continúa su curso. Quiero decir con ello que esta atención prestada a lo orgánico nos prepararía para reconocer y permitir dentro de nuestro cuerpo los movimientos novedosos de algunas energías "ya conocidas" por nosotros. Pero lo más importante es que nos prepararía incluso para percibir por vez primera otras totalmente desconocidas y pendientes de "reconocer".

¿Reconocer...donde?: en nuestro propio cuerpo primero, dentro de nosotros, en lo que se conoce como "vivencia corporal propia"; y después también fuera de él, en nuestra periferia, en el "entorno natural" que nunca percibimos   , en la naturaleza que nos rodea. La conexión de nuestro cuerpo con la naturaleza, y sus posibilidades, están totalmente olvidadas.

Queremos insistir en que lo positivo es un campo de experiencia que a veces se manifiesta solamente como psíquico, o sea como ideas y sentimientos, pero que también deberá ser orgánico y por lo tanto expresarse como algo material y sensible, o sea como una "nueva sensación de mí". Primero lo positivo será solo psíquico y más tarde esta positividad se hará sensación orgánica.

Si se debe hacer énfasis continuo en la necesidad de lo "Orgánico" al hablar de la evolución humana positiva, lo mismo cabe decir de la inteligencia humana en general que en absoluto es ajena a la necesidad de evolución positiva, y a la cual deberemos prestar suficiente atención. Aunque no sea nada más que por lo olvidado que está este aspecto cuando se habla de una evolución positiva simplemente, en el terreno de la ética, la moral, o la espiritualidad. La positividad no es solo un asunto que tenga que ver con lo emocional y afectivo, con el altruismo y la compasión, sino que hoy, más quizás que nunca, necesitamos aspirar a lograr una "inteligencia superior" y una comprensión nueva y más grande que la actual. No es suficiente con unas capacidades intelectuales bien nutridas y desarrolladas, esto es, lo que se considera hoy en día como un hombre culto y educado, incluso intelectual, sino que se puede aspirar a disponer de una inteligencia superior a la actual.

La evolución hacia algo más real debe realizarse "con todas las cualidades y funciones" que son propias del hombre. Y la inteligencia puede quizás ser la principal, en detrimento incluso de la capacidad emocional. Necesitaremos una nueva "visión" de todo y del Todo, que nos lleve a una nueva "valoración" de las realidades que vivimos. De forma tal que también deberemos aprender a ser positivos con nuestra capacidad de pensar, razonar, juzgar, intuir, imaginar y creer. Lo que en el fondo nos permitirá, en primer lugar, liberarnos de convencionalismos y creencias simplistas heredadas mecánicamente de nuestros mayores; y además esto a su vez nos capacitará poder ser "creativos" en esta área. Todo hombre lo debiera ser.

Las religiones occidentales en general han dado prioridad a la "actitud emocional" olvidando y despreciando la inteligencia, el aspecto de gnosis o conocimiento, la "Bhudi" o sabiduría transcendental. Avidya o ignorancia, es para gran parte del pensamiento de oriente, tanto el budismo y el hinduismo, el problema central. La cuestión esencial para estas formas de pensamiento no es el mal, entendido como mala voluntad, sino la "ignorancia". La situación de la humanidad se explica por una ignorancia básica y universal. La Avidya sustituye a nuestro "concepto de pecado" o de maldad; desatascando así un nudo imposible de resolver: la culpa ante el Creador.

La necesidad y casi obligación de realizar un trabajo con las diferentes capacidades de nuestra inteligencia, si queremos evolucionar, parece una obligación nueva, pero no lo es. La Sabiduría estuvo desde el principio implicada y esta Sabiduría no tiene "nada que ver" con el "conocimiento científico, al que supera ampliamente, pero sin anular. El recto pensamiento, la correcta capacidad de imaginación creativa, la intuición certera del paso siguiente que cada cual precisa dar, así como la necesidad de liberarse de las creencias previas heredadas de forma pasiva y acrítica son condiciones necesarias para tener acceso a "lo nuevo" en el campo de la "Visión". De la nueva "visión" que nos abrirá a una nueva inteligencia. ¿Sobre qué actuará esta? Sobre el Todo, el valor del Todo, el significado del Todo y una nueva y posible relación con ello que nosotros podemos esperar.

Esta capacidad de "ver" o contemplar las cosas en su forma lo más próxima a su naturaleza real; y de "saber" cómo manejarse con las leyes que ordenan estas complejas realidades, son dos aspectos complementarios de nuestra función mental o intelectual. Imposible un recto evolucionar si no se desarrollan y dominan estas habilidades cognitivas nuevas, por lo menos en alguna medida.

Necesitaremos funciones "intelectuales" desarrolladas para "velar" y despertar nuestra capacidad de Atención y Concentración. Sin eso no hay nada que hacer. El desarrollo poderoso de la Atención Flotante y "no selectiva", esa que no queda capturada por lo particular de un detalle o pequeña figura, sino que está dirigida a captar el "fondo", el "marco", el "Contexto", donde todas las cosas "reposan y habitan". Y a la vez, necesitamos fortalecer la capacidad de "Concentración" en detalles particulares, e incluso mínimos, excluyendo provisionalmente de mi interés y atención todo el resto del campo de mi percepción. La capacidad de captación del entorno global y la de penetración reflexiva y progresiva sobre un tema concreto o un aspecto de cualquier realidad, han sido recalcadas desde siempre como funciones imprescindibles para lograr una evolución mental.

Ambas forman parte de los sofisticados mundos de la oración y de la meditación, de la capacidad de Contemplación en occidente y de Darhana y Dhyana en el sistema yoga de oriente, aunque con variaciones ya bien conocidas por todos. Pero dada su dificultad y los esfuerzos que conlleva su desarrollo han sido desplazadas y casi borradas a favor del trabajo con sentimientos y emociones personales, sentimentalismos, en suma, en los cuales cualquiera se puede creer ser un gran experto debido a su subjetividad e imposibilidad de comprobación. Nuestra vida emocional es de una radical subjetividad porque está aislada y encerrada en sí misma.

Parece que cuesta mucho entender que toda realización de algo nuevo es siempre "tridimensional" y que debe comprender necesariamente una nueva Visión acompañada de una nueva Emoción y también una nueva Sensación corporal. La captación del Absoluto desde siempre ha correspondido a una trinidad de dimensiones o Trimurti: ser, conciencia y felicidad.

Pretendemos haber logrado aclarar que nuestro objetivo final no es simplemente una mera "comprensión" por más iluminativa que esta sea. Aquí podríamos poner varias de las aspiraciones a comprender, por ejemplo: que somos hijos de dios, que hemos sido salvados, que somos libres, que somos eternos, que somos el vacío, Inmortales, El todo, la Unidad, que todo es uno, que todo es luz, y muchas otras más. Realizaciones estas que se producen en el campo de lo "mental", o sea en todo lo que representa nuestra "Capacidad de Ver". Nadie vea aquí una desvalorización de esta gloriosa capacidad, sino solo que recordemos que el solo ver, no es la "experiencia total posible".

Tampoco sentir es suficiente, aunque sean "emociones extraordinarias" y que nos sobrepasan del tipo de las que nos hacen exclamar en los momentos en que las sentimos: soy todo Amor, estoy Unido a todos, la Compasión es lo final, siento a todos los seres, he sido salvado, el salvador me ha hablado, Él se me ha presentado a mí, etc.; propias todas ellas de religiones de tipo devocional. Sentir sin comprender tampoco es suficiente.

Insistimos en que debo ver, sentir de alguna forma y ser o participar corporalmente una nueva Realidad. La experiencia a la que aspiro es una completa unión de Ser-conciencia-felicidad. En términos hindúes: Sat-Chit-Anand. En esto consistirá precisamente el objetivo específico humano, su razón de ser.

Si falta una de ellas el trabajo es parcial e incompleto, y esto vale para cualquier nivel, en la escala de realización personal, que queramos considerar, desde la más modesta hasta la más absoluta y final.

LA NEGATIVIDAD EN CADA POSICIÓN

```
12————————11————————10————————9————————8————————7——6—5—4
```

DESEADA	TOLERADA	RESIDUAL

| JUSTIFICADA | COMBATIDA | ACTUADA |

7-LA NEGATIVIDAD DESEADA Y LA POSIBLE AYUDA.

Ya hemos dicho algunas cosas sobre las Posiciones 11 y 12, pero vamos a desarrollar algunos procesos que se pueden producir en ellas.

¿Qué sería exactamente la Posición 12 o del hombre esclavo? ¿Podríamos hablar de ella con propiedad? ¿Hay muchos hombres esclavizados en esa posición? En 12 el hombre es negativo de forma sustancial y casi permanente. Está esclavo de la negatividad, aunque el sienta que la domina y usa para sus objetivos y sus propios fines. Valora todos los aspectos de lo negativo como muy favorable y agradece el poder disponer a su voluntad de estos sentimientos y de las acciones correspondientes. Emocionalmente está contento y satisfecho de sí mismo cuando ejerce la negatividad, le gusta "como sabe" y considera siempre que lo negativo es lo justo que se debe sentir o hacer. No necesita justificarlo intelectualmente por la necesidad ni la conveniencia; simplemente siente de manera instintiva que esos sentimientos de odio, venganza, envidia malsana, fanatismo cruel, y tantos otros más, le sientan muy bien, le produce el efecto de una descarga relajante, que él se merecía y que conviene hacer (que bien me he quedado, se oye exclamar). Ya hemos dicho que hay muy pocas personas envenenadas en esa posición, pero lo importante es que la influencia que ejerce sobre nosotros es una influencia constante y real.

Es capaz de matar a sus enemigos y a los hijos de estos también, hace desaparecer sus obras, sus pensamientos y hasta su recuerdo de la faz de la tierra. Miente para su provecho primero y más adelante miente porque le gusta confundir a sus supuestos enemigos y algo más tarde declara enemigos a todos aquellos que no le caen bien, y continúa así su infatigable tarea de mentir. Podríamos seguir, pero creemos que no merece la pena. Siempre hay gente que práctica la guerra con odio, pero otros afortunadamente la practican sin él. Nuestra historia lejana, pero lo que es peor, también la reciente, están repletas de crímenes que, a pesar de que nos parezcan horrorosos, en realidad cualquiera de nosotros hubiese sido ser capaz de realizar de haberse encontrado en esa misma situación. Lo que ha sucedido en el siglo pasado y lo que parece que va a seguir sucediendo en este, constituyen una indeseable confirmación que justifica este pesimismo.

Nuestro problema es que no entendemos que nuestras acciones no pueden ser correctas, que no podremos ser "buenos", hasta que estemos unificados dentro de nosotros mismos y tengamos voluntad interior. Que con la simple "buena intención" … no basta; ni tampoco con los lejanos ideales que ansiamos realizar. No, para actuar bien se necesitará una Voluntad desarrollada y unificada. Y esa Voluntad solo se logra en la Posición 8, de forma más o menos garantizada, pero sobre todo será cuando nos "centremos" en la 7, cuándo podremos sentir que disponemos de ella. Simplemente querrá decir que ya no estamos divididos en el interior.

Por eso ahora mismo todos nosotros estamos amenazados por la negatividad, y cualquiera de nosotros que vive en la Triada Ordinaria, podríamos pasar si las cosas nos fueran mal, y casi como deslizándonos imperceptiblemente, de 11 a la Posición 12, el lugar de la esclavitud. La solución que disponemos es en el fondo sencilla, la de abandonar 11 para siempre.

La situación en 12 es terrible porque no se quiere salir de allí. Cuando residimos allí interpretamos como una pérdida de cualidades y poderes el abandono de tal negatividad, y obviamente nadie queremos sentirnos debilitados y a merced de los demás. Todo se entiende al revés. Cualquier intento que se realice con un hombre así, si él lo percibe, dará lugar a unas desesperadas reacciones de defensa e incluso de ataque contra aquel que le quiera ayudar. Esta es una característica de 12: se boicotea cualquier posibilidad de ser ayudado, o de que sean ayudados los demás.

Está claro que en 12 somos un "agente activo", no solo una víctima, de lo negativo. Cuando vemos una expresión del bien o la bondad, sentimos unas incontrolables ganas de destruirlo y nos sentimos invadidos por la envidia y el rencor. Pero no solo uno se opone al bien, sino que lo descalifica y desvaloriza intelectualmente, insistiendo en la terrible tesis de que el Bien o no existe o no debiera existir. Y para ello se adoptan teorías y creencias de lo más nihilistas, y relativistas radicales o simplemente escépticas, llegando con ello a una especie de marasmo intelectual. En 12 no solo no se cree en nada, sino que hasta se prohíbe creer. No solo es que no se espera nada bueno, pero es que, además, se desprecia la "esperanza". Y todo así.

Como sucede con las personalidades paranoides, (en el fondo la Posición 12 tiene mucho que ver con la paranoia porque los afectos que se movilizan son del tipo del odio y la destructividad), no permiten ningún razonamiento que les haga relativizar sus posiciones; si se le dan argumentos a favor de lo positivo, los tergiversarán y desviaran sus conclusiones a favor suyo. Por eso son casi inmunes a las ayudas provenientes del campo de las psicoterapias: como se conoce bien, la transferencia paranoide impide toda posibilidad de ser ayudado. Queremos decir con esto que las aproximaciones directas para ayudar a aquellos que se encuentran en esa posición, estarán abocadas al fracaso, casi siempre.

Pero... ¿y qué decir de los actos de interés, comprensión e incluso compasión silenciosa que les pueden llegar? ¿Serán eficaces para abrir un núcleo tan cerrado? ¿Los percibirán? No lo sabemos, al menos el que esto escribe, no lo sabe. Mucho nos tememos que influencias positivas de débil intensidad, como aquellas intenciones positivas que podemos emitir las personas ordinarias, apenas sean percibidas por ellos. Ahora bien, una "acumulación sistemática y consciente de buenos pensamientos" dirigidos con una intención noble y altruista, durante el tiempo necesario, (que nadie sabe cuánto es), si podrían dar resultados.

Aquellas personas capaces de generar "benevolencia" y "compasión" serían sin duda los candidatos a intentar una tarea de este tipo. Dado que esas actitudes siempre se ejercen sin la mínima esperanza de lograr resultados de ningún tipo, ni mucho menos el más mínimo beneficio personal, la frustración está descartada. Pero el cansancio dependerá de las energías disponibles que se quieran utilizar. Y la motivación de intentar una tal tarea (casi podríamos hablar de rescatar a un hombre de las garras de la negatividad), dependerá de muchos otros factores ligados al destino propio (en oriente se conoce como la "bhodichita" el voto de ayudar a los demás y en occidente todos conocemos el significado y el alcance de la "caridad cristiana").

Aún intervienen otros factores que podríamos considerar que dependen de relaciones anteriores y olvidadas entre las personas (lo que se conoce como relaciones kármicas). Este tipo de relaciones puede conducir a esfuerzos continuos y casi a la desesperada de arrancar a un hombre de la negatividad. Y tienen un mérito muy particular porque durante todo ese tiempo la negatividad no cesa de actuar sobre el supuesto benefactor. De ahí que en muchas tradiciones se pida y se cultive una relación de respeto reverencial con el que nos ayuda, (Bhakthi o devoción) y esta actitud, siempre forzada y artificial hasta nuestro propio despertar, tiene como simple objetivo proteger al maestro de las "emanaciones del discípulo". Sobre esto no se suele hablar, porque cualquier consideración reflexiva sobre ello, parece poner en peligro el idílico escenario de la "devoción" y la "entrega". Pero, igualmente que sucede en el Psicoanálisis, donde se quiera o no se debe analizar la transferencia del paciente y la del propio terapeuta, en algún momento del trayecto de "evolución ayudada por terceros", deberemos encarar valientemente esta realidad provisional. ¿Qué tipo de relación debe establecerse entre aquel que va por delante y aquel que sigue por detrás? No lo sabemos, siempre está por descubrir.

La negatividad que nos afecta en 11 es de orden muy distinto, la creemos útil, sin más, pero no nos gusta. No gozamos ejerciéndola, no la idealizamos, solo la justificamos intelectualmente; la consideramos necesaria para defendernos y responder a las agresiones que vienen del exterior. De hecho, su ejercicio nos deja en general mal sabor de boca. Y nos permite conocer con toda la claridad y objetividad que podamos, un sano sentimiento de "culpabilidad". Nos preguntamos si ha sido completamente necesaria, si hubiese podido ser menor su intensidad, si la hemos ejercido con acritud u odio, etc. Nos hacemos preguntas incomodas o definitivamente dolorosas, nos genera dudas, nos hace sentir no muy bien o incluso mal; y nos deja un amargo sabor, cuando no culpa. Si no sucede así, si nuestra negatividad no tiene estas características, pudiera ser que ya estemos camino de la Posición 12.

Por el contrario, cuando tiene estas características muy desarrolladas y además si ni siquiera la justificamos intelectualmente, sino que solo sentimos que caemos en ella por nuestra propia debilidad, entonces significa que estamos en 10, y no tardaremos en pasar con gran solidez a 9. En 10 consentimos en su uso por estricta necesidad, considerándola un azote inevitable de la condición humana y resistiéndonos en alguna medida a ella; y en 9 sabemos que no sirve para nada bueno, luchamos tenazmente contra ella y la sufrimos como lo que es: una negatividad residual, simple eco de épocas pasadas que se está acabando progresivamente, porque ya no la sentimos con tanta virulencia. Y la "toleramos" con una cierta actitud de resignación.

Cuando pertenece a 11 y 12 la negatividad envenena el cuerpo además de la mente e intoxica el medio humano en el que vivimos. Somos seres enfermos y además tóxicos. La propia de 10 y de 9 nos contamina la mente y la emoción, pero en general la sufrimos nosotros personalmente y quizás las personas más cercanas a nosotros (familia, amigos compañeros, etc.).

En la Posición 11 si recibimos ayuda (proveniente de alguien que sabe pensar, de alguien que puede curarnos o de alguien positivo esencialmente), la recibimos sin rechazo inicial, pero con mucho escepticismo, dudas y ambivalencia en si nos conviene dejarnos cambiar o no. En 10 la recibimos con gratitud, pero la aprovechamos con mayor o menor habilidad y sinceridad, lo que implica una mayor o menor determinación y por lo tanto mayor o menor éxito. En 9 la gratitud predomina ante todo aquel que se presenta delante nosotros para ayudarnos. Hay gratitud, independientemente del éxito logrado en la tarea.

Todas estas posibilidades en medio de esa Triada de negatividad corresponden más bien a la emoción, pero como siempre recordamos la emoción no existe por si misma sino en asociación íntima con un sistema de pensamiento y con determinadas experiencias en nuestra posibilidad de sensación. Casi imposible sentir en positivo si pensamos en negativo, y viceversa. Y casi imposible si estamos llenos de sensaciones negativas en el cuerpo lograr pensar con acierto o positividad. No nos referimos a la enfermedad y a sus sufrimientos acompañantes, que si fuéramos capaces de aceptarlos podrían ser una fuente importante de positividad, sino a las vibraciones y contracciones tóxicas que dejan en nuestro cuerpo las emociones negativas, sobre todo cuando las "abrazamos" con intensidad.

Por lo tanto, no olvidamos que habrá una gama completa de "pensamiento negativo", y otra gama igual de dañina de "negativa vivencia corporal". Aquí los pensamientos, igual que las emociones parecen tener colores. Todos conocemos los rojos, propios de pensamientos de agresividad, superioridad y desconfianza; y los negros del pesimismo y la melancolía.

Pero también están, disimulados como siempre, los pensamientos negativos "blancos" de la inseguridad intelectual, falta de claridad, escepticismo, relativismo radical, o simple desvalorización de las posibilidades del acto de pensar. Y también los negativos pensamientos "azules" de las creencias heredadas, convencionales, formalistas, prejuicios y simplismos varios, basados en la costumbre y sujetos por la autoridad a la que no nos atrevemos a enfrentar. Ponga aquí cada uno los suyos.

Y estos últimos, los negativos pensamientos blancos y azules, como pasan casi desapercibidos, como no son señalados por nadie, como viven disimulados y a veces casi entre aplausos, son los más peligrosos para alguien que pretenda evolucionar. Y en cualquier trabajo o trayecto de evolución personal, deben ser desenmascarados y disueltos también como los ya reconocidos de la violencia y la tristeza. Pero esta tarea tampoco va a ser fácil.

Pensamientos y sentimientos negativos acaban produciendo sensaciones corporales del mismo tono que no cabe mucha duda que generan primero angustia y tristeza orgánica, y que finalmente acaban produciendo las diferentes enfermedades que nos amenazan. ¿Quién lo podría negar hoy en día con los simples conocimientos de la medicina psicosomática actual? Solo diremos aquí que es un hecho cierto y comprobable como la negatividad bloquea y estrangula la satisfactoria y normal circulación de energías en nuestro cuerpo. Siendo eso así, la enfermedad no tardará en llegar.

8-LA AUTOPERCEPCIÓN YOICA.

Parece una pregunta retórica, académica o absurda, pero podríamos enfocar una cuestión del tipo de … ¿Qué queremos decir cuando decimos "yo"? ¿Tiene sentido intentar una investigación sobre el propio yo?

A- El yo "representado" y el yo "vivido".

¿Cómo es el "yo" que circula por este camino? ¿Qué características tiene? ¿Cómo se vive a sí mismo? ¿Cómo se representa? No es fácil definir ni comprender que se quiere decir por "auto-percepción yoica". ¿Cómo es "la cualidad del sentimiento de ser "yo"?

Podemos referirnos a ello como que es un conjunto de impresiones muy diversas pero que se presentan simultáneamente ante nosotros y nos obliga a vivirlo como si fueran una unidad…cuando en realidad no lo son. Incluye cosas como la propia y "específica imagen" que tengo de mí mismo (cualidades y atributos de todo tipo, como valiente, generoso, introvertido, etc.) y la "imagen genérica" que tengo de lo que pueda significar ser hombre en general (estar limitado, condicionado, siendo a la vez creador, histórico, sociable, etc.). Pero aparte de la "imagen personal o común", cambiante pero estática, conlleva también todo un mundo de tendencias y expectativas que se manifiestan como "movimiento hacia algo" … (como debo ser, como quiero ser, como quieren los demás que sea, que quiero lograr, etc.). Por lo tanto, podemos resumir diciendo que tiene dos componentes: uno imaginario o representado, y otro pulsional, energético o vital.

Incluye por supuesto, el cómo me "represento" a mí mismo que siempre tiene un carácter imaginario o de escenografía visual, y que normalmente se pone de manifiesto cuando cierro los ojos y miro pasivamente en mi interior. Allí está todo un reservorio inagotable, aunque repetitivo, de imágenes fijadas, de escenas en movimiento que dan cumplimiento más o menos satisfactorio a mis deseos, o ilusiones o temores etc. En todo ese escenario interno me auto-recompongo imaginariamente. El insuperable chaman mexicano D. Juan señala en un momento dado a su discípulo como… "casi toda la vida el hombre se la pasa ensayando figuras en el espejo". El espejo sin duda es el Otro, como diría Lacán. Ante él compongo y descompongo poses más o menos favorecedoras cual adolescente inseguro, y le pregunto al espejo acerca de quién soy y cuanto valgo. Y esto a lo largo de casi toda nuestra vida. Mi yo es imaginario en una alta proporción. El hombre dormido cumple una función, es un simple mecanismo entre dos realidades verdaderas: la naturaleza y la conciencia. Cuando despierta hará esa misma función, pero conscientemente y libremente.

Y luego está mi cuerpo con sus sensaciones acompañantes de muy diferente naturaleza, (con él me siento fuerte y enérgico o cansado y apático, o débil, con una sensación placentera o no, capaz de hacer e incapaz de hacer, hábil o torpe, etc.). En mi cuerpo se mueven energías más o menos poderosas, (esa es mi auto-percepción), no imágenes, porque está constituido por sensaciones y percepciones de intensidad muy diversa. Y este mundo de naturaleza sensible, en nuestra cultura está claramente infradesarrollado. Se podrá objetar el notable valor otorgado al cuerpo en nuestros tiempos mediante el deporte, la estética corporal y el culturismo, por ejemplo, pero en estos y otro caso se trata de utilizar el cuerpo para lograr éxito deportivo, salud o mostrar su belleza para lograr autoestima. Nosotros hablamos de vivir en el propio cuerpo. De vivirse como un ser "orgánico" en relación con las fuerzas de la pequeña y también de la Gran Naturaleza.

En conclusión, se podría decir que mi auto-vivencia consta de dos elementos muy claramente distintos: una "representación" muy dominante en nuestra cultura virtual, con contenidos intelectuales y emocionales sustancialmente imaginarios; y una "sensación" muy limitada de energías vivas y en movimiento.

Cuando me auto-represento imaginariamente siempre digo...ese soy yo. ¿Pero será verdad que yo soy "solo ese que veo"?

A pesar de los importantes cambios entre posiciones que estamos comentando, en la triada específica del hombre Ordinario el sentimiento yoico, o "auto-percepción", no cambia en absoluto, es el mismo en las tres Posiciones 11-10-9. La diferencia solo consiste en lo que este peculiar yo-egoico está "experimentando". Aquel, el sujeto que experimenta no cambia, solo lo hace..." aquello", los objetos... que se están experimentado. Solo cambian las experiencias que yo tengo, no cambia mi propio yo. ¿Y cuáles son esos objetos?

El hombre ordinario en general es positivo en el conjunto de su actuación vital por eso nuestra humanidad continua y progresa. Pero suele estar negativo en su mundo interior con ansiedades, inseguridades, confusiones y decepciones de variado tipo. Sufre esas negatividades en su interior mientras empuja cómo puede una vida más o menos digna. Los ejemplos de la mayoría de las personas que mantienen la positividad suficiente en su actuar mientras internamente sufren todo tipo de tormentas interiores constituye precisamente el mérito indudable de nuestra posición actual.

B-El yo separado y el Yo reintegrado.

Podríamos resumir diciendo que desde 11 a 9 la positividad gana en consistencia en la misma medida que la pierde la negatividad. Pero que el sujeto de la experiencia es el mismo en las tres: un sujeto muy bien definido en la percepción de sí mismo como una entidad separada de todo, independiente del entorno, y auto-existente. Se sabe, a nada que se reflexione y se investigue, que eso no es verdad en sentido estricto, que ese "supuesto sujeto" autónomo y aislado que percibimos ahora como siendo mi "yo" real, es solo imaginario, en realidad no tiene existencia propia. Pero nos seguimos sintiendo y representando como entidades independientes, separadas y con derecho de exclusividad (que horror nos produce la idea de una reabsorción o reintegración en una realidad mayor a nosotros mismos, lo sentimos como el mayor de los fracasos para nuestra dignidad humana). De ahí el desprecio intelectual que nos produce hoy en día la idea de "participación mística con la naturaleza ", de "reintegración en el orden natural", y consideramos que es propia solo de razas atrasadas y animistas.).

Conocemos intelectualmente, (no estamos tan ciegos como para haber perdido todo grado de lucidez), la incoherencia, inconsistencia e impermanencia del yo; pero nos "sentimos a nosotros mismos" como muy compactos, sólidos y consistentes. Este estado de cosas es simplemente una alucinación.

Esta idealización del "ego radicalmente separado" de lo Natural, tiene consecuencias muy importantes; por una parte, al hombre le lleva a la perplejidad solitaria del "desarraigo", y al planeta en su conjunto, al riesgo del desastre ecológico. Se nos dirá que ya hemos superado esas etapas previas de participación como un elemento más de la naturaleza; que hemos avanzados hasta el punto de separarnos de ella y de lograr ser "independientes". Y que este es el mayor logro que se pueda dar. La separación de la madre-naturaleza, y la posterior individuación son rigurosamente necesarias para conformar una personalidad normal de adulto, todas las corrientes de psicología lo admiten, pero no es un movimiento suficiente en sí mismo, porque debe acabar siempre en una fase de "retorno", que implica gratitud, responsabilidad y cooperación, de adulto a adulto. Pero no son precisamente estas las actitudes las que predominan en nosotros respecto a la naturaleza o a la creación en general. La tendencia a la separatividad del niño respecto a su madre y su familia es solo una fase, una etapa que culmina en otra posterior: la colaboración en alguna forma de relación amorosa. Lo mismo debiera decirse de nuestra participación y reincorporación en el mundo de la Gran naturaleza.

Se puede decir del sentimiento de "separatividad del ego" moderno que no es una meta última sino una condición temporal hasta que se produzca una nueva Reintegración. En un nivel más alto, eso sí. Es, como tantas otras cosas, un movimiento dialectico en tres tiempos. Se parte de la fusión indiferenciada del niño con su madre para pasar a la separación individuatoria, y acabar en una relación nueva en un nivel más alto: el amor y la colaboración. Lo mismo debiera producirse entre el hombre y la Naturaleza que le ha creado, e incluso entre el hombre y las fuerzas Creadoras que le han dado y le sostienen en el Ser. Siempre habrá primero fusión, más tarde individuación y separación y por último reintegración superior.

Pero incluso en la Posición 8 puede haber todavía un cierto "sentimiento de separatividad", en este caso residual, porque solo al recuperar la Posición 7, es cuando el hombre vuelve a quedar centrado y reintegrado de nuevo en el Orden natural de "forma irreversible". Esta es la posición que le correspondía; y allí ya su auto-percepción subjetiva ha cambiado por completo y "para siempre". En 7 por fin, ya sabe que él no es una realidad aislada que debe hacerse un hueco por la fuerza en esa otra gran realidad que le rodea, (y de la que desconfía, sea la naturaleza o el mundo), sino que se siente como un "ser creado intencionalmente por otro Ser". Se percibe a la vez como diferenciado y singular, incluso único, pero "unido" de forma indisoluble con las realidades en las que ha nacido, con las "fuerzas conscientes" que le han creado; se siente como un ser que es el mismo y a la vez... más que el mismo. Pasa de sentirse un "yo pequeño y accidental" a sentirse un Yo con plenas garantías de sentido y sustancialidad.

Toda esta nueva posibilidad se produce porque ahora está recibiendo "influencias directamente", y ve con total nitidez que él no está solo sino "Conectado", y que por este hecho él es más de lo que creía ser. La existencia de centros de fuerza externos que le influyen lejos de disminuir su importancia y dignidad, la refuerzan, y lejos de hacerle sentir dependiente y condicionado, o incluso esclavo, le incrementan el sentimiento de Libertad. El "todo" que él era capaz de imaginar era tan pequeño y limitado que le contaminaba y empequeñecía su propia auto-representación. Lo que ve ahora es una "desbordante Grandeza" y que su mismo ser es una Insustituible parte de ella. ¿Cómo no iba a sentirse exaltado, agradecido y confiado?

Esa nueva auto-percepción hace que comience a experimentarse a sí mismo con la misma pasión y sentido de la aventura con la que antes experimentaba los objetos del mundo exterior a través de lo que se llama ..." el vivir". Ahora lo que cambia y se renueva, descubriendo progresivamente su creatividad y su radical "novedad" es el "propio Yo". O sea, el "experimentador pasa a ser tan importante o más que el mundo experimentado. El sujeto aparece como más importante que su vida. Lo que se empieza a sentir dentro es más sustancial que... "lo que se ha experimentado fuera".

El hombre busca entonces, porque lo necesita vitalmente," desplegarse", abrir sus alas, "manifestarse" en su más auténtica realidad. La vida para él no es solo ya el recibir "experiencias", del tipo que sean o realizar "actos", cualquiera que estos sean, sino que su tarea fundamental será a partir de entonces la de "recibir su Ser a través del vivir"; el "ser" que le es propio. Las dimensiones del "cambio, de la renovación, e incluso la de creatividad", le llegara no solo por las cambiantes y enriquecedoras experiencias de la vida sino sobre todo por las continuas modificaciones, que experimenta "espontáneamente", en su propia calidad de Ser humano (que es totalmente independiente de la vida que le toque vivir). A medida que vive...cambia y crece.

Percibe de alguna manera que la creación no ha finalizado todavía, (como si ya solo le correspondería vivir en medio de un mundo ya creado y acabado): se da cuenta de que él, "el mismo" está también en continuo proceso de Creación. La Creación no se ha acabado, su creación individual tampoco, esto lo siente con total claridad, y por ello debe "permitir su manifestación creadora en sí mismo" instante a instante para lo que le quede de vida. Recordemos que estas vivencias acompañan al hombre que se ha reinstalado en su lugar de origen que es la Posición 7. Y que esta posibilidad la siente con todas las capacidades de su ser, o sea de una forma completa y plena con su pensamiento, con su cuerpo y su emoción.

Cuando se es un buscador sistemático y serio en la Posición 9, ya reconoce esta posibilidad de auto-experimentarse a sí mismo más allá del pequeño hombre separado y perplejo que ahora parece ser, pero solo lo logra de una forma "intelectual". Ni sus sentimientos ni sus sensaciones reales le acompañan. Sabe que el "debería estar integrado", sabe con toda su capacidad de pensar que él pertenece a un Orden mayor del que ahora percibe, sabe sin duda alguna que este Orden existe y que de alguna forma le está esperando en algún lugar. Pero no lo siente todavía emocionalmente como algo vivo y presente, ni tiene la Voluntad suficiente para hacerlo real. Es simplemente una idea nueva, una visión nueva; una posibilidad, pero eso sí, "una posibilidad que se le aparece como muy real". Por eso empieza a "buscar".

El "buscador" no solo ensaya y experimenta a ciegas, sino que sabe que "hay Algo" ...aunque no sepa exactamente qué es... "Eso que Hay". Sabe a "ciencia cierta", (aunque no sabe cómo ha logrado este saber), que su pequeña vida forma parte de Otra Vida mucho mayor, y que su consciencia limitada forma también parte de otra Autoconsciencia de un orden muy superior.

En la Posición 8 ya, ese mismo buscador ahora empieza a sentir las emociones acompañantes de la reintegración, ya no solo las piensa, ya no solo son ideas. Conoce "emociones y sensaciones" nuevas y propias de un nuevo Ser, y reconoce que estas emociones no vienen de fuera de él mismo, sino que forman parte de su nueva y recuperada Identidad, que ahora es más Real.

Sabe para siempre que él mismo es certeza, esperanza y alegría, además de otras muchas emociones positivas como compasión y amor. Ya sabe que no necesita mendigarlas de ningún lugar externo a él mismo. Ellas son su Propio Ser. No necesitará a partir de ahora merecerlas, alcanzarlas, conquistarlas ni dominarlas. Ellas han sido siempre su Propio Ser. En su ser, en su "propio ser", estaba aquello que él buscaba en el exterior.

Y como ya hemos dicho más arriba, en la Posición 7, ahora por fin sí, ese hombre "sabe con su mente, siente con su emoción y puede con su voluntad" percibirse como lo que realmente es: un ser limitado, creado "a escala", eso sí, pero con plena intención amorosa, con inmenso cuidado, con un propósito definidísimo, por un Gran Ser. Con eso ha recuperado su verdadera naturaleza, ha re-ocupado su sitio, ha vuelto a casa; se ha producido la primera reintegración. El mundo ya no le será ajeno nunca más. El hombre con su pequeño ser siente que es una parte muy querida de un Gran Ser.

Y quedan lejos aquellos días angustiosos en que se veía, se sentía y se creía, desterrado sin saber porque, en un mundo ajeno y hostil, que es lo propio de la Posición 10. Cuando alcanza la Posición 9, "sabe" que no es así, cuando llega a la Posición 8, además de "saber" …" siente" …que no es así. Y por fin, ya en casa, "sabe", "siente" y además "puede" recuperar a voluntad, cuando lo desee, su verdadera naturaleza, su auténtica "sensación de sí mismo".

¡Esta Reintegrado en su verdadero "ser" …! que paradójico parece!, y que "real" es. Ahora la sensación de ser el mismo tiene esas dos dimensiones que hemos señalado con anterioridad. Las autoimágenes representadas de su propia mente por un lado son ahora fieles reflejos de una Realidad mayor; y además siente a cada instante la acción de fuerzas "vivas y directas", energías superiores que le dan el Ser.

En ese momento la Gratitud circula en todas las direcciones.

CAMBIO VS TRANSFORMACIÓN

CAMBIO

OPTIMIZACIÓN DE CUALIDADES PSÍQUICAS YA EXISTENTES

ADAPTACIÓN AL MEDIO SOCIAL Y CULTURAL

CONSERVACIÓN DEL YO ORDINARIO, YO DIVIDIDO

TRANSFORMACIÓN

CREACIÓN DE NUEVAS CUALIDADES Y FUNCIONES PSÍQUICAS

RENOVACIÓN DEL MEDIO CULTURAL Y SOCIAL, VALORES NUEVOS

GENERACIÓN DE UN YO SUPERIOR, RETORNO AL YO NATURAL

9-CAMBIOS Y TRANSFORMACIÓN.

Mejorar, desarrollarse, afinarse, humanizarse, cultivarse, equilibrarse, reconciliarse, aceptarse, y cambiar …y "transformarse", estas son solo algunas de nuestras posibilidades en nuestra vida. Todas van en una sola dirección, todas aportan algo bueno. ¿Pero son lo mismo? ¿Daría igual conformarse con iniciar un proceso u otro? Creemos que no, hay importantes diferencias.

A-Del "ego" al Yo.

Estamos hablando de un trayecto por diversas etapas o posibilidades de sentirse y ser humano, por lo cual sería pertinente preguntarse si es que existe un "sujeto permanente", algún tipo de yo estable, que soporte y garantice este desplazamiento, en toda su amplitud y a través de todas sus etapas.

¿Es el mismo "yo" el que comienza el trayecto del que lo culmina? En absoluto, porque precisamente lo que exige cualquier verdadero camino de evolución es una transformación progresiva de ese mismo "yo". Por eso es por lo que no creemos que haya un único sujeto para todo el espectro de experiencias que vamos a recorrer, o mejor, se podría decir que habrá diferentes "yoes" en cada etapa que vamos a recorrer. Ya lo hemos dicho, a partir de un cierto punto, no solo cambian las "experiencias", sino el "experimentador". Nos interesaría saber cómo serían esos diferentes "yoes" en cada etapa. ¿Podríamos describir la diferencia entre ellos? La experiencia de ser un yo en la posición 10 por ejemplo, no tiene mucho que ver con la posibilidad de serlo en 7, y no hablemos si comparásemos otras posibilidades más extremas. Son formas de ser "yo" completamente distintas.

La primera dificultad con que nos encontramos al intentar definir y diferenciar estas "diferentes formas de auto-percepción yoica" que corresponderían a cada posición, es que por nuestra limitada capacidad de vivir experiencias propias y por la influencia dominante de nuestra cultura, que nos impone un "único molde común", no tenemos apenas forma de conocer ninguna otra posibilidad de ser humanos que aquella de la que disponemos en este momento. Sí que podemos imaginar e incluso admitir que esta "modalidad de yo" que siento yo, pueda cambiar parcialmente, enriquecerse, perfeccionarse y hasta crecer de forma manifiesta, pero permaneciendo siempre siendo la misma en su esencialidad. Porque nos resulta inadmisible pensar que "mi yo" pueda llegar a ser un "yo" distinto esencialmente al que ahora soy; (el que ahora mismo gozamos y padecemos todos: nuestro "yo común" compartido, que presenta una "Forma yoica" completamente definida; y que tan bien conocemos). Por eso admitimos, muy contentos, la posibilidad de "crecer" y hasta de "mejorar" pero cuando pensamos en la posibilidad de transformarnos en otro tipo de sujeto nos inquietamos mucho. Y es normal que así sea, porque solo conocemos variantes enfermizas alternativas a nuestro yo actual, que son las que nos presenta la psiquiatría :(el yo de un psicótico, psicopatías diversas, trastornos de personalidad, etc.). Se nos obliga a elegir entre la vulgaridad más desmotivante y las anormalidades que a todos nos atemorizan. Me pregunto, ¿esto es todo lo que hay?. ¿esto es todo lo que soy?.¿No habrá nada en el medio?. ¿No tengo ninguna otra opción de autenticidad?. ¿Me tendré que inventar un personaje histriónico o excéntrico para sentirme fuera de la mediocridad y la vulgaridad? ¿Qué hacer?

Los tipos que se nos presentan como posibles ideales propios de culturas ajenas, como yoguis, gurús de todo tipo, renunciantes, ascetas, monjes, etc., nos resultan altamente sospechosos o cuando menos estrafalarios e inasumibles por nosotros en nuestra cultura. Y tiene toda su lógica que sea así porque no les "entendemos en absoluto", no tenemos instrumento alguno para relacionarnos con ellos, solo nuestras neurosis religiosas infantiles. Son simples modelos arquetípicos sin ninguna funcionalidad real para nosotros, porque no permiten ser conocidos ni examinados; porque nos ocultan su humanidad para evitarnos la decepción que sentiríamos al reconocer que ellos también fueron humanos. Pero por suerte o por desgracia, esos extraños seres son los únicos que nos hablan de posibilidades nuevas de ser. Y de vivir.

Pero incluso nuestros propios ideales, los de nuestra cultura propia de antes, como eran los hombres santos, justos, o heroicos, incluso sabios, poetas, innovadores y revolucionarios idealistas, tampoco nos sirven demasiado hoy en día y prácticamente están abandonados como modelos posibles a seguir. Se consideran trasnochados y de otro tiempo, inservibles para nosotros ahora. Solo nos queda lograr fama y visibilidad al precio que sea, y salir en los medios. Replicar mi imagen como si fuera un virus. Soñar con prestigio, reconocimiento y fama. Eso mitigará mi hambre de ser sustancial. Pero si no aceptamos esto como mínimamente valioso, tanto por estúpido como por pueril, entonces solo nos queda seguir igual, siendo lo mismo que somos ahora, no plantearnos nada y cerrar la cuestión antes incluso de abrirla.

Cuesta trabajo admitir, incluso sea teóricamente, que nuestro "yo" actual es solo una posibilidad concreta, entre muchas, de ser yo; y que tendríamos que aceptar que pudieran existir otras Formas del Yo. Este "yo" actual es el mejor que hemos logrado construir para adaptarnos a un ambiente exterior, social y cultural concreto, de acuerdo. Pero admitamos... que quizás ese ambiente no sea el mejor que pudiéramos tener. Imaginemos las sustanciales diferencias entre las estructuras mentales propias de un hombre primitivo y las que corresponden un cultivado ciudadano de un país desarrollado, por ejemplo. Sin embargo, ambas posibilidades, por más diferentes que puedan parecer, y lo sean en verdad en sus formas aparentes, se sustentan sobre una base universal común "de sentir el propio yo". Su estructura mental es bastante semejante y esto se puede comprobar por la facilidad con que las culturas más primitivas incorporan con rapidez nuestros valores y estilos de vida.

El "ego" humano tiene una "constitución específica" que es universal, e independiente de las formas culturales de cada civilización. En nuestra sociedad el ego es idéntico para un humilde artesano que para un eminente científico o escritor, a pesar de las apariencias. Esta semejanza parece que dependería más probablemente de nuestro común funcionalismo cerebral que de los contenidos culturales aprendidos, y a este sustrato idéntico en todos, le llamaremos "nuestra común posibilidad yoica" o Forma Yoica general. Se debiera poder distinguir entre el cerebro humano, que admite todas las posibilidades humanas, las que conocemos y las que desconocemos; el funcionamiento cerebral concreto y actual de todos nosotros que define el tipo de la Forma del Yo, y los "contenidos particulares" de ese cerebro que solo constituyen la "personalidad superficial", con sus variaciones periféricas.

Esta Forma Yoica humana común va a permitir "cambios" en una dimensión simplemente horizontal, (educación, conocimientos, cultura, sensibilidad, valores y variantes psicológicas, por ejemplo), y esto podría corresponder a los cambios posibles de atributos y características del yo, entre diferentes culturas, diferentes países, etc. Y dentro de una misma cultura las diferencias que hay entre diversas clases sociales, confesiones, profesiones, etc. Todas estas son simples "características o atributos" que se añaden o superponen a la Forma Yoica esencial, que permanece inalterable.

Estos serían los cambios o aspectos diferenciales con los que nos encontramos al final de la formación de nuestra personalidad, o sea que son "pasivos" y no elegidos. Al lograr la edad adulta me encuentro a mí mismo "como soy", no como querría ser. Dentro de mí hay cosas que me gustan y otras que desearía abandonar. Pero lo que nos importa en este trabajo son los "cambios voluntarios" que yo voy a producir en mí a partir justo de ese momento. Serán simplemente "cambios", todavía no "transformaciones". Los lograré sea mediante un" trabajo individual subjetivo" en busca de esos ideales del yo que sostengo (prácticamente todos los hombres nos encontramos en esa tarea, que por cierto es de muy pocas garantías. Y sin embargo debemos reconocer que algunas personas logran importantes avances solo con esta modalidad de esfuerzo e intención). Digamos que yendo por una "vía natural", algunas personas llegan a ser, al final de su vida, "como querían", y por ello ya no tienen enemigos interiores ni exteriores.

TIPOS DE POSITIVIDAD

POSITIVIDAD INTELECTUAL

PENSAMIENTOS VERDADEROS SIN PREJUICIOS NI CREENCIAS SIMPLISTAS, AMOR A LA VERDAD
PENSAMIENTOS PROPIOS, ELABORADOS PERSONALMENTE, NO HEREDADOS POR AUTORIDAD
PENSAMIENTOS NUEVOS O CREATIVOS, EL HOMBRE COMO PENSADOR Y CREADOR

POSITIVIDAD ORGÁNICA

CUERPO DENTIDO, RELAJACIÓN, APERTURA DESBLOQUEO, ENERGÍAS VITALES, CENTROS Y FUNCIONES
RESPIRACIÓN SUPEIOR, VIBRACIONES ITERNAS, SENTIDOS INTERIORES

Pero a nosotros, además de los "cambios", nos interesan también las "transformaciones" verticales o de Nivel, en los cuales una Forma Yoica determinada dará paso a otra distinta y superior. Y por eso contamos también con las posibilidades que ofrece un "trabajo sistemático" en el que me veo obligado a utilizar una nueva teoría del yo, métodos específicos de esfuerzo y también ayuda especializada exterior. O sea, necesitaré una teoría nueva sobre mí mismo, que en principio me la otorgará una "escuela de desarrollo". Además, un grupo de trabajo y acompañamiento, o Shanga en términos budistas, y también alguien más experto que yo en ese campo y que quiera supervisar mi trabajo de evolución. Estas "transformaciones" no son fáciles de lograr.

Un ejemplo de transformaciones verticales correspondería a las diferentes etapas de desarrollo desde la infancia a la adolescencia. Y que culminan con la plena madurez cerebral hacia el fin de la adolescencia. El niño y el adolescente son un claro ejemplo de lo que queremos decir. ¿No es acaso mayor lo que les separa que lo que les une? En ese pasaje de niño a adulto, ha habido "transformación", no simplemente cambios de esto o aquello. Un hombre temeroso, después de arduo trabajo pierde el miedo. Otro inculto y simple aprende a profundizar y razonar. El egoísta se hace generoso, el superficial...profundo. Excelentes ejemplos de "posibles cambios". Pero la diferencia entre un niño y un adolescente, o entre este y un adulto pleno, son otra cosa, aquí hay un salto de nivel, el funcionamiento cerebral será sin duda diferente. Aquí ha habido "transformación". Entre el yo adulto ordinario y el Yo verdadero puede haber incluso mucha más distancia que entre un niño y un adulto. ¡Difícil de creer, sin duda! No pretendemos convencer sobre esto...por ahora dejémoslo como una posibilidad.

Pero para entender esta posible evolución o transformación tenemos que admitir un hecho que puede presentar dificultades de aceptación, y es que la Forma de "vivencia Yoica" que conocemos como esa que logramos con una plena madurez corporal, mental y social, aproximadamente a los veinte años, no es según nuestra opinión ni la última, ni mucho menos la mejor posible. Llegados a los veinte años nos decimos..." yo ya soy todo lo que se puede ser" y ...ahora a "vivir". El hombre adulto que ha completado su formación y se dispone a formar una familia e incorporarse a un puesto de trabajo, solo conoce su propio y adormecido nivel de conciencia, y lo que es peor ni siquiera puede sospechar, en general, que le serían accesibles otros más. En este terreno no ha hecho más que empezar.

Las posibilidades de ser humano no se limitan a lo que conocemos ahora, ni se acaban ahí. Siguiendo a autores tan conocidos como Erikson, Maslow, Wilber y muchos otros, queremos insistir en que las posibilidades de evolución humana son muy grandes y generalmente desconocidas u olvidadas. Y todo ello desde una simple reflexión psicológica y antropológica, sin tener que recurrir a las aportaciones provenientes del mundo de la Mística o de la Meditación o del Trabajo sobre sí.

DIMENSIONES DE LA POSITIVIDAD

RELACIÓN A LA VIDA GENERAL	GRATITUD, RESPONSABILIDAD, ATENCIÓN, CUIDADO
RELACIÓN AL OTRO SEMEJANTE	EMPATÍA, ALTRUISMO, IDENTIFICACIÓN, COMPASIÓN
RELACIÓN AL PROPIO YO	AUTOESTIMA, CONTENTAMIENTO, AUTOADMIRACIÓN ESENCIAL, SENSACIÓN DE LOGRO

Podríamos pensar que la Forma Yoica depende de la función fisiológica de un cerebro, mientras que la Estructura yoica dependerá de su anatomía exclusivamente. Cuando esta estructura cambie sea por evolución natural con el correr de los siglos o artificialmente debido a la intervención del hombre, (y no estamos muy lejos de eso), la Estructura yoica será también distinta. Y esa nueva estructura yoica permitirá a su vez diferentes posibilidades de crecimiento y desarrollo, tanto horizontales como verticales, que "no nos podemos ni imaginar". La evolución dirá. Por lo tanto, no nos interesa detenernos en las posibilidades desconocidas de la "estructura futura" cerebral del hombre, sino en las posibilidades comprobables de nuevos funcionamientos cerebrales fisiológicos ahora mismo. No podemos ni imaginar cómo vivirán su relación con el Todo, o como participarán con la naturaleza, ni que relaciones tendrán entre sí, las razas nuevas o las especies futuras con sus cerebros distintos al nuestro.

Pero considerado cualquier cerebro dado, con sus posibilidades anatómicas actuales, es evidente que nosotros "somos capaces de cambiar su funcionalismo". O sea que podemos y debemos estudiar las diferentes posibilidades de funcionamiento (funcionalismo fisiológico) que tenemos ahora a nuestro alcance. Con la "estructura yoica" que corresponde a nuestro cerebro, nos interesa conocer tanto las posibilidades horizontales (contenidos y habilidades de la conciencia de las que "yo" puedo disponer), como las verticales (los posibles niveles de la conciencia o las diferentes formas de ser "yo" que podré realizar).estas posibilidades de transformación están en el origen de tópicos como la muerte y resurrección espiritual, la noche oscura del alma, el salto a lo desconocido, el pasaje a través del umbral, y el más simple de "metanoia" o cambio de mente.

Ya que hemos señalado antes las diferentes formas culturales posibles en la dimensión horizontal comparando un hombre primitivo con un culto universitario de hoy; y utilizando este mismo ejemplo, en principio podría parecernos que se estaría produciendo un avance, una sofisticación mental ligada al progreso cultural y tecnológico que acompaña a la civilización. Pero la comparación puede no ser tan clara, porque ese mismo universitario, representante envidiable de la modernidad, puede ser un tipo egoísta y mezquino, cerrado sobre sí mismo y sus delirios, y limitado a más no poder; o por el contrario un verdadero sabio, liberado de prejuicios primitivos, con un yo intensamente desarrollado, y además altruista y consciente en su más alta posibilidad.

En el área de la calidad personal y humana el progreso no es ninguna garantía por sí mismo de avance esencial. Por desgracia no nos faltan ejemplos de esta afirmación. Con esto queremos señalar que lo novedoso o simplemente moderno, o si se quiere cultivado, no garantiza casi nada por sí mismo en los terrenos de la autenticidad humana, pero y esto también es muy importante decirlo, tampoco tendría porque obstaculizar nada por sí mismo.

El dilema entre tradición y modernidad, que equivale al de fidelidad a las concepciones y creencias previas contra la innovación y creatividad en estas áreas, es insoslayable y tarde o temprano se deberá abordar por parte de aquel hombre que busca ser "real y auténtico". Insistimos en que podríamos decir que el progreso técnico y el enriquecimiento cultural no garantiza el desarrollo personal, pero, y esto también es importante, tampoco lo impide.

Sin embargo, el progreso tecnológico sí podría ir en detrimento del progreso personal, ético y mental, si sencillamente "no fueran a la par" en su desarrollo, o sea no se desarrollarán armoniosamente. El progreso tecnológico debiera ser neutral, pero en la práctica no lo es porque constituye y otorga "poder"; y este poder no debiera ser utilizado sin un nivel de humanización adecuada. Pero no es así. El poder científico avanza a pasos agigantados mientras que el nivel ético y la humanización le siguen cada vez a mayor distancia. Solo por poner un caso, los dilemas a los que se enfrenta la Bioética son tremendos y de muy difícil solución para nuestras pobres capacidades de discriminación ética. Podemos crear monstruos mañana mismo...o ¿incluso ya hoy lo estamos haciendo?

Por supuesto que el riesgo sería mucho mayor si los avances tecnológicos fueran "mal utilizados", por una intención o voluntad mezquina, y si no evolucionamos bien en el campo de la ética personal y social, esa mezquindad acabará por imponerse. Y parece existir un gran riesgo de que esto vaya a suceder así.

Pero volvamos a nuestro asunto central. Claramente tenemos que señalar que el yo que se desplaza a través de estas triadas que tomamos en consideración en dirección al Centro, es un yo que está realizando un desplazamiento vertical, por lo cual será muy distinto "el yo que comienza el proceso del yo que lo culmina". Los desplazamientos horizontales ni precisan ni permiten ningún cambio sustancial del yo que actúa y del yo que experimenta. Por el contrario, los movimientos horizontales son aquellos que estabilizan, y condensan el "yo" que los vive, le hacen más fuerte y más estable. Lo cual en ocasiones es absolutamente necesario para posteriores desplazamientos en lo Vertical, pero otras veces representan un insuperable obstáculo. El hombre se ha estabilizado y enriquecido, pero de una forma tan rígida, que ya no es capaz de ulteriores transformaciones. Y esto puede pasar también. Por eso en cualquier avance eficaz siempre hay dos momentos alternativos y contradictorios: logro y abandono, victoria y apertura, ganancias y renuncias...etc. Al final el buscador es un hombre fuerte como un adulto y tierno y flexible como un niño; se hace familiar con procesos de muerte y resurrección...mental.

Las posibilidades que se nos ofrecen y las necesidades de desarrollo que tenemos son siempre dos: ampliar la base y crecer en la altura; o sea Desarrollarnos en todas nuestras cualidades humanas disponibles y Elevarnos. El Yo debe tanto "crecer como transformarse". Equivale de alguna forma al mandato que se hace en el Génesis: creced y reproducíos. Qué curioso que se indiquen dos tareas diferentes a nuestros añorados padres originales. ¡Creced!, ¿pero no éramos ya creados perfectos en origen? ¡Y multiplicaos! ¿para qué? ¿Por qué se dejaron estas dos tareas en nuestras manos? Igualmente, el hombre debe y puede "crecer" en altura y también en su misma "base humana". Humanizarse y divinizarse, parecen ir en dirección contraria y así es en verdad. Van en direcciones opuestas, pero "complementarias" y en absoluto excluyentes. El periodo de repliegue y de autosuficiencia del adolescente es la única garantía de su posterior colaboración con su familia y con la sociedad en general. Si no la hubiera nada bueno podríamos esperar.

El deseo de "transformarse" en una dirección positiva quizás sea más común de lo que parece. Aunque muchas personas negarían que ellos estén en un proceso de búsqueda de Transcendencia, afirmando que sus solas metas y esperanzas se centran en la vida en sí misma, mirando de cerca resulta que no es así: están evolucionando y humanizándose de forma muy decidida. La "vida", sencillamente la vida, es la gran transformadora.

Convendría reconocer que existe una búsqueda Formal, con toda la parafernalia que la acompaña, y una búsqueda "Informal" de aquel hombre que dirige su vida "activamente" hacia la Positividad tanto personal como colectiva, sin utilizar de forma muy concreta sistemas de creencias sistemáticos, ni procedimientos elaborados y sofisticados, ni participación en instituciones especializadas. Y sin embargo su búsqueda puede tener un valor muy grande porque su aspiración a lo Positivo es o puede ser muy sincera.

B-Experiencias inusuales o cumbres.

La Posición 7 sería la Propia del hombre, la posición que le corresponde o Natural, y, sin embargo, por triste que parezca o por sorprendente que nos resulte, esta posición con sus correspondientes experiencias solo la sentimos en muy raras ocasiones en nuestra vida. Porque estas mismas experiencias, que los buscadores llamarían "cumbres", o de un valor equivalente, pueden darse también de forma menos sistemática y organizada en cualquier hombre. Constituyen nuestras experiencias de "verdad" que participan en una u otra medida de las cualidades de las experiencias "cumbres" ya suficientemente descritas por algunos autores de la psicología tráns-personal.

Las experiencias "de verdad", los momentos auténticos de la vida de todos los seres humanos en general, se acompañan invariablemente de sorpresa positiva y asombro, dificultad para expresarlas y comunicarlas, y alguna forma de gratitud. Algo muy semejante a lo que son las experiencias cumbre. En esos momentos el hombre siente que alcanza la plenitud de ser humano y a su vez siente que supera y asciende por encima de esa misma limitación de "ser solo humano". En esos escasos momentos "reales" de su vida comprende a esas personas que casi dedican su vida a buscar sistemáticamente "ese tipo de experiencias". Y al mismo tiempo les compadece porque ve con total claridad que esas experiencias están siempre con nosotros, que nada las oculta, que son naturales como la misma vida ordinaria, porque entonces comprende con total claridad que es una lástima "buscar lo que ya se tiene".

Estas "experiencias cumbre" son a la vez extrañas y naturales en grado sumo; incomprensibles y evidentes simultáneamente, conquistadas con gran mérito y esfuerzo a la vez que recibidas de forma totalmente natural. En fin, son totalmente "paradójicas" por ser una "fusión evidente de opuestos" que parecían irreconciliables. Cuando estamos centrados en 7 las experiencias que antes nos parecían "extraordinarias", se nos hacen ahora simples y naturales, simplemente son "familiares" porque son las que me correspondía tener.

Cuando estamos en las posiciones 10 y 9, tenemos experiencias positivas de orden normal, algunas mejores y otras peores. Pero es en las Posiciones 8 y la 7 donde conoceremos esas experiencias que son las que ahora nosotros llamamos "experiencias cumbre", porque han sido llamadas así, pero que en realidad serían las propias del hombre verdadero que empieza a manifestar su presencia de forma indudable ya en la posición 8, y por supuesto...a partir de ahí. El concepto de cumbre es una concesión a la pobreza de nuestra condición actual y nos sugiere una situación de esfuerzo y logro excepcional e inestable cuando en realidad esa forma de experimentar seria la básica, espontánea y natural del hombre verdadero de la Posición 7. Las experiencias cumbre no son cúspides sino el suelo en el que se apoya tranquilamente el hombre cuando vuelve a ser el mismo. Son las experiencias cotidianas del hombre en su vuelta a la "condición natural de ser". Ocasionales en el Buscador o Posición 9, muy estables ya en el hombre de Certeza o Posición 8; y constantes e inevitables en el hombre Natural o Posición 7.

La diferencia entre el yo que se mueve entre el 11-10-9 y el que emerge en 8 y continúa manifestándose en 7 y 6, es que el primero es un "Yo separado y aislado" que se considera en sus representaciones mentales y se siente en su auto-percepción, independiente y ajeno del resto de la creación. Por el contrario, a partir de 7 el yo que se experimenta es un "Yo conectado", influenciado voluntariamente por realidades superiores y comunicado con lo que le rodea en una u otra escala. Puede estar conectado con la humanidad en su conjunto o con el "cosmos" sea este en su dimensión terrestre, solar o más allá.

Entonces nos preguntamos: ¿quién estaría invitado a iniciar este trayecto? ¿Qué requisitos deberíamos tener para lanzarnos al descubrimiento de nuevas posibilidades de evolución a lo largo de las triadas? En resumen, ¿quién tiene el derecho de aspirar a superar y abandonar la triada en que nacemos, la 11-10-9 u ordinaria? En este Trayecto ya estamos metidos todos, lo queramos o no; simplemente que un número determinado de hombres se proponen "acelerar" la llegada de "esas experiencias" que deben venir. ¿Quiénes son esos que parecen atreverse a adelantar experiencias de forma consciente y voluntaria? ¿Qué requisitos deben tener?

La respuesta es sencilla y clara: cualquiera que sienta en si tal deseo. Esto es, cualquier hombre en cualquier situación, en cualquier condición e incluso en principio con cualquier intención o meta personal. La posibilidad de desplazarse hacia el campo positivo de la experiencia humana no tiene ni puede tener ningún requisito previo, simplemente cuenta el deseo sincero, y por lo tanto se supone que, mantenido en el tiempo, de vivir lo más positivamente que se pueda. La positividad no es un premio conseguido por nada previo, sino un resultado en sí mismo, se es positivo porque se ha decidido serlo y se experimenta positividad porque se la desea experimentar en lugar de la negatividad. Esta negatividad una vez que nos hemos decidido a avanzar, no puede ser deseada, ni utilizada, ni justificada, ni siquiera tolerada; por el contrario, se la rechazará, se la criticará, no se la utilizará ni tampoco se la justificará. Y esto mismo abre el camino de la positividad a la que se aspira.

Insistimos en que la positividad no funciona como una recompensa o premio de ninguna otra cosa, sean estas sacrificios, esfuerzos, sinceridades o trabajos diversos sobre sí, solo funciona como resultado de mi deseo de positividad al cual responde con una docilidad ejecutiva como el mago de la lámpara a los deseos de su poseedor. Por lo tanto, no existe preparación previa de ningún tipo: si usted desea positividad, conocerla, vivir en ella e incluso servirla, no dude en ningún momento que lo conseguirá. Si no participa de ella es porque todavía no la desea de verdad, no ha llegado su hora. Pero no obstante puede seguir añorándola o aspirando a ella reconociendo ahora que todavía no la desea como algo real sino solo como ideal abstracto y distante.

La constatación de esta contradicción o división interna y la aceptación del malestar o incluso del dolor que nos produce darnos cuenta de esto, es ya una preparación eficaz para desearla un día con todas las partes de mi ser, con todas las funciones que se realizan en mí, con toda mi capacidad de desear de la que ahora dispongo. Y entonces sí, entonces se produce lo que parece un milagro legendario e inaccesible: se muestra y aparece ante mí toda la positividad que necesito a mi disposición y entonces comprendo que esa positividad es mi propia voluntad positiva en acción y que por eso "no me puede fallar jamás".

Si se la desea de verdad llega indefectiblemente, y esto que parece magia total es una simple ley igual que otras miles que el hombre, cualquier hombre, conoce a la perfección: yo no muevo mi brazo hasta que no quiero moverlo de verdad. Y siempre que quiero moverlo, ¡siempre! Se mueve. En el campo de la positividad ese ser extraño e incomprensible, limitado y contradictorio que somos nosotros tiene plena omnipotencia, es como un dios que dice ¡hágase! y se hace.

C-El Grupo de búsqueda.

Pero el avance a través de la escala hacía el Centro no es solo una posibilidad individual, sino también grupal o colectiva; de hecho, un trayecto así requerirá la actuación y cooperación con los otros. Por la simple razón de que si somos como somos ahora, es por la especifica relación, de cooperación voluntaria y también de esclavitud, que hemos establecido con los demás (no podemos ni siquiera imaginar cómo seriamos de vivir completamente solitarios en una isla cualquiera).

Nuestro yo no es autónomo ni independiente, está enganchado al otro (la psicología lo sabe, la sociología y la física también) y si lo quisiéramos modificar sería muy eficaz tener cerca a los demás para comprender con precisión cual es esa especifica esclavitud al "Otro" que me hace ser como soy. Eso me permitiría comprender con precisión primero la naturaleza de esa relación de dependencia y más tarde intentar superar esa atadura.

Además, debemos abandonar rápidamente una falsa creencia que nos limita mucho, y es que el yo, por más alto y autentico que sea, por más independiente y libre que logre ser, nunca estará aislado del "otro igual que yo". Nuestro yo es una realidad que exige el "tú" para simplemente existir. Ya se ha dicho: yo soy yo y mi circunstancia; pero también se podría formular así: yo soy yo "por" mi circunstancia. La circunstancia no solamente me acompaña a lo largo de toda mi vida, sino que además me hizo como ahora soy; o sea no solo está fuera de mí sino también dentro de mí. Con esto queremos decir que esta posibilidad que se nos ofrece no es exclusiva del yo individual del sujeto, sino también de "yoes colectivos" o grupales.

Que un grupo humano tenga posibilidades, deseos y necesidades de evolucionar, nos llevaría a tener que admitir que ese grupo debe estar configurado de una forma específica, no de cualquiera, si quiere realmente lograr resultados en esa área y eso a su vez nos obligará a considerar en su momento algunas particularidades de las que deberá disponer obligatoriamente tanto en su estructura como en su función. La posibilidad de la existencia de Escuelas de Evolución será una consecuencia lógica de esta idea, y sobre ella también tendríamos que hablar.

El grupo característico y capaz de una evolución así será lo que llamaremos una Escuela que podrán ser de dos tipos: escuelas de Evolución si solo actúan sobre la "mente humana"; o escuelas de Transformación si también actúan sobre la Consciencia. Si la diferencia entre estas dos realidades parece muy fina o incluso indistinguible diremos rápidamente para aclarar que Mente humana es cualquier cosa ligada o estructurada como un "lenguaje" y la consciencia será una Energía simple y unificada de naturaleza luminosa y libre y por "encima" del lenguaje humano. Por encima de todo lenguaje. Más allá de la "mente humana" ...se podría decir.

PARTE SEGUNDA: DINÁMICA.

10-DINÁMICA INTERNA DE LAS TRIADAS.

En cada una de las triadas las dinámicas que se producen son comunes y están definidas por el juego de varios elementos. Vamos a tomar como modelo el manejo de la Positividad Emocional porque es probablemente el más fácil de desarrollar y comprender, pero sin olvidar que las dinámicas Intelectuales y las Somáticas o corporales, son dimensiones obligatorias de comprender y serian igual de válidas para la exposición. Estos otros dos procesos, el somático y el intelectual, ya hemos dicho que son imprescindibles para un correcto desarrollo y una eficaz transformación y deben acompañar siempre a la emoción positiva. No los olvidamos.

En cada triada atenderemos a los siguientes elementos: las Puertas de comunicación entre las tres Posiciones posibles en cada triada, que como es lógico podrán estar más abiertas o más cerradas.

Los Flujos circulatorios, de positividad, flujos ascendentes; y de negatividad, descendentes; que, con una precisa e imparcial observación de sí, podrían ser cuantificadas en cada hombre de forma bastante objetiva, casi matemáticamente. Estas dinámicas tienen unas dimensiones cuantitativas definidas y se pueden estudiar perfectamente como si fuera un fenómeno dinámico de orden físico que siempre tiene una dimensión "económica". Y esto es porque en el cuerpo de un hombre todas estas posibilidades tienen una naturaleza energética. En esta cuestión de los flujos lo que importa es comprender que en cada ocasión en que se produce un trasvase, cualquiera que sea su intensidad, cuenta. Y que la duración de este pasaje de energías de una posición a otra, también cuenta. Por lo cual la enseñanza que obtenemos es que debemos luchar una y otra vez. Que todo genera hábito y facilidad posterior; por lo cual no debemos desesperar ni rendirnos. Como nos repetía Mme. H. (que cuando éramos jóvenes con impecable paciencia nos sensibilizó al despertar): todos los esfuerzos sinceros quedan grabados y guardados en algún sitio seguro, ninguno se pierde. Y evidentemente, ahora lo veo claro, es de toda lógica que sea así.

Además, tendremos los fenómenos de Apertura por Simpatía o Resonancia, o sea cuando una Posición que estaba cerrada hasta ese momento se empieza a abrir por el efecto de la que tiene justo a su lado. Si pongo por caso activo con frecuencia mi intención de búsqueda, que es la posición 9, la 8 no tardará en comenzar a activarse y su manifestación inicial es que comienzo a ganar algo de "certeza". Por el contrario, si utilizo en demasía una auto-justificación de mis negatividades, o sea la Posición 11, no tardaré en sentir un cierto "regusto" al ejercerla, señal de que se va a abrir la 12. De ahí el gran peligro de permitirse una "nueva" emoción negativa en sí mismo, que antes no nos habíamos permitido, considerándola como solo pasajera o "solo por esta vez". Casi nunca es así, una vez una puerta abierta, será muy difícil el cerrarla. La corriente de las influencias humanas va siempre en el mismo sentido que la negatividad.

Abra que tener en cuenta los procesos que garantizan la "estabilización" de cualquier resultado en una posición, quiere decirse cuando una posición se ha hecho tan estable, que muy difícilmente va a ser abandonada. La tarea de Consolidación de cualquier logro es también fundamental. No nos basta con alcanzar una posición más central, sino también no permitirse perderla. Pero esta consolidación es una tarea menos entusiástica que la primera y exige más un trabajo de fondo, por lo que tendremos que lograr la consistencia personal suficiente para evitar que "se seque la planta que hemos logrado hacer germinar". La gente se sorprende con facilidad al comprobar que se pierde con gran facilidad lo previamente logrado, y eso en general les lleva a desvalorizarlo y a perder su propia autoestima de "buscador", amenazando siempre con abandonar. No, no hay ningún problema, simplemente que no se ha prestado atención a la tarea de "estabilizar". Por eso distinguiremos la posibilidad que tiene cualquier Triada o Posición de encontrarse en una posición de Fijación Estable, y ya sin necesidad de esfuerzo para "mantenerla"; o, por el contrario, todavía sin fijación, estar en situación de Inestabilidad.

La "consolidación" en este trabajo es casi tan importante como el "logro". Nos esforzamos muchas veces con la ilusión de lograr algo que antes no tuvimos nunca, pero una vez conseguido nos vamos de fiesta para celebrar. Nos descuidamos, o peor, nos jactamos de haber logrado algo...y lo abandonamos a su suerte. Luego..." hay que volver a empezar". Hay que tener mucha experiencia o una gran ayuda externa de nuestros compañeros para reforzar y consolidar una experiencia lograda. Esto lo sabe cualquier hombre de finanzas o cualquier soldado; y pongo estos dos ejemplos quizás no muy valorados hoy en día, porque lo "nuestro" se parece mucho a un gran negocio y también a una gran batalla.

Hay otros fenómenos inusuales y poco frecuentes, además de poco eficaces para el desarrollo verdadero, como serán los Saltos Mecánicos, que dejan al margen el desplazamiento voluntario (el desplazamiento voluntario es aquel que se hace paso a paso, con un "uso continuo de la Voluntad". Y como hoy en día esa palabra está proscrita, diremos que el ejercicio inteligente de la Voluntad de la que aquí se habla, va acompañado siempre de una sensación nueva de "gozo". Este "ejercicio voluntario", lejos de remitirnos a un temido escenario de sudor y la fatiga, se asocia con una experiencia que resulta "apasionante" por su continua novedad. Esta activación mecánica y ajena nos pueden colocar muy rápidamente en una posición muy superior a la habitual, en la que comprobamos que no entendemos nada; sobre todo, y esto es lo más grave, no entendemos como hemos llegado hasta allí, con lo cual no sabremos volver. Esto, que suele ser producido por agentes externos a la voluntad personal, (drogas, trances, choques emocionales diversos, influencias poderosas casi hipnóticas de personalidades especiales, etc.) ... es una circunstancia casi siempre indeseable.

El avance debe ser lento, muy concienzudo y basándonos siempre en el desarrollo de una nueva Voluntad interna, que no equivale en absoluto a la voluntad personal. Esta surge de la mente, de forma principal. Mientras que la que necesitamos surge de un acto común a las tres capacidades humanas que disponemos a la vez; la de pensar, sentir y una nueva sensación. Esa nueva Voluntad es más bien orgánica que mental. Y no es un ejercicio realizado desde nuestro conocido yo, sino que es más bien el descubrimiento progresivo en uno mismo de una nueva capacidad...la Voluntad. Con notable "asombro" el hombre descubre que dentro de él hay una Voluntad plenamente constituida y totalmente eficaz para sus propósitos. ¿Quién se la habrá regalado? Pero sería mejor preguntarse... ¿Cómo se habrá construido?

La carencia de las capacidades esperadas de Verdadera positividad se tiene que entender siempre como la resultante de los efectos de algún tipo de negatividad.

Si no se es positivo, sino sentimos "positividad" viva, no es porque estemos en reserva y neutrales, esperando la aparición de lo positivo, sino que será porque está actuando en nosotros alguna forma de negatividad solapada o encubierta. El desinterés, la indiferencia, el desapego, la neutralidad e incluso a veces ciertas formas de tolerancia, imparcialidad y de ecuanimidad distante, pueden ser algunas veces actitudes negativas o por lo menos casi siempre "negativizadas". Y son las peores de tratar porque conllevan siempre un fondo de egoísmo o narcisismo casi insalvable: ¿Cómo curar el desinterés hacia los otros, nuestro frio desapego, la insensibilidad ante su dolor, por ejemplo? Es muy difícil.

Consideremos a 11-10-9, que es nuestra triada de origen u Ordinaria, y supongamos que en la posición 10 cuando somos dominados por una emoción negativa del tipo que sea, nos sentimos predominantemente victimas de ella y nos resistimos a su presencia, aunque sin éxito. La damos cabida en nosotros y la sufrimos, sí, pero solo mientras la necesitamos para una regulación temporal de nuestro equilibrio dentro del juego de fuerzas que nos es posible en este momento concreto. Por el contrario, si una emoción negativa que nos visita es recibida por nosotros con Asentimiento personal y sin resistencia por nuestra parte, significa que nos estamos dejando desplazar peligrosamente hacia la Posición 11, que "estamos abriendo una puerta hacia afuera", hacia la nada. Y en este caso, la aceptamos o justificamos de diversas formas, con típicas expresiones, como por ejemplo la de que "tengo derecho" a ser negativo porque...; o con cualquier razonamiento intelectual del tipo de: es que "es necesaria" ...para esto o lo otro. En 11, la emoción se auto-justifica, pero entonces echa raíces en nosotros y comienza a crecer. El camino para futuras emociones iguales se abre y "el flujo de los deslizamientos de 10 a 11 se Facilita más y más".

Mi punto de gravedad empieza a desplazarse peligrosamente de 10 hacia el 11, lo cual tiene dos indeseables consecuencias. Por un lado, por "Simpatía" en este caso en una dirección negativa, la posición 12 comienza a activarse y la 9 comienza a dejar de ser utilizada con la "necesaria frecuencia", lo que conlleva inevitablemente su apagamiento energético progresivo e incluso su futuro cierre por "desactivación".

Las energías del hombre son limitadas y solo le permiten habitar una Triada...y él mismo tendrá que elegir en cual. Comprender que el hombre solo puede habitar una Triada es fundamental para comprender la verdadera dinámica de esta escala. Cada hombre solo es capaz de vivir en una triada y cuando ocupa una nueva posición en un extremo, tiene que abandonar otra.

La gravedad de esta aproximación a la Posición 12, aunque esta sea ocasional o esporádica, y se lo plantee el propio hombre como momentánea, nunca se debería minimizar considerándola como provisional, instrumental, y "reversible a voluntad", porque ahí el hombre se lo juega todo, toda su posible libertad (equivale en la vida exterior a jugar con drogas adictivas). En un momento determinado comenzaremos a sentir los fenómenos bien conocidos en la medicina de la "tolerancia" (cada vez se necesita más, las dosis bajas ya no hacen efecto), y de la abstinencia (necesito tomar una droga no ya para sentirme bien sino simplemente para no sufrir el infierno de su falta). Hay personas que cuando no tienen problemas externos o conflictos internos, sienten un vacío de algo y se ponen a crearlos. La ausencia de lo negativo hace sentirse a algunos hombres vacíos y debilitados, y lo que es peor, inseguros y desorientados. Por eso es tan arriesgado "visitar" la Posición 12, o sea "gozar de lo negativo". El hombre debe aprender a "cerrarse" ante tal posibilidad.

Cuando un hombre es consciente de eso, nunca deja de luchar, con las fuerzas que disponga, contra la negatividad. En este campo el hombre debe reconocer pronto que se mueve entre grandes y poderosas corrientes y que, si pierde el equilibrio, aunque solo sea un momento, nada le garantiza que será capaz de retomarlo después. Las corrientes de negatividad funcionan como auténticos fenómenos de inundación violenta, y se "necesitará siempre mantener un punto de anclaje y sujeción". Nunca entregarse a ellas, nunca rendirse, mantener la esperanza intacta, y oponerse a ellas sin desmayo.

El enemigo mortal del buscador es dejarse arrullar por esos momentos "neutrales" en los cuales un hombre se siente bastante bien, a gusto en su piel y satisfecho con su vida, porque su necesidad de trabajar sobre si para cambiar, esta como apaciguada. ¿Debe esperar un fatal diagnóstico médico o que su pareja le abandone, para iniciar con fuerza y determinación el Trabajo de cambio y transformación? En general somos así de ingenuos e indolentes.

Por lo tanto y en líneas generales podremos decir que si una emoción negativa es Deseada pertenece a la posición 12, si solo es considera necesaria y conveniente aun cuando desearíamos evitarla o sea si es Justificada por nosotros pertenecerá a la posición 11.

En 10 las emociones negativas son Toleradas tras una lucha fracasada contra ellas y ya en 9 son Sufridas penosamente como si fueran una enfermedad.

Las posibilidades de "cerrarse" a una negatividad son variadas, pero nos tememos que todas ellas debemos dominar. Así la primera será cerrarse al "gusto", y luego cerrarse a la "justificación". Más tarde cerrarse a la "aceptación como inevitable". Después oponerse con todas sus fuerzas a "recordarlas". Y por fin: "hacernos ciegos por completo a ellas" …como si no las viéramos, y esto independientemente de que nos afecten a nosotros o no.

Creemos con sinceridad, que aquel hombre que sea capaz de hacer todo esto…" cambiará su destino".

A-La posibilidad y la necesidad de "actuar".

Al vivir en sociedad un hombre que ya ha cambiado su vivencia emocional, se ve obligado ahora a no "desentonar". Siendo autentico con sus nuevos valores y emociones, no obstante, no puede provocar el rechazo ni el temor, ni tampoco, en sentido positivo, "falsas esperanzas" de otros buscadores menos desarrollados que él. El hombre aprende a sentir unas emociones verdaderamente y a manifestar otras, distintas en general más adaptadas al entorno. Aquí no se trata de falsedad en absoluto sino de capacidad de "adaptarse al otro", aprendiendo a "actuar". ¿Qué pensaríamos de un cirujano recién titulado que llevará siempre consigo y mostrándolo un bisturí, o de un bombero que se paseara con su manguera durante todo el día? ¿Y qué decir de aquel que una vez licenciado en filosofía se acercara a la puerta de su antiguo colegio para hablar de la dialéctica de Hegel con los niños en lugar de dejarles jugar al fútbol en paz? Diríamos que no es eso lo que se esperaba de él. Sin embargo, todos imaginamos que, si alguien ha despertado, su despertar se debe "publicitar a lo largo de todo el día". El despierto debe actuar como tal durante su vida diaria, creemos. Que debiera hablar como un despierto, comer como un despierto, reír y llorar también de forma especial; y sobre todo decir cosas transcendentes todo el rato y exigir continuamente algo a los demás hasta que estos le aborrezcan. No, no tiene por qué ser así, de hecho, no debe ser así. Un hombre que supuestamente sabe algo más debe saber también mostrarlo y ocultarlo cuando sea necesario. Ya hemos dicho lo ridículo que sería que un torero fuera por la calle "vestido de luces", si por desgracia nos encontráramos con un toro en la calle se vería inmediatamente quién es torero...y quién no. Y si tuviéramos una apendicitis, comprobaríamos inmediatamente quién es el cirujano. El secreto y la "reserva imprescindible en estos campos no equivalen en absoluto al "ocultamiento" sino a la "adaptación".

Digamos algo sobre las "emociones representadas o actuadas". Más hacia el interior de 9 las emociones y estados negativos serán sencillamente Residuales o incluso puede ser que, sin identificación alguna con ellas, sean simplemente Actuadas voluntariamente. Casi como una "representación de rol", necesaria para la vida social, pero no sentida íntimamente; como pueden ser las "actuaciones" de un adulto con los niños.

El hombre consciente o "despierto", para mantener su funcionamiento en tal o cual sociedad, muchas veces tendrá que mostrar emociones muy comunes en su entorno, que él sabe que en el fondo son negativas, y que por ello no las "siente" verdaderamente, pero se verá casi obligado a "representarlas" como una Actuación más. Y esto será unas veces, porque las necesita utilizar él para mantener su vida en sociedad, o porque las necesitan los demás. En general, se conocen bien las actuaciones de algunos hombres despiertos en el área del enfado y la agresividad, cuando actúan supuestamente como malos, (véanse las enseñanzas que utilizan métodos bruscos o casi brutales, o el sufismo "malamati", donde el "sufí" busca la desaprobación y el rechazo por parte de los demás realizando actos provocadores como una forma de adquirir energía y propósito).

Pero son menos reconocidas las "representaciones" obligadas de supuestas vivencias positivas, o sea representaciones de "bueno", (del tipo de compartir las ilusiones, entusiasmos, convicciones, valores y creencias reiteradas, muchas veces ridículas, de nuestra sociedad). El hombre despierto debe aparentar algunas veces que todavía cree en muchos de "nuestros sueños" y que comparte algunas de nuestras "infantiles esperanzas". Las actuaciones de un hombre despierto en medio de la vida social, se parecen mucho a nuestras actuaciones al comunicarnos con niños a los que queremos de verdad, situaciones en que debemos emplear toda una gama de recursos artificiales,(ilusiones en las que no creemos, entusiasmos que nos dejan fríos por dentro, valores que no compartimos en absoluto, orgullos sin sentido, y siempre una apariencia de normalidad, etc.), para lograr cuando menos que nadie se asuste y lograr entrar así en el campo de su atención.

Digamos esto con total claridad, si un hombre despierto no supiera "actuar", hace mil años hubiese sido quemado; y hoy en día la medicina le sometería a terapia de electro-chok. Por eso debe existir y se debe reivindicar el secreto, la discreción y el "esoterismo". No se puede "mostrar" ni todo lo que sabe, ni todo lo que se "es".

11-TRIADA ACTIVA 10-9-8.

La Búsqueda.

Estamos aquí en una situación en la que hemos conseguido superar la primera triada, la Triada en que nacimos u Ordinaria o sea 11-10-9, cuya posición central era la 10 y ahora nuestro funcionamiento general se estabiliza sobre la Posición 9 como centro. Este es el terreno de la Positividad intencional; aquí todas nuestras experiencias de orden emocional, intelectual y corporal son predominantemente "activas" en una determinada dirección y tienden siempre hacia lo positivo, por eso la llamaremos la triada Activa.

Será Activa porque se habrá logrado solo mediante un esfuerzo sostenido y una atención de notable intensidad; esta posibilidad no la da la vida sin más. Pero la intensidad y la duración de este "esfuerzo intencional" que hemos debido realizar no está determinado previamente, ni lo podemos calcular de forma teórica, ni existen enseñanzas que lo puedan predecir. Solo lo podremos conocer, entregándonos a él en forma práctica y en el intento real de desplazarnos para hacer de la 9 nuestra posición habitual. Y aquí hay muchas sorpresas tanto favorables como desfavorables. Nadie sabe nunca lo lejos que está de su verdadera naturaleza, pero nadie sabe tampoco lo cerca que está. Ambos conocimientos permanecen como un misterio para el hombre, por lo cual una primera liberación de nuestra mente esclavizadora que pretende saber demasiado, y así se auto-condena en su propio concepto, es dejar de suponer "cuanto me falta para llegar". Quizás mucho…quizás nada.

No lo sabemos, es un misterio que en alguna medida es alumbrado por determinadas paradojas conceptuales que los "buscadores" han ido aquilatando con el tiempo. Pueden resumirse con una imagen sugerente proveniente del Corán: "Eso está más cerca de ti…que tu propia vena yugular". En términos vedánticos se puede afirmar sin temor a equivocarse…" el Ser ya Es", y tu nada le podrías añadir". ¿Y que podría ser el ser en esta perspectiva?: …" Aquello que no se puede perder, y Aquello que no se puede ganar". ¿A qué distancia estamos de nuestro propio ser?

Cuando buscamos recuperar nuestra verdadera esencia y no solo lograr "experiencias" desde este nuestro ser mental, nos encontraremos con una verdad inexplicable..." existe una distancia cero" ...entre yo y mí. De una forma provocadora se podría afirmar que "ser Dios es muy simple y al alcance de cualquiera...porque ya somos de su misma naturaleza". Pero experimentar una realidad Superior o divina, desde mi yo habitual, es casi un imposible que solo un milagro puede permitir. En muchos caminos de un solo paso, comprobaremos que ese paso es un simple acto mental: "darse cuenta de lo que hay". Y esto transforma la mente, que deja de ser dualista y así transforma la "Visión", pero todavía no afecta al cuerpo. Para que transforme al cuerpo este debe ser ofrecido y disponerse a las transformaciones que debe experimentar. La mente que ha logrado una visión "no-dual", debe acompañarse de un corazón también integral y no dividido, que solo siente una cosa y nunca dos. Más tarde el cuerpo, cediendo temporalmente su autonomía, se reintegrará en circuitos de "energía" de una dimensión "superior", que funcionarán como una unidad.

A esta Triada 10-9-8, también la llamamos la triada Activa porque aún allí, si no mantenemos nuestra intención viva y continuamente renovada podríamos volver hacia atrás, porque en esas posiciones todavía las influencias que sentimos provenientes del exterior son aun predominantemente negativas. Corresponden a las influencias de la vida social y cultural vigente con sus productos mentales correspondientes. ¿Pero en esas dimensiones de nuestra vida, es todo negativo? nos podemos preguntar, y la respuesta es bien clara: para el buscador... predominantemente sí. La vida cultural y muchos aspectos de la social son negativas, si lo que pretendemos es "evolucionar". Si nos conformamos con adaptarnos y vivir lo mejor posible, estas influencias no son ni buenas ni malas, son las que hay.

Las influencias positivas provenientes del Centro u Origen se sienten muy débilmente todavía en la Triada Activa; y las provenientes del ámbito humano se mezclan con facilidad con ellas y por eso las influencias superiores son todavía poco nítidas y suelen estar mezcladas y confundidas.

Como ejemplo lamentable pondremos la degeneración rápida y casi inevitable de las Enseñanzas, de las múltiples Enseñanzas ofrecidas, que favorecerían nuestra evolución si hubiesen podido mantener su fuerza original. Limpias y claras en su origen, casi ninguna se salva de ser deformada y contaminada casi inmediatamente después de su puesta en acción. El más alto Yoga se utiliza hoy en día para combatir las arrugas y la artrosis; las más profundas técnicas de meditación solo las queremos para combatir el estrés que nos auto-producimos con entusiasmo de acuerdo a la vida artificial y falsa que deseamos llevar. Y las técnicas de mind-fullnes, que provienen de originarios intentos de despertar al hombre de un sueño peligroso y casi mortal en el que vive, las vendemos y las negociamos como mercancía, como supuestos remedios terapéuticos …" para seguir siendo como somos". De forma que nuestras esperanzas en un cambio verdadero se alejan cada vez más.

En la Triada Activa no estamos seguros de alcanzar algo estable, por eso nadie debiera conformarse con estar en un supuesto camino de liberación, sino que solo al culminarlo podríamos sentirnos seguros. Es muy ingenuo creer que por instalarse con más o menos decisión en un "vehículo o camino "de transformación, o sea cualquier enseñanza, cualquier comunidad o cualquier creencia o práctica de las así llamadas espirituales, ya se ha logrado algo permanente. No, los vehículos deben completar el viaje hasta el final y para estar seguros nos deben ayudar a "atravesar" ese invisible rio que nos separa de nosotros mismos. ¡Empezar un Camino o alistarse en una escuela, no son garantía ninguna de lograr! ¡Habrá que culminar el trayecto, aprobar los estudios, alcanzar la pericia deseada por sí mismo y poder ejercerla sin ayuda! Entonces sí que habremos llegado. No solo importa el comienzo, las buenas intenciones…sino también el final, el logro, la culminación.

Ya hemos señalado que existe una corriente negativa permanente y casi imperceptible que nos lleva hacia fuera en todo momento, lejos del Origen, fuera del Centro, y que esta actúa en particular en los momentos vacíos o pasivos…cuando no recordamos que; constantemente y casi sin descanso, debemos estar atentos y "generar positividad". Pero siendo verdad esto, también lo es que aquí, en las Posiciones 9 y 8, empezamos a gustar de ciertos estados positivos como si por fin pudieran ser "verdaderos", como si nuestros sueños pudieran por fin hacerse realidad.

Hasta ahora las diversas "positividades" experimentadas nos parecían casi un milagro inconsistente y azaroso; experiencias frágiles y perecederas, que estaban destinadas a perderse siempre y sobre las cuales no teníamos ninguna garantía de permanencia ni de recuperación: venían y se iban sin que tuviéramos la correspondiente lucidez para experimentarlas con suficiente dominio como para darlas estabilidad, ni mucho menos para poder conocer las "leyes" que las regían.

De hecho, cuando se contemplan muchas de las llamadas experiencias místicas, se puede observar cómo junto a la indecible felicidad que proporcionan, existe a su vez una notable angustia y desazón, porque en realidad no sabemos bien cómo las hemos logrado, ni que hacer para recuperarlas, ni cuándo podrán volver. Los tormentos del "vacío" y la "sequedad espiritual", son bien conocidos y empañan lo que debiera ser un camino transparente y accesible, cuyas leyes pudiéramos conocer.

Se ha valorado tanto las torturantes experiencias de la "noche oscura del alma" que prácticamente las esperamos con mayor expectación que a las propias experiencias que nos dan certeza y confirmación. Aquellas son casi siempre neuróticas (o por lo menos graves errores de comprensión) y las últimas manifestaciones, muy disimuladas, de piedad por nuestro propio ego…que solo sabe sufrir. Esto es muy frecuente en las aproximaciones muy personalistas hacia lo Alto, en las cuales soy capaz de sentir que "yo" he experimentado tal o cual cosa de gran transcendencia y a la vez soy capaz de imaginarme que "puedo ser rechazado por lo Alto de forma también personal", como si lo Superior pudiera enfadarse conmigo. Triste situación de un excesivo personalismo. En un camino que esté basado en la "sobriedad intelectual", desde el comienzo el ego se mantiene en "silencio". En silencio en todas las circunstancias, tanto el supuesto éxito como el supuesto fracaso. Al mantenerse en un "silencio vivo" y en una "sobriedad "de adulto, las torturas y los desgarros que acompañan al éxtasis pasado… ¿Dónde podrían anidar? ¿En que "yo" podrían anidar?

En la triada Activa lo Positivo empieza a parecer como algo "real", (ahora compruebo que no era una quimera), y además "posible", (no es solo para supuestos seres especiales sino también para mí); y a su vez lo Negativo deja de mostrarse como omnipresente e insuperable. Antes en la Posición 10 nos decíamos que lo positivo era un lujo efímero, quizás inalcanzable, mientras que lo negativo era la sustancia omnipresente, la base estable de todo, nuestra verdadera naturaleza. Ahora es justamente al revés.

Empezamos a ver, sorprendidos y admirados, que lo positivo es consistente y sustancial. Que cualquiera que sea la manifestación que tomen esas "positividades" (visiones nuevas de orden intelectual, sentimientos transcendentes o sensaciones de gozo abrumadoras), esas experiencias empiezan a desvelar "lo que de verdad hay". En una fase un poco más profunda comenzamos a intuir incluso, que eso es lo único que es real, la "sustancia única" verdadera de la Vida. Sencillamente sucede que estamos teniendo acceso a "sentir energías" de un orden superior, que no están condicionadas por nada.

Esto quiere decir que en 10 todavía experimentábamos estas positividades como experiencias que le sucedían a un "yo" ordinario, cómo el que ahora disponemos, o sea inconsistente, fragmentario y casi virtual; y que por lo tanto todavía, al no ser nuestro yo de naturaleza permanente, nuestras experiencias no tenían tampoco el carácter de ser "una realidad sustancial en sí misma". Experimentábamos la positividad sin creer todavía en que fuera una realidad en sí misma, o sea que "existiera la positividad fuera del hombre y su ámbito de experiencia, sino que nos conformábamos con creer que era una realidad exclusivamente humana. Como que fuera una elaborada construcción del propio hombre, o de la propia humanidad, si se quiere.

Ahora vemos que, como la luz o el espacio, lo Positivo era algo real que tiene su ser propio, independiente del hombre y sus actos. Y así, más tarde comprendemos que lo Positivo estaba antes del hombre y estará más tarde, porque permanecerá para siempre, después de él". Lo Positivo es una dimensión final del Ser, cuando este se reintegra, y no la resultante de cualquier acto humano de "positividad".

Sin embargo, en esta Posición 9, que como hemos dicho es la central para el hombre buscador, las experiencias que se van a producir son todas ellas todavía de una naturaleza "ya conocida"; ya las hemos experimentado antes y las reconocemos a la perfección; no descubrimos todavía experiencias nuevas por completo, algo radicalmente distinto que no conocíamos previamente. Por ejemplo, la alegría, que ya hemos sentido previamente en la posición 10, en circunstancias especialmente positivas, no es nueva, aunque ahora se presenta con una intensidad muy clara y con otras cualidades desconocidas como su "accesibilidad".

Esas nuevas emociones positivas nos empiezan a parecer un misterio incomprensible, porque no responden a las leyes de causalidad simple, ni mucho menos al mérito personal. Como tantas veces se ha dicho y otras tantas veces se ha malinterpretado, la base energética de esas emociones positivas ya existe, está sustancia energética está perfectamente constituida y por decirlo de forma vulgar estas emociones flotan alrededor nuestro. Algunas enseñanzas identifican estas nuevas posibilidades con la absorción del aire cargado de sustancias que antes no sabíamos cómo retener.

Son completamente gratis, están disponibles todo el tiempo, no hay que crearlas ni mejorarlas ni perfeccionarlas y lo más incomprensibles de todo es que no hay que merecerlas previamente. No necesitamos merecerlas porque son Ellas justamente las que nos hacen buenos, y merecedores, solo ellas; pero sí que es verdad que somos nosotros los que las llamamos o las rechazamos al dar cabida en nosotros a las "condiciones precursoras" de cada positividad.

Cada emoción, cada estado positivo, tiene una "condición precursora" que debe estar presente y que por cierto solo nosotros podemos garantizar. Si un hombre se entregara a la ambición egoísta por el dinero o el poder… ¿Cómo conocería la generosidad y la libertad que genera la acción altruista, con esa felicidad acompañante que constituye un nuevo e impagable sabor? Es casi imposible. ¡El hombre va eligiendo su destino en miles de pequeñas decisiones a lo largo de toda su vida, aunque no nos demos cuenta…y por suerte o por desgracia…! allí donde quiera ir …allí llegará!

¡Terrible omnipotencia la del deseo humano"! Casi siempre se cumple. Ya se ha dicho que los dioses castigaron a los hombres otorgándoles sus deseos más queridos. En el terreno de lo positivo esto se cumple también.

Estas "experiencias positivas" que se empiezan a sentir con cierta regularidad en las Posiciones 9 y sobre todo en 8, tampoco son la "recompensa por nada", ni el premio o regalo de "nadie". Tienen su propia dinámica y sus propias leyes… que no son "humanas" totalmente. Pero exigen una simple condición: recibirlas como se merecen, con la sinceridad y gratitud correspondiente.

Primero hay que poder creer que existen, (que no es fácil hoy en día), después hay que saber recibirlas con respeto adecuado a su propia naturaleza sutil, no son emociones o experiencias ordinarias; y por último hay que dejarse empapar y "transformar" por ellas.

Todo el mundo queremos experiencias positivas porque nos remiten en nuestra imaginación a nuestro placer o nuestra personal felicidad, pero no es eso, ni mucho menos, lo más importante, porque las experiencias positivas se producen o tienen lugar para cambiarnos y transformarnos; para preparar nuestra mente y nuestra esencia, y luego introducirnos en un mundo más Real. Cuando el hombre no permite que una emoción positiva de orden superior le transforme…estas emociones no tardarán en desaparecer y luego, además, serán olvidadas.

La locura egocéntrica de querer gozar de la Felicidad Divina, del Samadhi, o del Ananda, o de cualquier otro e inefable estado superior, desde un vulgar yo personal y egoísta, igual como se gozaría una buena comida o cualquier otro placer, es una aberración ética de tal calibre que nos produce pereza insistir en su denuncia. ¿Cómo es posible que en gran parte de los adictos a las religiones del oriente se identifique al Absoluto con "mi placer personal"? Pero así es en gran medida. Sobre todo, en buscadores jóvenes que no tienen una visión amplia y matizada de la vida. Muchos conocemos bien ese error. De hecho, tamaña perversión solo se explica por el atroz sufrimiento en que vivimos, sin saberlo, durante casi toda nuestra vida, y nuestra desesperada necesidad de paz, amor y Alegría. Pero visualizar o reducir al Absoluto a un estado de placer personal, aunque este le designemos como eterno y omnisciente, etc., es un insulto para la propia dignidad humana, y no digamos para la grandeza de la creación en su conjunto.

Se puede reconocer así que, aunque los estados positivos, no tienen precio ni requisito previo, si tienen exigencias en la habilidad y capacidad de recepción por nuestra parte. Las emociones positivas, por ejemplo, no se dejan tratar de cualquier forma y debemos encontrar la justa actitud, el justo respeto para recibirlas. Debemos saber "recibirlas", porque si no lo hacemos bien, difícilmente volverán.

Pero estas exigencias o condiciones no son mucho más complejas o rigurosas de las que nos son exigidas para participar adecuadamente de una simple puesta de sol, si la queremos vivir con la sensibilidad que ese atardecer se nos ofrece. No nos damos cuenta del todo, de que el proceso complejo de habilidades, actitudes previas y renuncias que realizamos simplemente, por ejemplo, para leer una novela y que esta consiga captar nuestra atención y de esta forma nos interese y así la podamos disfrutar, constituye un elaborado trabajo...pero que lo realizamos con enorme facilidad y satisfacción. Pero hay que reconocer que algo tan simple y obvio como gozar de una lectura para aquellos que leen mucho, es una tortura y un logro casi imposible para aquellos a los cuales, leyendo perfectamente, "no les gusta leer" ...porque no han aprendido a dejarse impregnar y fascinar. Leen bien pero no captan el argumento, luego no se identifican con él y no disfrutan del goce de leer; goce completamente gratuito, por cierto. Por eso, en nuestro camino, no solo nos preocupamos de alcanzar experiencias positivas sino también de ser capaces después de "recibirlas" como se merecen.

¡Igualmente, las emociones positivas están ahí ofrecidas permanentemente, olvidadas y abandonadas por nosotros, y sin embargo llegan a considerarse por todos, en especial los buscadores esforzados, como un regalo de los dioses casi imposible de alcanzar, un logro para muy pocas personas elegidas y especiales de nacimiento, héroes, avatares, iluminados, santos...! ¡No, eso no es así! Ninguno de esos seres existe con existencia objetiva, porque todos son producto de nuestra creación y recreación mental, existen porque nosotros les damos vida y encima los ponemos fuera en reinos lejanos a nosotros mismos. Pero en realidad solo podremos saber con certeza que existe el "Creador... del creador" de esas construcciones mentales y psicológicas...y que ese soy Yo. Aunque en realidad sería mejor decir que: "Ese es el Yo". El "Yo" que es solo Uno. De todos y de nadie. Porque es el sujeto Único. Dado que estas emociones y experiencias pertenecen al "Yo", pertenecen al único "yo" que soy capaz de experimentar: mi propio "Yo".

Esas emociones positivas suplican permanentemente a la puerta de los humanos para que las dejemos entrar en nosotros. Esas emociones superiores solo buscan a cada hombre individual, cualquiera que este sea, y este como esté, para entrar y vivir en él. No buscan a nadie que no sea como tú, no les interesan los héroes, ni los superhombres, ni predestinados de alguna clase, ni yoguis lejanos ni ascetas escondidos. ¡Solo tienen un salvador para sus esperanzas de ser recibidas, y se dice salvador porque nos necesitan con desesperación...! y ese salvador es nuestro Yo! Ese salvador somos tú y yo. ! ¡Solo tú y yo!

Para asumir esto debemos comprender que las emociones positivas tienen una dinámica sorprendente o misteriosa, que no responde a las leyes del intercambio humano que ahora conocemos, como por ejemplo las leyes del "trueque". Se viene a pensar por nuestra propia limitación psicológica humana que siempre debe suceder un fenómeno de este tipo: yo te doy esto y tú me das esto otro. Y por eso justamente queremos tratar de la misma manera con el Creador.

La personalización de nuestras relaciones con el Todo, siguiendo el modelo humano más vulgar, puede ser útil durante un periodo de nuestra investigación o búsqueda, cuando todavía damos pasos juveniles e inmaduros, aunque muy entusiásticos, pero por la misma evolución del proceso, en fases más avanzadas de comprensión, las metáforas iniciales que utilizamos para representarnos a nosotros mismos en nuestra búsqueda, quedan superadas en un momento concreto y para siempre.

Es inevitable interpretar, al comienzo de la experimentación de estados positivos, como que estos son provenientes de alguna forma de ganancia, mérito, logro o trueque, pero también es inevitable comprender claramente después que la realidad es mucho más compleja, no tan simple e infantil, pero que al mismo tiempo es mucho más justa y su dignidad intima incomparablemente mayor. Antes cuando pensábamos en como sucedería solo teníamos tres o cuatro modelos de acceso a "ese preciado bien", que resumen en realidad las distintas actitudes de relación con nuestros padres, aquellas figuras poderosas y omnipotentes. Estas pueden resumirse en la sumisión, la seducción, el robo o la sanción (o sentencia judicial favorable). Difícil salirse de ahí, hasta que justamente, comenzamos a despertar y comprendemos que lo que nos viene…"no es en absoluto una repetición de nada previo, sino algo desconocido por ser nuevo". ¡Qué alegría genera esa nueva perspectiva!

No son como juegos de niños, en los cuales nuestro infantilismo mental fuera una baza positiva; pero mucho menos son negocios desalmados con crueles adultos que nos hacen sentirnos culpables sin saber por qué y que nos niegan la felicidad, nuestra felicidad esencial. Incluso tampoco es "como si fuera un juicio con su resolución" y al final se nos concediera "lo que ya es nuestro" tras deliberación implacable de ningún tribunal. No: Es incomparablemente más misterioso, armonioso, bello y justo de lo que jamás pudimos imaginar. Se junta una estricta justicia con una poderosa benevolencia y gratuidad. Se mezclan la complejidad inalcanzable y misteriosa con la mayor simpleza y ligereza y facilidad. Y así sucesivamente se podrían añadir otras muchas paradojas que desbordarían nuestra imaginación.

El conocimiento de "ciertas leyes" también puede ser útil para evitar el "egocentrismo infantil" de mis deseos subjetivos, que como todo niño cree, deben realizarse y satisfacerse…" porque sí". Pero siendo verdad que los caprichos y deseos personales no pueden ser el criterio de validación de los procesos que van a constituir nuestra experiencia, también lo es que las leyes que regulan la transformación de emociones negativas en positivas no corresponden a ningún modelo que conozcamos con suficiente exactitud. Se podría decir como aproximación y siendo plenamente consciente de que no se da una respuesta definitivamente satisfactoria, que por otro lado tampoco se puede, el que los principios que regulan la dinámica de las emociones positivas cumple todas las leyes que conocemos y a la vez está por encima de todas ellas. Aunque esto quiere decir que estaríamos ante una contradicción o paradoja desde el punto de vista racional, y que nos exigirá una nueva sutileza intuitiva para comprenderlo.

Cuando se habla de estados positivos, claramente nos referimos primordialmente a la vivencia emocional, pero también existen los pensamientos positivos, mejor dicho, el "pensamiento positivo". Este no es solo las palabras amables, simplemente agradecidas o incluso líricas que tenemos que utilizar para pensarnos a nosotros mismos y expresar las emociones positivas que sentimos. Es mucho más. No solo pensar o decir cosas bonitas y agradables, llenas de buenos deseos y buena voluntad.

Es sobre todo la capacidad o posibilidad de poder pensar distinto de lo que pensaba antes, de tener pensamientos nuevos, de tener visiones nuevas, perspectivas originales y por resumirlo, de disponer de "creatividad mental". Eso sería un verdadero pensamiento positivo. Sustancialmente supone que soy capaz de abandonar el pensamiento previo, ya conocido, para recibir otro distinto. Mi pensamiento anclado a clichés, rígido, anquilosado, repetitivo, no original y heredado, da paso a "otro nuevo pensamiento". Solo por ser nuevo, este pensamiento ya es mejor, ya está más adaptado a lo real, y lo refleja con más exactitud. Por lo tanto, el pensamiento positivo en principio es uno tal que ha abandonado la esclavitud de la "viscosidad", o sea se mueve, cambia, fluye y se renueva. Y entonces… mis creencias, mis convicciones, mis valores, mis conocimientos…del pasado… ¿se perderán? Pues si… ¡deben perderse!;

de forma natural y armónica por supuesto, sin violencia ni prepotencia ni ambición de ningún tipo, pero deben moverse y "dejar libre" su posición.

Esto no en nada distinto a los que hacemos todos los días cuando tomamos en consideración nuestros conocimientos ordinarios, en general casi todos estamos más o menos dispuestos a aceptar un nuevo dato científico o una nueva información que anula otra previa. ¿Por qué no sucede igual en el campo de las creencias, valores, opiniones y paradigmas personales? Claramente: porque todas esas construcciones no corresponden al verdadero campo intelectual donde operaría una inteligencia sin prejuicios, sino al emocional, y por eso esas ideas y valores son "nuestras", mejor dicho: "son nosotros"; son las pertenencias más valiosas de nosotros mismos y difícilmente nos querremos desprender de ellas. ¿Cómo querríamos desprendernos de nuestras opiniones, nuestras creencias, nuestros valores, si son lo que nos hace ser como somos ahora? Para iniciar un camino verdadero de búsqueda de la Verdad no se pueden defender opiniones, ni sostener las creencias y los prejuicios que tuve ayer. En la búsqueda que nos ocupa todo debiera empezar por un vaciamiento... más tarde vendrá Aquello que habrá de llenar ese hueco.

Un hombre que se da cuenta de que sus creencias son instrumentos o soportes para su representación de la vida, y no "metas finales" en sí mismas, si se aplica en una seria investigación no tardará en ver nuevos y sorprendentes enfoques de la realidad, que le enriquecerán su vida. Esta pequeña diferencia marcará un importante cambio de actitud. O bien seremos hombres aferrados a nuestras ideas o las utilizaremos hasta disponer de otra mejor. Esa es la diferencia entre el hombre normal y el investigador. ¡No digo "el buscador" porque por desgracia los buscadores sinceros y esforzados somos a veces los que más nos aferramos a nuestros contenidos mentales, en particular nuestras creencias...! como si tuvieran verdadero e irremplazable valor!

Respecto a la "vivencia corporal" se puede decir lo mismo: el cuerpo para mucha gente es solo eso que nos permite vivir y además gozar de diferentes formas mientras dura la vida. ¡Que me quiten lo bailao! Es una expresión muy ajustada a lo que solemos sentir. Aunque también es una fuente importantísima de sufrimiento y de dolor; y de angustia mental y existencial, por su caducidad. Y poco más. Al menos en nuestra cultura. Y no hablemos en nuestra religión, donde el cuerpo es la causa de todos los pecados y del alejamiento de nuestra "fuente original". ¡Cuánto tardamos los occidentales en darle al cuerpo su verdadero valor en lo así llamado espiritual! Afortunadamente desde el Oriente nos vino una nueva comprensión del valor de nuestro cuerpo y de su papel en la relación con algo Superior (el Yoga, el Tantra, la fisiología sagrada, los chakras, los cuerpos superiores, etc., son afortunadamente su expresión.). La Meditación en Occidente parecía limitarse al campo mental o cuando menos psíquico. Pero se debe insistir en que el cuerpo nunca puede quedarse fuera, y como ha sido dicho en algunas enseñanzas "toda experiencia superior debe pasar a través del cuerpo". Sino, lo experimentado, no tendría realidad o vida propia; serian "experiencias", pero no verdadera Realización.

Es totalmente cierto que el cuerpo debe darnos sensaciones nuevas, experiencias sensoriales de una nueva calidad. Pero incluso su propia vivencia diaria ordinaria debe ser integral, armónica y gozosa, como lo es su propia naturaleza; hecha de vibraciones, energías y ritmos que en su origen eran armoniosos. ¡Miremos a un niño! Las posibilidades de una experiencia orgánica de tipo gozoso e incluso extático deben ser admitidas como posibilidades necesarias e imprescindibles que resultarían de una práctica espiritual específica seriamente conducida. ¿Porqué? Porque esa sería la naturaleza esencial y básica de la Vida: energías vivas y no solo conceptos. Allí está el Ananda o felicidad subyacente al acto simple y totalmente regalado del vivir.

Entonces, y solo entonces, podríamos comprobar que los centros o remolinos de energía o "chakras", las corrientes en movimiento ascendente y liberador, los sentidos internos capaces de experimentar el mundo interno con sus diversas modalidades sensoriales de visión y audición interiores, y por último la posibilidad de experimentar otras sensaciones corporales que vienen a interpretarse como "otros cuerpos en mí", no eran fantasías ni pura ensoñación, propias de culturas lejanas y ajenas. Y quizás también comprendemos, que todas estas posibilidades "extraordinarias", no estaban reservadas a una élite de buscadores sino ofrecidas gratuitamente a todo ser humano, sin más requisitos añadidos que la propia condición natural de ser hombre, aquella condición con la que fue creado.

Claro que habrá que tener cuidado con experiencias extremas, forzadas, que pongan en riesgo nuestro equilibrio y autocontrol, por eso un "progreso sostenido" en este campo en busca de los niveles más altos del despertar o de la meditación, se deberá realizar siempre con personas expertas que conozcan y dominen bien estos procesos. Nuestra ambición o deseo personal, incluso en este terreno llamado espiritual, casi nunca es buena guía. Una vez oí una frase maravillosa, que mi memoria retuvo por la frustración que me produjo cuando yo era muy joven, pero cuya profundidad no pude alcanzar hasta mucho más tarde. Alguien dijo: "el entusiasmo (espiritual) …es sospechoso". Internamente me rebele, porque yo mismo consideraba disponer de un notable entusiasmo y también de una enorme necesidad. En estos terrenos de la propia evolución cuando se manifiesta un intenso entusiasmo por entregarse a ese proceso sin medida ni sobriedad, hay que sospechar siempre que igual no se está entendiendo bien de que se trata. Casi seguro que el ego está detrás.

No todo el mundo está capacitado para esos niveles superiores de experimentación orgánica, (las experiencias orgánicas de Ananda o Éxtasis), porque se precisa un serio trabajo de limpieza y armonía que garanticen un mínimo equilibrio de la personalidad. Pero a la vez nos es urgente e imprescindible para todos el recuperar una positiva "vivencia corporal", a través de la respiración consciente, de la relajación, y de la sensibilidad fina y cada vez más sutil a nuestras sensaciones internas.

Estas tres cosas en sí mismas, solo nos pueden traer equilibrio, bienestar y salud, sin riesgo alguno. Y ellas serán el camino por el que pretenderá adentrarse, sin miedo inadecuado y sin ingenuidad infantil, aquel que se siente un Buscador.

12-LO POSITIVO.

Necesidad del Cultivo Gradual.

En el Budismo se distinguen dos caminos muy diferenciados, que no obstante se pueden practicar también de forma sucesiva en nuestra vida de aspirantes a retornar a nuestra verdadera naturaleza.. El primero y más común por ser lógicamente el que se presenta como posible para la mayoría de los practicantes, es el Lamrim, o camino gradual, progresivo o "por pasos". Y luego está aquel menos garantizado y más difícil de lograr que sería los caminos abruptos, el Dzogchen. Cuando hablamos del mundo de las emociones y de sus obstáculos negativos, para nosotros es evidente que se debe iniciar siempre un camino por fases y etapas, aspirando a metas y logros de dificultad creciente y confiando en que nuestra "sinceridad" de practicantes nos producirá progresivamente una nueva habilidad y facilidad en nuestro caminar. Por eso vamos a hablar algo sobre las características de un posible "cultivo gradual". ¡Insistimos una vez más en que, aunque el Absoluto o el Yo, no tienen partes, fases, etapas ni Leyes…! nuestra mente sí! Nuestra mente está esclava de unas leyes que se ha creado ella misma.

Si nuestra Posición 10 es común a todos nosotros, ya la hemos definido como la posición Ordinaria en la que nacemos y nos reconocemos al alcanzar la vida adulta, la Posición 9 no es en general tan común. Esta posición es la propia de aquel que tiene la Búsqueda de algo más allá de su propia vida, como un centro de interés permanente. Corresponde a alguien que se ha comprometido muy seriamente con esa Búsqueda, sea esta entendida como Perfeccionamiento de su naturaleza humana, o incluso, como Transformación o superación de esta misma naturaleza. Como hemos dicho en esa Posición 9, que constituye el centro de la actividad del hombre Buscador, aparecen con nitidez y consistencia la experiencia de las "Positividades". Estas positividades emocionales, intelectuales y orgánicas, ya se conocían y experimentaban en la Posición 10 aunque solo fuera de forma más bien inestable o fugaz, sin dominio ni control voluntario alguno sobre ellas.

Pero ahora en la Posición 9, se experimentan con mucha mayor claridad, y lo que es más importante con mayor estabilidad. Ahora lo positivo" dura" el tiempo suficiente para que lo podamos gozar detenidamente y familiarizarnos con ello; y esto nos permitirá someterlo a observación tranquila y desapasionada. Esta posibilidad nueva de explorar las experiencias positivas, nos permitirá conocer mejor su naturaleza, con más detalle y precisión; e incluso alcanzar a conocer también algunas de las Leyes que las rigen; y todo ello con creciente facilidad.

A- **Energía.**

Entonces comprobaremos dos cosas: la primera será que lo "positivo" en la experiencia humana se manifiesta como Energía o funciona como "energías" de diferente naturaleza. Se quiere negar con esta afirmación nuestra convicción básica, casi diría nuestra ilusión común y compartida, de que "lo positivo" es una simple experiencia humana exclusivamente, y que es un hecho social construido en la interacción humana mediante determinados procesos característicos y exclusivos de los hombres. No, no son los simples acontecimientos sociales que somos capaces de crear los que la constituyen; sean estos el altruismo, la alegría, la experiencia del éxito, etc. Lo positivo en el campo emocional, no son las buenas intenciones, ni los nobles deseos, ni las "emociones" personales de aspecto positivo pero que no duran en el tiempo. Lo positivo se acompaña siempre de una u otra energía. No es algo solo psicológico o mental.

Lo positivo solo se manifiesta a través de energías, de ahí que si no se dispone de ellas no se podrá experimentar. Son energías con formas diversas y con diferentes niveles de intensidad que se manejan y dirigen como cualquier otra energía. Lo positivo es siempre una energía que nosotros deberemos poseer para pasar a la experiencia. No son simples "cualidades humanas", ni "virtudes sociales", ni "adornos" o "exquisiteces" resultantes de la evolución humana, cuando esta manifiesta sus mejores frutos. Para manifestar amor por ejemplo será necesario disponer de una determinada energía en nosotros mismos y además saber activarla, no basta para nada con el manejo de las buenas intenciones. No, en el campo de lo Positivo, como en cualquier otro campo de la acción humana, todo es energía; solo hay energías en acción.

Aquel que no sabe acoger y manejar lo positivo como una "energía a sostener" ...no podrá ser nunca positivo, independientemente de la sinceridad de su intención. Para ser positivo, hay que contar primero de todo con la "fuerza correspondiente" para serlo, lo que implica no solo "saber cómo" se maneja tal o cual proceso positivo, sino que exige sobre todo..." poder manejarlo", contando para ello con la fuerza suficiente. Toda nuestra experiencia corrobora esta triste realidad: quisiéramos hacer el bien, ser generosos, renunciar a violencias y angustias...y sin embargo no podemos, aunque lo intentemos una y otra vez. Tenemos buena intención, pero nos falta la "fuerza suficiente de positividad".

La buena noticia es que esta energía "puede ser creada" mediante procedimientos muy concretos y precisos, aunque es verdad que estos procedimientos también serán "especiales y complejos", razón por la cual deben ser "aprendidos" pacientemente hasta dominarlos. Dado que perdimos nuestras positividades originarias, ahora tenemos que reaprenderlas con algún tipo de esfuerzo. Más adelante hablaremos algo de ellos.

B-Voluntad.

Y la segunda, todavía más sorprendente, es que lo positivo es "siempre" un producto o creación de mi "propia...aunque desconocida" Voluntad; desconocida, claro, hasta el justo momento en que sale a la luz. O lo genero yo por mi mismo, o no tendré ninguna garantía de que se produzca. No puedo esperar ingenuamente a que me llegue. Tampoco puedo confiar en que sean los otros los que se encarguen de ella. En este campo, soy yo, y solo yo, el responsable; el último responsable. Claro que esto nos coloca en una situación de notable responsabilidad personal sobre ese mundo donde se juega el destino de lo positivo-negativo. Esta responsabilidad nos inquieta en general, porqué nosotros siempre hemos preferido, porque así no lo han enseñado, sentirnos como pobres "victimas impotentes", (y supuestamente siempre inocentes e irresponsables añado yo), de la negatividad.

La proyección de lo negativo como ajeno y "exterior" a mí, como originado y proveniente de "fuera", es una gran mentira que nos tranquiliza algo; y es una gran enfermedad. Nos repetimos una y otra vez que... "el mundo entero es el que debe cambiar, también todos los que me rodean deben cambiar esto o lo otro; bueno quizás algo yo también voy a mejorar... pero los malos, está claro que son siempre los demás". La capacidad de autocrítica es casi nula y lo es porque hiere nuestro inestable narcisismo, nuestra forzada y antinatural imagen de nosotros mismo, de forma que ni nos atrevemos a mirar exactamente..." que estoy haciendo yo" o, mejor dicho: qué está haciendo ahora mismo "mi yo". Todo el mundo parece sentirse víctima de la negatividad, pero muy pocos aceptamos ser sus agentes activos.

Los sentimientos de culpa nos matan, y esta es una forma de negatividad bien conocida por todos, hoy en día la identificamos con enorme precisión y sensibilidad, y todos querríamos huir de ella. De hecho, grandes corrientes de opinión señalan como un acto "culpable "...el sentir culpa., porque nos dicen que "no se debiera sentir tal trasnochado sentimiento", propio de etapas pretéritas y superadas de la humanidad. Totalmente de acuerdo si hablamos de la culpa neurótica propia de nuestra cultura judeo-cristiana. Pero no en su significación universal, que es en la que se la pretende anular.

La culpa sana es necesaria, la sensación de que se puede y debe mejorar, ¡también! La capacidad de reconocer que se ha cometido un acto erróneo y que no se debe repetir es la única garantía que tenemos de un posible auto-perfeccionamiento. Porque nuestro supuesto derecho a no sentirnos responsables de la "situación en general", e incluso a veces culpables, nos lleva hacia la "irresponsabilidad"; y esta es una de las principales causantes de la negatividad.

Este sentimiento de sentirnos demasiado pequeños para encarar el problema de lo negativo en nuestras vidas, difiriendo él problema y desplazándolo sobre los otros, es una forma de negatividad "blanca", de las que no se perciben casi en absoluto, de las que pasan desapercibidas a lo largo de nuestra vida, a las que llevamos encima sin siquiera poder reconocer el hecho de que es así.

En relación con lo que una negatividad blanca podría suponer tenemos que decir que la ausencia de "capacidades positivas" es, ya, en realidad, un indicador fiable de negatividad. De momento nos conformamos con reconocer que junto a negatividades "rojas" (las referidas al campo de la hostilidad, la agresividad y el odio) y "negras" (que tienen que ver con el pesimismo, el masoquismo y la autodestrucción), las habrá también "blancas" o sin color, y estas quizás no sean las menos peligrosas. El pensamiento débil y relativista de nuestra época, que pasa por moderno, ecuánime y tolerante, es un ejemplo enormemente evidente y actual, de negatividad "blanca" o encubierta.

Nadie se atreve a "saber" ...no vaya a ser que conlleve algún tipo de responsabilidad posterior; y lo que también sería muy molesto de soportar... "algún tipo de autoridad"; con lo desprestigiada que esta está hoy en día. Respecto a la autoridad no hablo de ella en el aspecto del poder y el dominio que nos otorgan, sino de "autoridad o superioridad adquirida" en algunas de las áreas en que esta se puede manifestar: intelectual, ética, o experiencial. Y hablando del saber, no me refiero tampoco, claro está, al saber referido al mundo externo de los fenómenos, o sea al "saber científico", el cual, por no comprometernos como totalidad, y no exigirnos cambio sustancial alguno, a la vez que nos confiere más y más poder de manipulación del mundo, nos interesa a todos. Pocos desean "ser" más, pero todos querríamos "saber más", si ese saber nos confiriera más "poder". ¿cuánto atractivo puede tener en nuestra vida algo adquirido con esfuerzo y que no otorgue poder? Todos fantaseamos desde siempre en que el poder es una capacidad para utilizar con los otros, mejor dicho..." contra los otros". Esto es normal, vivimos toda nuestra vida rozando el sentimiento amenazante de "impotencia". ¿Porque ...para qué serviría un poder que solo se pudiera ejercer sobre mí mismo, sobre mi propio yo? Y justamente ese sería un "poder esencial".

Cuando decimos que casi nadie se atreve a "saber" nos referimos a un "saber sustancial o esencial" sobre la realidad y sobre mí mismo, sobre mi función verdadera en el mundo y mi auto-comprensión como ser humano. Ese conocimiento es "caro de obtener y conlleva consecuencias de responsabilidad posterior" por lo cual se pretende hoy en día renunciar totalmente a él, desvalorizándolo y negando hasta su misma posibilidad de existir. Pero el conocimiento tiene cantidad (o sea es más o es menos) y también calidad, (o sea es mejor o peor).

En realidad, se podría decir, que esta posibilidad de conocer más profundamente lo positivo en general, surge porque se ha disipado temporalmente la negatividad que dominaba. Y ahora se empieza a comprobar mejor la verdadera naturaleza positiva de muchas experiencias y fenómenos que ya estoy viviendo; y además se la empieza a reconocer en muchas áreas donde antes no se sospechaba que estuviera. Al hacernos nosotros positivos empezamos a darnos cuenta, y reconocer, que "había mucha más de la que yo creía". Que una de las desfavorables funciones de lo negativo es la de hacernos olvidar la presencia de lo positivo, a lo que anula y la oculta.

A medida que un hombre rompe esa barrera y se adentra en el campo positivo, comienza a sospechar que las cosas no son como parecían: ¡son mucho menos negativas de lo que aparentaban! Y cuanto más se va familiarizando con ellas y ampliando la profundidad de sus experiencias positivas, uno empieza a concebir o intuir una posibilidad sorprendente y casi revolucionaria: que es el hecho de que estas, las cosas en sí mismas, son "positividad esencial sin causa". Un día uno gritará que, aunque nuestra vida es muy complicada y tiene momentos muy dolorosos, las "fibras" que constituyen nuestra vida están hechas de positividad.

Uno comprende como que "solo" las emociones positivas, los pensamientos positivos, las sensaciones positivas, serían verdaderamente reales y corresponderían a un hombre verdadero. Se acepta con notable sorpresa personal que la negatividad no tendría un lugar natural, que tenemos que fabricar un "corazón" artificial para sentirlas, una mente artificial para albergarlas. Y además un cuerpo falso o enfermo para experimentarlas. Sin embargo, siendo por ahora lo negativo lo que nos rodea y amenaza, y con lo que vivimos, y lo único que parece real, en nuestra situación actual "lo positivo", parece casi un milagro por su rareza.

Aunque el cuerpo humano acaba su tiempo por obra de la enfermedad y la muerte, su vida, durante tantos años como esté vivo, es un prodigio de eficacia, de culminación y de experiencias positivas de todo tipo; lo lamentable es que ni las registramos, ni las agradecemos, ni las valoramos. Y aunque nuestros pensamientos están marcados por la preocupación y la ansiedad, y sean negativos durante grandes momentos de nuestra vida, sin embargo, nuestro funcionamiento mental de la cuna a la sepultura es un verdadero milagro de positividad. Y esto no es ingenuidad u optimismo infundados, sino que creemos que es una realidad a percibir y gozar durante toda nuestra vida. La existencia, simplemente, en sí misma, o la vida que nos rodea en general, son "milagros sostenidos" ante nosotros para que nos fijemos en ellos, los gocemos y valoremos bien. Pero no nos damos cuenta de casi nada.

Volvamos un momento a nuestro esquema para entender mejor como recibimos lo positivo. Como hemos dicho el yo-egoíco es la forma única forma de "experimentar" en las posiciones 11-10 y 9, y no hay otro. Las posibilidades de vivir como otros yoes de nivel muy superior como serían Yoes Vacíos, Transcendentes, Impersonales o Compartidos…en fin, todas esas otras desconocidas formas Superiores de "ser yo mismo" están lejos todavía de nuestra experiencia y constituyen por ahora simples quimeras.

Todavía no hay cambio alguno en la naturaleza misma de "quién es el sujeto que experimenta" a pesar de que hayamos avanzado en positividad. Porque, cuando pasamos de tener el centro de nuestra vida en la Posición 9 en vez de en la 10, la diferencia está solo en "lo que se experimenta", no "en quién lo experimenta".

Aprender a vivir positivamente en "todas las circunstancias de la vida", no solo en condiciones experimentales favorables, (sean estas individuales o colectivas,) de trabajo sobre sí, hará que los circuitos neuronales donde se inscribió la negatividad queden libres. Al decir en todas las circunstancias queremos decir que la prueba de que la positividad empieza a anclarse en nosotros, es precisamente el que cualquier situación de la vida queda a salvo de nuestras negatividades del pasado, tanto las situaciones favorables como las desfavorables a nuestros intereses personales.

Por lo tanto, hay que distinguir con nitidez dos realidades distintas: la primera es ser capaz de "lograr sentir positividad" a través de algún tipo de elaboración personal, sean trabajos psicológicos o de atención y concentración selectiva. Esto ya es de por sí un gran logro, aunque se realice en condiciones de "laboratorio", o sea un poco retirados del fragor de la vida, en esos momentos que llamamos de retiro, de calma, de concentración.

Y la otra es ser capaz "de vivir positivamente" durante periodos más o menos duraderos en las "condiciones ordinarias de la vida", o sea en medio de la vida del día a día. Por decirlo con una expresión ya clásica, sería la capacidad de vivir positivamente entre "los pucheros del convento", en la cocina y no solo en el retiro de la celda de oración. En la posición del buscador activo o Posición 9, sucede lo contrario que en la Posición 11. En la Posición 9 a la negatividad le "cuesta entrar", y a la positividad le "cuesta salir".

Pero habrá que esperar alcanzar e instalarse en la Posición 8 para sentir con claridad y por vez primera que será lo "positivo" lo que está destinado a vencer. Esto supone disponer por vez primera de una Certeza nueva, que no corresponde a un simple acto de esperanza sino a una nueva convicción comprobada suficientemente: lo positivo vencerá, se impondrá. La naturaleza real de las cosas es positiva, la creación en su misma naturaleza, también. Y el hombre es obra de la positividad, ha sido creado por un acto de generosidad o incluso amor, incomprensible. Esto implica que empezamos a comprobar con alegría, que nuestro trabajo se va haciendo más fácil a medida que "avanzamos"; las energías que tenemos que poner en juego y las fuerzas que debemos superar son ahora más débiles; y ese hombre que se mueve voluntariamente hacia su centro, está aprendiendo a superar los obstáculos cada vez con más habilidad, lo que implica también con más facilidad.

C-Batalla o Danza.

Pero tanto en la Posición 9 como incluso en 8, todavía no hay cambio irreversible alguno; todo se podría perder, todo podría volver atrás con un golpe de mala suerte en la vida o con un imprudente y persistente descuido en la batalla constante por la positividad. Se puede hablar de "batalla" con total propiedad porque una característica de todos estos procesos, es la ausencia de puntos neutros o de zonas de descanso y estabilidad. Si no avanzamos hacia lo positivo, estamos avanzando hacía la negatividad. No hay diferentes alternativas intermedias, solo dos y extremas. Si la positividad no crece, lo hace espontáneamente lo negativo; y viceversa. No existen estas áreas donde pudiéramos descansar tranquilos, la positividad en las condiciones actuales de nuestra vida exige nuestra constante participación, y si nos descuidamos se pone en marcha espontáneamente la negatividad. En este sentido las fuerzas negativas operan como una especie de fuerza de gravedad universal y omnipresente.

Además, con el término "batalla" queremos referirnos también a un hecho cierto y es que nadie tiene garantía alguna de cómo acabará todo, de cuál va a ser el resultado final tanto en el ámbito de lo individual como de lo colectivo. No lo sabemos, no sabemos si en el transcurso de nuestra vida acabaremos positivos o dominados por la negatividad, agradecidos o amargados, bendiciendo o maldiciendo a la vida; y por ello nos debemos exigir y preparar aún más de lo que desearíamos en principio. Deberíamos estar más y más atentos, más y más alertas, incluso de lo que nos exigiría simplemente nuestra exclusiva tendencia personal. Debemos ir un poco más allá de nuestras tendencias naturales y lograr alguna seguridad de que el resultado final será positivo. Debiéramos utilizar la actitud de los hombres de negocios: por si acaso, siempre más.

Habrá que esperar a alcanzar la Posición 7, la posición del Hombre Verdadero o Hombre natural, para sentir directamente que una Influencia grande y poderosa ha tomado la iniciativa y nos llama y nos lleva casi involuntariamente. Aquí ya sabemos que el proceso no depende solo de nosotros y de nuestras simples fuerzas personales, porque otras muy grandes han entrado en juego y por eso confiamos y sentimos que ya no puede haber marcha atrás en el proceso.

Seguiremos progresando incluso contra nuestra propia y pequeña voluntad egoísta; que todavía en algunas ocasiones, cada vez menos frecuentes, se rebelará. La gestión de lo Positivo ya no está solo en nuestras manos, que también, sino en una Voluntad superior que tiene un alcance mucho mayor.

Porque ya en la posición 8 "entendemos por primera vez que lo positivo está destinado a manifestarse y brillar, que el interés de que todo se Resuelva positivamente no es solo mío o personal, sino del Conjunto de la Creación". Es una batalla en la que no estoy solo, grandes fuerzas trabajan a favor de lo positivo. Y eso va a producirse, por su misma naturaleza en primer lugar, y en segundo lugar porque nosotros empezamos a colaborar en esta dinámica al "sustraernos con éxito a las influencias indeseables" que provienen de los aspectos esclavizadores que ejerce involuntariamente la humanidad. Empezamos a dominar el arte de resistir a lo negativo. Y eso ya es mucho. La Posición 8 es aquella donde se siente la Tendencia positiva como Predominante y entonces adquirimos la "Certeza" de que me podré liberar; y mi trabajo personal tiene, a partir de ahí, menos el carácter de ser algo exclusivo de mi iniciativa individual, y más la dimensión de un "juego de cooperación" con el resto de mis coetáneos.

Y por fin en 7 se empezará a sentir la Influencia poderosa de Algo Superior, hasta que esta llegue a ser irresistible. Entonces comprendemos que a partir de ahí "sucederá Lo que Tiene que suceder". No habrá ya ni la mínima posibilidad de pérdida, fracaso o error. Se dispone de una seguridad total en que "será lo que tiene que ser", sabemos que va a ser "inexorable", y esto no será recibido solo como una especie de consuelo sino como una feliz confirmación. La antigua idea de la Providencia actuando eficazmente por el bien del conjunto, se nos empieza a aparecer como una posibilidad real. Realmente… inevitable.

13-DINÁMICA DE LA POSITIVIDAD

A-Alerta. Habilidad. Voluntad-

La acción de nuestra voluntad sobre las emociones y pensamientos, tanto positivos como negativos, tiene afortunadamente varios momentos de posible intervención; tenemos varias ocasiones de oponernos y neutralizarlas. Podremos utilizar diversas capacidades, ya disponemos de algunas ellas, mientras que otras habrá que aprenderlas en mayor o menor medida. Algunas posibilidades serán estas: la "alerta" o la intensidad de mantener un estado de vigilancia constante, la "habilidad" o eficacia práctica de sostener lo positivo sin demasiado esfuerzo, y por fin en la última etapa la "voluntad", la pura voluntad (ya casi nada personal). ¿Cómo es una voluntad poco o nada personal? ¿Pero existiría una voluntad impersonal? Sí, claro, igual que puede haber un Yo poco subjetivo, o sea bastante imparcial y justo; un Yo poco egoíco o egoísta, o sea ...en suma...poco personal.

El más deseable y sin duda el más difícil, porque nos exige mucha atención y un alto grado de despertar es "presentir" su llegada, antes incluso de poder verlo, sentirlo y confirmar su presencia mediante señales inconfundibles, y ello mediante una especie de capacidad de detección muy desarrollada y sensible, y así poder cortar de raíz su aproximación. Nuestro desarrollado olfato o una aguda capacidad de intuir su presencia, aunque sea lejana, nos alertan y entonces tenemos la posibilidad de "oponernos" en la forma que sea, con una voluntad suficientemente desarrollada. Aquí afortunadamente atendemos al principio que nos asegura que cuanto antes sea detectado un estado negativo y amenazador, más fácil será su neutralización.

En nuestra lucha contra emociones, pensamientos y sensaciones negativas hay dos momentos, primero el momento de su detección y después el de su desactivación. En su detección prima mi grado mayor o menor de "Alerta", para darme cuenta de su presencia inminente; y en su inactivación, lo que cuenta en realidad es el poder mayor o menor de una "decidida" Voluntad.

Si esto no se puede lograr, o sea, ser capaz de ver llegar desde lejos esa amenaza negativa, actuaremos por lo menos cuando la empiezo a visualizar "en frio", o sea exclusivamente de una forma todavía solo mental, sin sentir aun con claridad el fuego de la emoción que me dominará. En este momento la emoción la siento débilmente, como si solo estuviera sobre mi piel; es casi más simplemente un recuerdo, una representación o una imagen, que una emoción visceral. Por eso, si dispongo de cierto control "de mi actividad mental", conseguiré alejarla. Para ello cambiaré mis imágenes, pensamientos, huellas mnémicas, etc., antes de que llegue hasta dentro; y con eso desaparecerá de mi campo de percepción.

Si no lo hemos logrado en este primer momento, todavía tendremos otra oportunidad que será "neutralizarla" con otra emoción contraria del tipo de la positividad; y aquí nos hará falta una buena capacidad de imaginación y de creación mental de estados positivos. Como es bien conocido en las prácticas meditativas de la psicología del budismo tibetano, utilizaré los "antídotos" correspondientes contra las emociones negativas. Contra el miedo...reforzaré la decisión, contra el apego...la autosuficiencia, contra la confusión...la discriminación, etc. Lo que voy a necesitar aquí es ser capaz de "generar" representaciones mentales positivas de la esperanza, la alegría, gratitud, compasión, y muchas más. Esta habilidad de "representarme" aspectos diversos de la positividad es cultivable, de hecho, nadie nace con ella y por eso debe ser "desarrollada". Las "representaciones" positivas y negativas se alternan en mi mente sin pedirme permiso, pero yo puedo "elegir", siempre puedo elegir, aunque solo sea el tres por cien. Si logro dominar el tres por cien se me abrirá una nueva posibilidad.

Si ni siquiera eso nos es posible, y la emoción nos inunda y nos domina, todavía tenemos un recurso importante a utilizar, nos queda conseguir su "no expresión". La expresión de una emoción tiene varios niveles; puede ser simplemente vegetativa (sudoración, espasmos internos, contracturas, etc.), mímica (cara de enfado, desilusión, tristeza, etc.); también puede ser gestual (gestos de orgullo, rechazo, de victoria o de fracaso, etc.) o en último caso, verbal (catarata de palabras incontrolable). La no expresión de las emociones negativas es un área en la que se puede siempre trabajar, sin peligro alguno; como nos insisten en recordar las prácticas del Cuarto camino de Gurdjieff. Normalmente se trata de no descargar mediante palabras hirientes o pesimistas, o generadoras de duda. Está bien esta capacidad de "no expresar" verbalmente, o sea mediante palabras, esta emoción negativa, pero será mejor todavía que tampoco se manifieste en nuestras expresiones o gestos, o cualquier otra actitud que hable por nosotros.

Si he caído completamente y he sido dominado por una emoción negativa, ya solo nos quedaría el reconocimiento humilde de este hecho, porque la mayor parte de las veces lo negamos y justificamos afirmando que era absolutamente necesario hacer lo que he hecho: he sido sincero, franco, natural, sin dobles, etc.; no he sido generalmente "débil". La negatividad es sinónimo de debilidad, como se me señaló a mí mismo hace muchos años, aunque yo no entendiera bien lo que se quería decir. Aquella es la expresión de una estructura mental débil, y casi nada tiene que ver con la maldad. Si he caído solo me queda reconocerlo mediante un acto de sinceridad. Y por último estaría el arrepentimiento correspondiente (¡sí, Sí!, ha leído bien, se ha dicho arrepentimiento) seguido de un renovado deseo de seguir luchando contra toda negatividad. Simplemente el hecho, realmente al alcance de cualquiera, de reconocer para mí mismo el carácter inadecuado, indeseable y no justificado de una negatividad, ya por si solo nos permitirá en un futuro su posterior conquista. Este "posible arrepentimiento" interior es casi una condición para continuar esta batalla con alguna garantía de éxito en el futuro; si no se da…pocas opciones nos quedan. Aunque serviría todavía mejor, después que se ha producido y nos ha dominado por completo, saber pedir perdón si se ha hecho daño.

O sea que las posibilidades ante las emociones negativas serian varias: primero el "presentirlas" y así desactivarlas en origen, el "neutralizarlas" mentalmente con otros contenidos mentales, el "no expresarlas" totalmente ni en gestos ni en palabras, y el "reconocerlas" ante uno mismo e incluso ante los demás, incluyendo su necesario "análisis interpretativo" (porqué siento esto, desde cuándo, con quién, etc.). Hemos señalado la conveniencia de "estar atento" a las mínimas señales y de actuar antes que el fuego de las emociones nos domine. Con la práctica continua, despertamos a la capacidad de detectarlas cuanto antes y eso nos da un margen amplio de actuación. La situación de vigilancia activa contra ellas se podrá reforzar hasta niveles que ahora mismo consideramos logros casi imposibles de alcanzar. Pero solo será cuestión de práctica y de determinación.

En nuestra lucha contra las emociones negativas la naturaleza obra también a nuestro favor mediante la ayuda que nos proporcionan los "procesos del olvido". Como cualquier cosa de la vida, cualquier otra experiencia, si no la practico con asiduidad, si no la recibo con frecuencia porque no acepto ese estado negativo, se me va "olvidando" y cada día me será más difícil recordarla. Quiero decir con ello que, ya por sí mismo, su simple no aceptación con una mínima lucha será suficiente para empezar. En esto, para aprovechar este olvido que viene a favor de la corriente, yo puedo lograr mucha habilidad. Se insiste continuamente en múltiples enseñanzas en la necesidad de "recordar o recordarse", y eso es fundamental; pero es igualmente importante la "capacidad para Olvidar". Olvidar es un arte, y sin eso un hombre no podrá renovarse ni recrearse, ni Liberarse nunca. Pero además y en esto se debe estar completamente seguro, como ante cualquier otra habilidad o capacidad: si se "practica" con regularidad el olvido de lo negativo, las emociones positivas se desarrollan por sí mismas y acabarán manifestándose casi espontáneamente, sin esfuerzo. Sobre esto debemos tener una certeza total.

B-La Iniciación negativa.

Por eso en este terreno cada día ganado a la negatividad vale por dos e incluso más; no solo me libro de lo negativo, sino que facilito la aproximación de lo positivo. Tendríamos que observar un fenómeno curioso y poco comentado, y es el hecho de que, aunque consideramos que la negatividad es universal y general, que todos somos sus pobres víctimas y que nos afecta a todos por igual…sin embargo en realidad… "hay gente que no puede ser negativa porque no ha aprendido a serlo" o porque no se lo han enseñado aún. Insisto en que "algunos no pueden ser negativos, aunque quieran", porque de alguna forma tienen las Puertas "cerradas" a tal o cual Emoción negativa. No consiguen odiar o ser indiferentes o despreciar…etc. Para poder ejercer la negatividad la tienes que haber "aprendido", aunque es verdad que cada uno de nosotros tiene unas tendencias diferentes y unas resistencias distintas ante cada tipo de negatividad. Un hombre es capaz de unas determinadas negatividades, pero su vecino es totalmente "incapaz" para sentir esas mismas formas de negatividad, aunque lo quiera. Quizás sea que no las ha aprendido, porque no las ha visto o porque no tiene predisposición natural o receptividad a algún tipo de ellas.

En los niños la evidencia de este fenómeno es indiscutible, y si nos fijáramos bien con suficiente dedicación veríamos que entre los que nos rodean cada uno de ellos es distinto para este aspecto. En la infancia es fácil de comprobar, e incluso posible de determinar, ese triste día en que "se aprende a ser negativo por primera vez", igual que como se logra cualquiera otra adquisición de su desarrollo, (el primer día que habla, el primer día que escribe, etc.). Todos los adultos podemos quizás haber tenido la experiencia de "alojar" en nosotros por primera vez una u otra emoción, sea positiva o negativa, la cual antes solo la conocíamos en teoría, o solo la habíamos visto en los demás como algo ajeno e incomprensible.

Es una evidencia que las "emociones se aprenden". Como ejemplos universales podemos señalar la ternura y preocupación amorosa por el hijo que descubren e interiorizan unos padres primerizos; y en sentido contrario el despecho y el odio que nos inundan por primera vez en la vida al sentirnos traicionados por alguien de nuestra confianza. Estas son una gama de experiencias de las que previamente no conocíamos los efectos reales de su presencia dentro nuestro, de hecho, no conocíamos el sabor que tenían ni las desagradables sensaciones que producían, pero..." las reconocemos" y nos decimos "esto es lo se llama sentir celos", "esto es lo se llama la envidia", "esto es lo que llamaban odiar". Para mi desgracia, por fin, ya no son solo cosas de otros, que conocía solo de oídas, ahora lo sé desde mi interior.

Es este aspecto de las emociones negativas, esto es, su condición de ser "aprendidas" siempre por imitación inconsciente o consciente, hay una gran esperanza: porque esto quiere decir que no nacemos con ellas. Confirma las afirmaciones de ciertas enseñanzas de que la negatividad no es un fenómeno "natural del hombre", que no le corresponde de acuerdo a su real naturaleza, sino que es un comportamiento ajeno y además aprendido por "imitación" de los demás.

Quedaría por determinar si también existe un momento puntual de iniciación positiva. Son cuestiones que dejamos por ahora: ¿como se produce la posible iniciación positiva, en qué condiciones, hasta qué punto llegan sus efectos, por parte de quién, etc.? Lo que parece indiscutible es que, si cualquier psicólogo infantil o pedagogo puede determinar el triste día de la iniciación negativa, se podría también determinar el auspicioso día de la Iniciación en la positividad. Este tema de la Iniciación sostiene detrás muchas leyendas irracionales e infantiles por parte de sus defensores, y un desprestigio también irracional por parte de los racionalistas detractores.

C-Influencias.

Estas posibles "iniciaciones", nos llevan a comprobar que estamos sometidos a "influencias", positivas y negativas, de las que somos conscientes o no, y a las que podemos resistirnos o no. Sería muy conveniente conocer bien estas "influencias" para "poder elegir". Todos sabemos lo transcendental que es para un joven rodearse de amigos con buenas cualidades, de hecho, esto puede condicionar largamente su futuro. ¡Lo sabemos, pero creemos que nosotros, adultos, inteligentes y además cultivados, estamos libres de influencias…! pero no es así! Estamos dominados por influencias que "nos parecen elegidas voluntariamente por nosotros", y de las que creemos saber al dedillo con qué intensidad nos influyen y hasta qué punto nos condicionan. ¡No es verdad, nos permite consolarnos…! pero no es verdad! Somos casi marionetas hasta que despertamos. Comprobar esto es triste para el supuesto adulto bien formado y con criterio propio y educación que todos creemos ser. ¡No somos nada de eso! Somos niños desvalidos deseando llenarnos de lo que sea. Solo tememos a la soledad y al rechazo, por eso nos identificamos con cualquier cosa que se pone delante de nuestros ojos. Ver las "brutales" influencias actuar sobre nosotros (medios de comunicación, publicidad, grupos de presión, manipulación directa de gobiernos, modas, educación, familia, religión, etc.) es fundamental si se quisiera despertar. Luchar contra ellas… también.

Ya sabemos que las emociones negativas entran siempre que el hombre está "distraído, dormido, o ausente de sí mismo", pero que si el hombre ocupa con su verdadera presencia, por pequeña que esta sea, su "propia casa", ejerciendo una eficaz labor de mayordomo de sí mismo, aquellas no "podrán entrar". La vigilancia es una capacidad a desarrollar. También sabemos que la naturaleza huye del vacío; y que en un lugar donde "yo no permito que entren negatividades" …no tardaran en entrar positividades. Si un hombre se vacía de la negatividad no tardará ese Vacío en ser llenado de positividades. Y podremos conocer la diferente intensidad o potencia de ese Flujo de positividad que ahora me llega. No basta con sentirse "positivo", hay que saber y comprobar "cuanto" de positivo estoy, porque precisamente esta potencia será mi garantía de que luego resistiré con eficacia a la negatividad.

Podríamos decir con rotundidad absoluta que la negatividad proviene solo del campo de la "mente humana" en su peor expresión, o sea de la mentalidad social y cultural "pervertidas" en lo que constituye una "cultura anómala", por llamarle de alguna forma. Sin embargo, las positividades vienen de todas partes del mundo de la Creación o mundo Natural, que no haría falta recordar que es infinitamente mayor que nuestro limitado mundo humano. ! Cuantos sufrimientos y torturas mentales desaparecen en unos breves momentos mirando al sol, al mar...o respirando profundamente...sin más en una sencilla vuelta a la naturaleza. Por ello podríamos decir que esa negatividad, cualquiera que sea, podrá ser neutralizada eficazmente sea mediante otra positividad equivalente o por la vuelta a una conexión renovada y gozosa con el mundo natural.

La Naturaleza en su verdadera dimensión, (sin duda mucho más grande de lo que nuestra capacidad de imaginar nos permite representarnos ahora), no conoce negatividad. No incorpora, afortunadamente nuestra "negatividad humana mental". Y esa naturaleza está tanto fuera de nosotros como dentro de nosotros. Dentro de nosotros ¡solo hay naturaleza! Muchas veces se expone el miedo en ir al mundo interior porque creemos que en nuestro interior reside la mente humana con todas sus contradicciones y locuras, pero no, una vez sobrepasada la "franja mental humana" ...solo queda naturaleza. Energía y naturaleza incontaminada por la mente del hombre. Gozosa en su perfección.

Al "acumular" positividad y almacenarla, una Posición se hace estable o fija, gana en peso específico y en inercia, por lo que será muy difícil que seamos desplazados de ella hacia otra más negativa o más exterior. Por ejemplo, la Posición 11 debe ser saturada de "esperanza", la 10 saturada de iniciativa activa de "búsqueda", la 9 de "confirmación" de nuestras expectativas y la 8 de claridad. La Posición 7 ya está anclada y saturada por la poderosa influencia activa de 6, y de todo Aquello que está a la derecha de 6. Por eso es importante comprender la necesidad de proceder a la "saturación positiva", después de la victoria sobre la negatividad. En este terreno somos todos seres de escaso apetito y nos saciamos enseguida con experiencias mínimas, que encima pregonamos a los cuatro vientos, sin desear alcanzar un punto de seguridad donde lo positivo se cristalice. No tenemos ambición verdadera en este campo, ni una profunda curiosidad por ver que hay más allá. La comercialización de nuestras primeras experiencias positivas, intentando cambiarlas por esto o aquello (las peores y más frecuentes sin duda son dinero, poder, prestigio o sexo), es un triste espectáculo de nuestra limitada capacidad de creer, de soñar o de aspirar a algo más grande. Y refleja la pequeñez de nuestra esencia y de nuestra búsqueda.

La mayoría de los aspirantes a buscadores piden siempre que no se les exija demasiado, que se sea realista y muy razonable y comedido. Nada de grandezas, ni de transcendencias, nada de heroísmos, ¡dejemos nuestros grandes sueños en el cajón y vayamos a lo práctico y sensato! ¡Hay algo de razón en esta petición de sensatez y sobriedad, pero por el contrario también es cierto que casi siempre nos quedamos a medio camino de nuestras "aspiraciones" ...! y si estas eran ya desde el inicio de muy bajo vuelo! los resultados serán poco perceptibles, casi míseros, y nos alimentarán poco. Por eso es que la inmensa mayoría de las búsquedas juveniles, acaban al final en un conformismo satisfecho y auto-justificado. La aspiración juvenil a posibilidades grandes se conforma al final con vagas consideraciones filosóficas, emotivo-poéticas o semi-religiosas de "auto-justificación". Aceptamos derrota tras derrota, renuncia tras renuncia, sensatez tras sensatez, hasta acabar con nuestros sueños devaluados. Un amigo y notable buscador taoísta señalaba agudamente que "las brasas calientan más que las llamas y corres menor riesgo de quemarte". ¡Qué cierto es y qué sabiduría encierra esto, siempre claro a condición de que por lo menos en algún momento de nuestra búsqueda, cuando menos cuando teníamos energía, hubiera habido "llamas"! ¡Si nunca hubo "fuego" ... escasas "brasas" habrá!

B- **Una analogía.**

Para finalizar este capítulo sobre lo positivo, uno no puede por menos de preguntarse sobre el "porqué de nuestra situación", que nosotros no juzgamos precisamente como positiva desde el punto de vista "mental", o sea de cómo están nuestras mentes. ¿Por qué esta negatividad entre los humanos, porqué tanto conflicto, luchas innecesarias e insolidaridad?

¿Quizás es que hay algo torcido en el hombre tal cual es...o son otras circunstancias las que nos tienen en esta situación? ¿Acaso es que somos malos en origen? Nosotros creemos que no, y para explicarnos un poco permítasenos una analogía que creemos que puede ilustrar nuestra visión sobre este tema. Todo se debe a nuestras "circunstancias". Circunstancias en las que estamos todos y que parece que nadie sabe explicarnos el porqué.

Imaginemos cientos de animales recién nacidos en una dimensión tan reducida como acostumbrarse hoy en día (de forma atroz según nuestro parecer) a criar aves en esas granjas de producción masiva que todos conocemos (en un metro cuadrado o en dos, cientos de crías apiladas, en un hacinamiento monstruoso, sin el más mínimo espacio vital.) Allí las crías se pisan unas a otras, se empujan, se lanzan por su comida sin ninguna consideración hacia las demás. Se producen daño, por supuesto, pero es inevitable y diríamos que involuntario. No puede suceder de otra forma por las condiciones en las que se encuentran. Parece lógico pensar que a ningún pollito le guste tener que hacer lo que hace, seguro que sería mucho más natural para él ni pisar, ni sofocar a ningún otro; ¡Suena lógico pensar así! De hecho, su comportamiento no parece el esperado para su constitución, que sin duda alguna pide mucho más correr libremente por los prados en busca de comida por aquí y por allá. Pero en las condiciones en las que están...no pueden hacer otra cosa y el daño a otros resulta inevitable. Y en cada uno de ellos, su sentimiento íntimo de zozobra, así como algunas otras formas de sufrimiento, también estarán presentes, sin duda alguna. Si algunas de estas aves supieran volar se marcharían sin más, lejos de allí, a conseguir el alimento por sí mismas; con lo cual las demás se sentirían aliviadas, cuando menos, y animadas también a volar.

En nosotros sucede igual, tenemos poco suelo, poco espacio, pocos recursos, y luchamos para sobrevivir en él. Este escasísimo espacio en el pasado fue la comida (y aún lo es por desgracia para millones de seres humanos), pero sustancialmente ahora mismo la humanidad en conjunto y cada uno de nosotros como individuos tenemos otra hambre, igualmente torturante: hambre de la autoestima que provienen de una verdadera "sensación de ser". "Trichna", avidez en términos hinduistas. Autoestima que podría llamarse también autosatisfacción por ser humano y realizar las grandezas que constituye tal posición. Pero al estar separados de nuestra esencia no recibimos tal alimento, y buscamos un sucedáneo que sería la consideración y la atención que el otro nos da; o que quizás no nos da. Autoimagen, fama, prestigio, poder, éxito personal, reconocimiento social, son sus variantes. Y como son muy escasas en nuestra vida en común, nuestra aspiración consiste en quitar al otro el poco brillo que tenga para gozarlo yo. Yo no tengo un deseo propio o natural; como un niño, "yo deseo lo que desea el otro", "yo deseo solo lo que es deseado", "yo deseo lo que deseas tú". Búsqueda desesperada del prestigio. Lucha del amo y del esclavo, sin solución alguna, sin satisfacción verdadera para nadie, nos recuerda Lacán.

Satisfacción verdadera que solo nos podría dar el saber recibir "alimento esencial" desde uno mismo, por uno mismo, realizando nuestra naturaleza esencial, que nos ofrece instante a instante ese gozo, que si nos podría saciar el ego hambriento.

O sea, saber "volar", aprender a volar uno a uno, ¡abandonar ese nicho de tormento! Abandonar ese escenario imposible de miseria y elevarse hacia lo alto para recibir alimento. Ese alimento que la naturaleza ofrece a raudales, esas energías sutiles que se nos ofrecen gratis, junto al "simple acto de vivir". El mito del "maná", quizás no sea solo un mito.

14-LA NATURALEZA DEL YO.

El hombre "natural".

Todo ser humano se organiza alrededor de un Yo, independientemente de cuál sea luego su aspecto y presentación. Y este Yo pertenece a nuestra común naturaleza compartida. Conocemos nuestro yo y el de los otros, pero ya hemos señalado que tenemos otras posibilidades que presentan un curioso carácter paradójico, de forma tal que se nos aparecen como logros nuevos que tienen relación con mis expectativas previas, por un lado, y por otro se manifiestan como la recuperación definitiva de Algo que nunca se perdió. Parece tener dos caras que son simultáneamente verdaderas: es un logro y por otra parte una recuperación; es un mérito personal y sin embargo es un absoluto regalo; es una probabilidad azarosa pero además es una inexorable realización; es personal y totalmente impersonal.; es Transcendente y totalmente natural, casi banal; es un sueño quimérico imposible y es la única realidad que admite tal nombre, o sea lo "único que no es sueño" en nuestra vida. Y así podríamos seguir. ¿Por qué tanta paradoja, tanta aparente necesidad de violentar la lógica común para acercar una explicación de algo que pretendemos clarificar? No lo sabemos, pero esa es la naturaleza más aproximada de lo que conocemos como una realidad que nunca se investiga, por qué no se tiene instrumento alguno para hacerlo: la realidad y el misterio del Yo.

En 7, en hombre Natural ha recuperado la posición: "donde siempre estuvo su propio Yo", por eso ahora dispone de él..." conscientemente". Antes también disponía, pero como en sueños, y por eso sus acciones eran somnolientas y a veces caóticas (no parece tan raro que un hombre rico en sus sueños se sienta arruinado y pobre, y cometa incluso actos reprobables para ganar algo para comer. Y sin embargo en la realidad más radical el sigue siendo rico, y en cuanto despierte lo comprobará). Con el Yo perdido, inaccesible u olvidado, sucede igual.

Estaríamos tentados de decir que un "hombre ordinario" ha alcanzado la posición humana de verdad en 7 y por eso ha recuperado su Yo. Y esta es la lógica explicativa que aquí hemos utilizado, porque nos hemos colocado en la visión que sostiene el hombre que está fuera y quiere regresar, o sea la óptica del buscador. Pero para aquel que, sin saber bien como ya se ha reintegrado, esa perspectiva le puede hacer sonreír. Cuando se lo busca tiene una forma muy definida y cuando se lo encuentra comprobamos que no tiene apenas nada que ver con el objeto buscado. Esta es la eterna batalla entre los que predominantemente captan la forma y los que captan lo "informe", entre el caos y el orden, entre lo personal y lo impersonal, entre definitivamente el Nirvana inamovible y el Samsara siempre cambiante. Cualquier hombre que es honesto con su realidad, y que no excluye ninguno de estos dos extremos por pura arbitrariedad personal, sabe que debe manejarse "con dos manos" si quiere avanzar, por la sencilla razón de que su destino es "estar en medio" de dos grandiosas realidades, porque fue creado para ello y para nada más. Cuando ese hombre está en medio de la forma, él es también forma y la maneja con su mejor intención. Cuando se ve inmerso en el Vacío y en la Mente Única sabe que él es mente, solo mente, una Única mente …y nada más. ¿Alguien sabe cómo ha llegado al mundo de la forma?: no, ¿verdad? Igualmente, nadie sabe cómo ha llegado al mundo de la mente Vacía, donde sorprendentemente se haya el Ser. Un hombre así, nos podrá contar lo que él ha hecho para encontrarse allí, pero no "como ha llegado".

Pero dejando a un lado lo que parecen ser juegos verbales propios de sofistas, pero que no lo son, ¿nosotros que podríamos decir de la naturaleza del Yo? ¿Podemos hablar de Él sin que parezca un completo desatino? No lo sé, pero lo vamos a intentar, y pido excusas desde el principio si algo parece un despropósito, como una ofensa al más mínimo sentido común. En realidad, sería más apropiado referirnos a eso como nuestra Yoidad común, que no es mi yo, ni tu yo, ni su yo. Pero como todo este ensayo lo hacemos desde la perspectiva del "buscador" que aspira desde su naturaleza separada a lograr la Unidad y la identidad Suprema, nos seguiremos refiriendo a esa "Yoidad Común", como el Yo real.

El Yo real, verdadero, aquel que se manifiesta cuando Él quiere, pero sin capricho alguno, en estricta justicia esencial, presenta algunas cualidades que podríamos denominar así: es una Unidad, libre, armónica, no condicionada, reintegrada y conectada con su origen, posee una absoluta singularidad y un destino propio, está situado fuera del tiempo, del espacio y de los cuerpos y es Co-creador y en su núcleo más recóndito es también Auto-creador.

A-Unidad.

Es una Unidad que está libre de la división interior en la que nacemos todos (esa "spaltung" o escisión esencial propia de nuestra mente, en sentido freudiano). Por eso no tiene fragmentación alguna, es una unidad no compuesta de partes, se presenta así ante nosotros y ejerce su acción de borrar toda diferencia, contraste y conflictiva. Incluye los contrarios de todo porque no es esto, ni aquello, ni lo de más allá, y no manifiesta su presencia por oposición ni contraste con nada. Es ello mismo, sin necesidad de referencia a nada, por eso el Yo no es un asunto religioso, ni cultural, ni humano, ni filosófico. Porqué no es "ningún asunto", ninguna experiencia, ningún ser parcial creado por otro ser, es otra cosa que "apaga sin destruirlo", a todo lo demás. Pero es que además está libre de "conflicto interno y externo". La ausencia de conflicto interno sería razonable admitirlo puesto que hemos dicho que no tiene partes, quizás sea que las ha reintegrado o reconciliado o sencillamente dominado, no se sabe, pero el hecho es que cuando quiere ...quiere todo en él, cuando decide no delibera ni calcula, y cuando sueña es porque sus sueños se van a realizar. No duda, no discute, no razona, no seduce, no se inquieta jamás, no conoce el fracaso ni la frustración. Goza de lo que desea y desea lo que tiene.

En medio de las brutales injusticias de la vida, del dolor que se extiende por doquier y atenaza a todos los seres sensibles (no solo al hombre, están también los animales con una notable felicidad natural por un lado y algunos otros con un sufrimiento atroz, inducido generalmente por los humanos, sufrimiento que sienten con total claridad), el Yo reside en la felicidad de su propia Unidad, porque no le falta nada y porque no le sobra nada. Algún momento de intuición de esta posibilidad puede haber dado lugar a la incomprensible y provocadora afirmación de Leibniz, de que "de hecho vivíamos en el mejor mundo posible". El Yo cuando se manifiesta hace pensar que todo está bien; mejor dicho, que todo es perfecto y también "inmejorable". ¡Las doce en el reloj!, como dijo el poeta. ¿Y el dolor de los seres?: con inmenso respeto por los seres que sufren, tenemos que decir, pero ya en voz baja, que ese dolor, "forma parte incomprensible de la perfección". Dejémoslo aquí.

B-Libertad.

El Yo es Libre de toda influencia y de toda constricción y por supuesto de cualquier esclavitud, tanto fuera esta interna como externa. Está libre de la compulsión y urgencia interior que nos espolea a los hombres desde que nacemos, y que nos obliga durante toda nuestra vida a actuar en una u otra dirección. El Yo no tiene necesidades, porque no es simplemente humano; ni deseos porque no carece de ningún fragmento de sí mismo; esta completo y auto-satisfecho. Cuando los hombres nos apoyamos en el Yo, compartimos esa misma gloriosa sensación. Como no tiene fragmentos, ninguna parte de él mismo le habla y le espolea a otra parte; ninguna parte pelea y desea preeminencia sobre cualquier otra porque es una unidad indivisible muchísimo mayor que lo seremos nosotros cuando nos "reunifiquemos". Nosotros como hombres que somos siempre estaremos "unificando" elementos distintos, mundos distintos, niveles diferentes de la realidad, etc. Y nuestra labor de "reunificación" continua será nuestra gloria. Y para ella, para que la realicemos con la habilidad requerida, el Yo estará permanentemente actuando en nosotros.

Pero igualmente es libre del "exterior", no hay fuerza, realidad o ser que la pueda influir, puesto que ese Yo mismo es precisamente el ser Total. No está condicionado, ni sometido a leyes, podríamos decir que "no admite influencia alguna, o sea que no recibe nada". Es una simple realidad capaz de "emisión", pero no de captación; o sea no tiene cualidad alguna que equivaliera a lo que sería en el hombre los "órganos de recepción". No recibe, no registra, no calcula y no acumula, solo emite e irradia como si fuera un sol. (esta metonimia es muy manida pero no se encuentra fácilmente otra mejor, aunque por otro lado es muy engañosa porque tendemos a rebajar esa realidad creadora y Radiante a un simple fenómeno mecánico: el sol, nos dicen es una inmensa bola de fuego que sirve para darnos calor a nosotros). Vive por ello en la experiencia de la libertad interior y exterior, y el hombre que recibe su influencia directa también conocerá esta experiencia de libertad. Pero para ello tendrá que desear ir un poco más allá de lo humano ordinario.

C- Armonía.

El Yo también es Armonía, porque no tiene conflictos ni oposición ni roces con nada externo ni interno. Pero entonces ¿es algo como inerte, vacío, silencioso o muerto? ¿Acaso la vida no es la confrontación, los cambios, los logros…la superación, etc.? Si, el Yo tiene todas las cualidades de lo vivo, por eso tiene dinamismo, pero es armónico. No es cacofónico, sino una armonía que se manifiesta en muchas dimensiones. Es su dimensión de natural lo que produce esta armonía, y su participación en la dinámica de la Gran naturaleza. Su naturaleza es creativa sobre la base de un profundo goce y de una inexplicable e inmotivada Alegría. El Yo no dispone de mente para sufrir; ni para recordar, lo que sería todavía peor, su propio sufrimiento. Por eso, como la misma infancia, disfruta del puro "elán vital", de la pulsión de vida, del puro goce del vivir impersonal. El Yo emerge cuando la vida humana vuelve a circular, a fluir, a verterse por aquí y por allá; cuando los obstáculos, los impedimentos mentales, las represiones y las cristalizaciones que se producen en nuestra vida dan paso al Movimiento del "rio de la vida" en lo interior y en lo exterior.

El hombre si permanece tal cual es conocerá el placer sensual, el goce emocional e incluso la felicidad mental humana, pero no conocerá el Ananda, ese "estado", que no es simple experiencia personal, felicidad que está más allá de esas tres posibilidades y más acá, muchísimo más acá, de lo que supone que es su "yo". Ese Ananda es como la substancia medular del Yo, y por eso no depende de los actos del yo. Ese estado es consustancial con la naturaleza de las cosas. Está ya totalmente "ofrecido". Si al contemplar los procesos de la vida que nos muestra la biología, por ejemplo, en el caso del desarrollo de un embrión, el hombre no lo percibe como un milagro; si al participar de los fenómenos cambiantes y sorprendentes, a la vez que armoniosos e incesantes de la simple naturaleza que le rodea no siente su arrebatadora belleza; y si al abismarse en los fenómenos cósmicos de los astros que nos rodean no es tocado por el estremecimiento del misterio, algo va mal en ese hombre. No percibe la verdadera naturaleza de esos fenómenos. Ve fenómenos aislados, desconectados, pero no ve, porque ni lo espera, ni lo cree, la "danza de la vida". Esta sensibilidad es necesaria para sentir la inminente presencia del Yo, porqué este participa de todas esas dimensiones …y de muchas más.

D- Incondicionado.

Por último, como somos tan humanos y proyectamos siempre nuestras pequeñeces sobre lo Grande, diremos que el yo "no se compra" y "no se paga" con nada, con ningún acto, sentimiento o actitud humanos. No se "gana" por ningún sacrificio, ceremonia, ritual, sacramento o devoción. Toda nuestra preparación o esfuerzo, toda nuestra "sadhana" o purificación, son simplemente procedimientos de "engalanamiento", de acicalamiento, de vestirse de etiqueta para "recibir al Yo". De hecho, ni siquiera se "merece", como mérito propio, pero esto debiéramos entenderlo bien. No es fácil de comprender. Y sin embargo aspirar, desear, soñar, invertir, apostar y "disponerse abiertamente "a esa experiencia, creemos sinceramente que es lo mejor que un hombre puede hacer con su vida. El Yo no se manifiesta bajo el imperio de ninguna condición, ninguna ley, ninguna exigencia, ningún chantaje; tampoco los amantes actúan bajo esas limitaciones. ¿Entonces … porqué se mueven los amantes?

E- Integrado y Centrado.

El Yo está siempre ocupando su sitio propio y natural, no puede salir del "centro" y no puede "desconectarse". Podríamos decir que en la experiencia humana el Yo se nos presenta como "Reintegrado", pero solo desde nuestra perspectiva de exiliados involuntarios de nuestro origen, de nuestra casa, de nuestro centro. Cuando se habla de nuestro "involuntario destierro" puede ser que no seamos del todo exactos a nuestra verdadera situación, algún día veremos que ese destierro fue también voluntario y elegido. Representamos al hijo pródigo de la parábola casi a la perfección. ! ¡Nos fuimos, porque queríamos irnos, nadie nos hecho! Al hijo pródigo solo le cabía como opción el irse de su casa y familia, porque era lo que él quería hacer. Las circunstancias y motivaciones internas que precipitaron y condicionaron ese deseo serán siempre oscuras para él mismo.

El Yo se extiende hasta el "tope" de sí mismo, no deja ningún espacio por cubrir con su presencia. Tampoco tiene nada más que ocupar, no le falta por realizar ninguna tarea. Nunca más un hombre que conozca esa experiencia, podrá sentirse solitario, aislado, abandonado en el mundo por no se sabe que desalmadas manos. Nunca más tendrá la sensación de estar solo o perdido. El Yo es una realidad que se basta a sí misma.

¿Entonces, de qué se alimenta? ¿Qué le puedo ofrecer yo? ¿Cómo se le llama, como se le convence?

H- Conectado.

Junto a esto, la naturaleza del Yo se acompaña inevitablemente de la sensación de estar Conectado, o si se quiere decir de otra forma en "comunicación continua", en dialogo amoroso permanente, en una especie de conocimiento continuo y bidireccional con la Fuente que le creo. Y en este continuo dialogo a veces las distancias se acortan tanto, que los dos extremos parecen fusionarse, y no se sabe bien si se habla o se escucha, si se pregunta o se contesta. Y además de Conectado el Yo se siente gloriosamente Influenciado, irradiado, rodeado de "emanaciones" que le llegan como una misteriosa bendición. El yo humano siente la influencia del Yo verdadero, el Yo verdadero siente igualmente que le llega todo desde otro lugar, más recóndito que él mismo, el Centro. Esta Conexión e Influencia forma su propio ser, le confiere el Ser al hombre, y proviene del ser Único que participa de todo. No proviene de ningún otro ser distinto a él mismo. ¡No hay dos seres! ¡No hay dos seres! Exclamará, sobrepasado por la grandeza impensable de tal cognición. Por eso existe el Amor. Ninguna obligación de amar, ni de desear amar, el Amor es un acto del Ser a sí mismo. Del hombre al Hombre, que es su mismo "si mismo". Del hombre al prójimo, del hombre a la Unidad. El Amor es deseo de Unidad.

I-Singularidad.

El Yo que el hombre experimenta es "siempre un Yo plenamente Singular", único, intransferible, insustituible, como si fuera el Yo exclusivo, el "hijo único" de la creación. Ese Yo, no puede faltar, porque si así fuera se derrumbaría el mundo entero. Parece como que toda la creación ha trabajado desde el comienzo del Big-bang para crearlo a él. Como si todas las intenciones del conjunto de los seres y a lo largo de toda la historia, hubieran confluido para crear ese Yo que ahora brilla delante de mí. Que ¡radical narcisismo primario ¡, se estaría tentado de decir por parte de los profesionales de la salud mental, que regresión más brutal a un estado primario de indiferenciación oceánica. No es nada de eso, porque igualmente y en el mismo instante se siente real y se comprende con total nitidez que todos los seres son "igual de singulares que yo". Y vuelvo a decir "seres" y no solo "personas", incluyendo obviamente a los animales.

Ningún ser es más querido que otro, ninguno tiene prioridad, ninguno es desechable, descartable, insignificante o prescindible. ¡Ninguno! ¡Todos deseados por igual! ¡Todos soñados con el mismo anhelo creador! Cada uno con su grado de "complejidad" y con su específica función y "responsabilidad". Por eso se sabe que nadie se apropia del Yo, que a nadie pertenece, que es inasible por la voluntad humana. Por eso se sabe que ese Yo no excluye a nadie, a nada, porque borra la separación. Por eso se sabe que no ha existido nunca el "azar", ni que suceden las cosas por accidente, ni por "descuido criminal" del Creador. ¿Y que era aquello que nos contaban de la divina Providencia, no nos venía a decir algo de este estilo? Nosotros nunca creímos que esas cosas "religiosas" de iletrados y neuróticos, pudieran corresponder, cuando eran bien entendidas, a la imposible realidad que nos describe la física actual, por ejemplo. El Yo es plenamente individual y plenamente impersonal…a la vez.

Ese Yo es continuamente mirado, observado, atendido por Algo Superior. Y el hombre también puede llegar a experimentar "algo así". El dispone de una atención personal, pero otra más grande llega sobre él, instante a instante. El ve, pero también es "visto", él cuida y además es "cuidado".

Algunas características de tipo formal de ese nuevo y antiquísimo Yo serán las tres siguientes que voy a enunciar de forma conjunta, porque las tres rompen nuestras expectativas previas y sobre todo porque es muy difícil comprender que se quiere decir. Como ya habremos aprendido a hacer a lo largo de toda esta obra, en ningún momento pretenderemos comprenderlo, sino solo "dejarse impregnar "por las sugestiones que realizamos aquí. Esto que aquí se afirma, ya lo hemos dicho, ¡no es la verdad!, si alguien lo tomara "por la verdad" se equivocaría. Pero mucho menos es ¡la no verdad!, aquel que lo tomara así se equivocaría todavía mucho más.

Para presentarlas tenemos que decir que el Yo es A-temporal, no está dentro del tiempo, de ningún tiempo; tampoco se encuentra en ningún punto del espacio que percibimos, o sea podríamos decir que es A-espacial, y por fin se puede y debe decir que no tiene "cuerpo alguno", que no tiene envoltura necesaria, aunque pueda utilizar varias, que es A-corporal. El Yo está fuera del espacio, del tiempo y de la corporalidad.

J- Inespacial.

Evidentemente igual se podría decir que está en todas las partes del espacio percibido y no en una sola, pero sería casi una falacia puesto que en realidad la "espacialidad", las dimensiones, y las separaciones entre un objeto y otro, o entre un "sitio" y otro, son nuestras formas peculiares de "construirnos una representación", que nos sea útil, como hombres, para orientarnos. Pero esta construcción se realiza solo por un acto de "reducción" de nuestro nivel de alerta. Esta "reducción" de nuestro nivel perceptivo, la compartimos con los demás, y la ejercitamos continuamente con los demás, o sea que es una "artificiosidad consensuada", que poco tiene que ver con la realidad (todos, de común acuerdo, progresivamente, dejamos de ver el mundo a lo largo de nuestra educación, para captar tal o cual fenómeno reducido de exclusivo interés humano.). De hecho, lo más triste es que dejamos de percibir el "fondo", para ver solo "figuras" que se nos manifiestan como objetos "descontextualizados", "desconectados", a los cuales evidentemente me veo yo en la obligación de dar "sentido y valor".

Al dejar de percibir el "fondo", donde se inscriben y reposan las cosas, no entendemos nada, por más que sepamos mucho e incluso muchísimo de estas. Esa es la específica contribución humana...inventarse significaciones para una realidad que creo que no la tiene. O lo que es lo mismo, dar un sentido humano exclusivo, a aquello que probablemente tenía ya "un sentido en sí". Ahora multiplicamos el número de figuras desesperadamente, exploramos minuciosamente las conexiones entre ellas, les añadimos nuevas relaciones de unas con otras mediante lo que llamamos conocimiento de las leyes que regulan sus intercambios, en particular leyes científicas, pero también poéticas o metafóricas; en fin, que nos desesperamos en procesos de relacionarnos con figuras para ver si así nos aparece un fondo, un fondo cualquiera , por más mísero que sea, pero que nos dé por primera vez en nuestra vida un sentido de globalidad o de Unidad.

No sucederá nunca, la "relación" con figuras o si se quiere el "trabajo" con figuras es completamente diferente al "trabajo" con el Fondo, (unitario, no localizado, no reseñable con el índice, perceptible solo con una atención no fragmentaría, con una "suave y natural", como si fuera infantil... atención total.) Cuando aparezca el Yo real, tendrá siempre el carácter de un "fondo omni-abarcante", que contiene todos los objetos en sí.

Las influencias vienen de sitios concretos y localizados, como puede ser una montaña o el sol, o tal o cual planeta o una persona concreta, etc. Pero el Yo no viene de ninguna dirección del espacio porque viene de "todas simultáneamente" o de ninguna, quizás. Lo positivo de esto es poder comprender que él presiona desde todas las direcciones simultáneamente, ¿Cómo no lograría su propósito?

K-Atemporal.

Es Atemporal, porque no está en el tiempo y aunque se manifieste en uno de nuestros momentos histórico-personales (esos maravillosos momentos en que como decía el gran Maestro S. Ram, el buen karma despierta); o en cualquier momento histórico de nuestras sociedades, esos "momentos" son solo ocasiones de su "manifestación", no de su nacimiento. Coinciden con esos maravillosos momentos de la "precipitación" de nuestras intenciones por despertar. No se consigue "con tiempo", pero si en un tiempo determinado. No crece su "naturaleza" de un momento a otro, pero si su "manifestación. El no aumenta su "ser" con el tiempo, pero el hombre si aumenta su capacidad de percibirlo y de recibirlo. De forma que, si su real naturaleza nada tiene que ver con el tiempo, las operaciones que se producen a través de él, si cambian en el transcurso temporal. Es como un ser completo que se asoma y se oculta en momentos históricos particulares, tanto a escala individual como al nivel del conjunto de la humanidad.

El Yo real es como ese gran personaje que aparece de improviso ante nosotros en un segundo (para un niño podría ser su padre, para un ambicioso un hombre de poder, para un artista un genio histórico, para un devoto su propia Deidad). ¡Si, aparecen de súbito, en una fracción de segundo, de una vez y no por partes, no piden permiso, no sabemos cómo…! y ahí están! Ahí está, entera, de una vez, en un segundo, esa persona. Y por eso se dice que no requiere tiempo, ni desarrollo gradual, ni preparación, pero decir eso es una confusión. Ese ser ya está delante mío y ahora tendré que aprender a verle parte por parte, a escucharla palabra por palabra, a captarle en su totalidad detalle a detalle, con mi más plena atención. Pero además deberé estar atento a sus mensajes, sus noticias, sus insinuaciones o sus órdenes, que El irá desarrollando y manifestando ante mí, según su propio deseo y libertad. Pero también según mi capacidad de recibirle y de entenderle. Juntos el tiempo y la atemporalidad.

L- A-corporal.

Y no tiene cuerpo, es A-corporal, ¿qué se quiere decir con ello? Que se manifiesta y expresa ante los cuerpos, pero sin disponer, ni estar contenido en ninguno. Cuando un hombre tiene acceso al Yo real, inmediatamente sabe que ese Yo, no está en él: que está fuera de él. Y fuera de cualquier otro ser. No está contenido en los cuerpos, en el cuerpo de nadie. Pero, sobre todo, y esto es lo más importante...no está contenido en la mente de nadie (sea que hablemos de hombres ordinarios como de budas, iniciados, iluminados, etc. Porque ninguno de esos seres tiene mente humana) y porque ninguna mente por más grande que sea le puede contener. Cuando aparece uno se pregunta... ¿en qué cuerpo está? ... ¿en el tuyo o en el mío? ¿o en ninguno o en los dos?

Que más bien se refleja en ellos, o los impregna o los "articula". Sin embargo "busca las organizaciones corporales", no solo biológicas, sino también psíquicas o espirituales, para completar su función. De hecho, no se niega, ni puede negarse a ser "recogido" por una forma corporal; su naturaleza es insuflar su ser en ellas, completándolas así, lo que equivale a darles vida plena. Y aquí una vez más podemos decir que si el Yo no tiene cuerpos, el hombre sí; y varios, por eso deberá aprender a disponer sus cuerpos en la "postura correcta" para relacionarse con Él. El cuerpo físico, el cuerpo emocional y el cuerpo mental. Los tres pueden dar cabida al Yo por separado, pero mejor aún lo harían los tres juntos.

M-Auto-invitado.

Otra característica de su presentación es que su naturaleza es la de ser un Auto-Invitado, o sea que viene "cuando quiere", sin que ni tu ni yo sepamos de antemano cuando va a ser (aunque sí que sabemos un poco mejor cuando es casi "imposible" que venga: cuando no le esperamos, cuando no lo queremos, cuando no nos preparamos a recibirle adecuadamente, etc.). Las pretensiones humanas en este terreno son francamente pueriles, porque en el fondo creemos estar hablando con Alguien conocido, pero en absoluto es así. Ni la inteligencia más desarrollada, ni el corazón más anhelante, tienen derecho alguno de predecir su comportamiento o de forzar su voluntad. Se presenta aparentemente cuando Él lo quiere, pero aquí no hay capricho alguno, ni menos frivolidad personal por su parte. La conocida sentencia que dice que "el espíritu sopla donde quiere" hay que entenderla bien, por la sencilla razón...de que el espíritu "no quiere" como tú y como yo; no tiene "quereres", ni caprichos como los nuestros. Se auto-invita en el momento justo, que representa la total perfección.

De forma que ese Yo real, no está sometido a nuestras leyes ni deseos humanos, pero sí que requiere "condiciones de presentación". Como si de un alto personaje se tratar, o de una persona amada, solo se podrá presentar cuando se le invita y se le recibe adecuadamente. La "invitación" compete a nuestra actitud emocional, que debe ser la más sincera y delicada que hayamos podido lograr (excluyendo por supuesto todas nuestras vulgaridades emocionales, que nosotros confundimos muchas veces, con apasionado deseo, pero que son en realidad exigencia, egoísmo o imposición. Esto explica muchas veces nuestras frustraciones de no lograr esa anhelada meta, pero no conseguimos ver que nuestro anhelo está contaminado, por prisa, imperiosidad, simplismo o infantilismo mental, en fin, por cualquier emoción parasitaria que genera una "invitación" muy poco respetuosa con el personaje al que pretendemos cobijar).

Y la "Recepción "es igualmente importante. Tendré la casa preparada, limpia, dispuesta, con los mejores muebles y adornos, con lo mejor que yo pueda ofrecer. Por decirlo con una expresión vulgar, pero muy expresiva, previamente habré "tirado la casa por la ventana", no me habré guardado nada de valor ante tal visita. Comportamientos de esta pródiga generosidad lo tienen muchas personas cuando tienen interés en recibir a alguien importante del mundo social o político, por ejemplo. El Yo real lo es también. Es Alguien muy importante, ante el cual se espera nuestra prodigalidad inteligente. La preparación incluye lograr la limpieza y la armonización, y también la sutileza necesaria para estar capacitado para tal relación. Aunque se dice siempre que el Maestro llegará cuando el discípulo esté preparado, la cuestión es que un hombre sabe muy poco acerca de si está preparado o no. Necesitará ayuda de compañeros expertos para no enfadarse ni desesperar, cuando compruebe que "todavía no llega". Al final, como afirman algunos, el cristal verdaderamente limpio siempre dejará atravesar la luz.

N- Co-creador.

Por último, ese Yo en su presentación humana, es Co-creador con la Fuerzas Creadoras, sean las que sean. Está todavía creándolo todo, ni un simple ser está acabado ya. Todo está a medio hacer. Aunque pareciera que todo el diseño se había culminado ya, ahora se comprueba que faltan planos, porque la obra requiere seguir y esta vez se pide al hombre reconectado a su propio Yo, que "diseñe" Él también. No solo se espera que se culmine la obra ejecutiva, no es un simple obrero manual, sino que la diseñe libremente, sin indicaciones previas, sin cortapisas. Con plena libertad y quizás con pleno riesgo. Ese Yo superior, ahora lo vemos bien, no es un "ser ya creado", aunque fuera magnifico y todopoderoso, sino una parte del "ser Creador". Igualmente, el hombre que siempre se ha creído ser "un ser ya creado", un día se da cuenta de que él es también una especie de partícula del Ser Creador. Y que por lo tanto el mundo no está acabado, solo empezado y abandonado a su propia Voluntad y Creatividad. Que él debe proseguir completando la creación. El hombre es "ente creado y agente creador" …a la vez.

O- Auto-creador.

Y ahora sí, definitivamente la última sorpresa, el Yo, y todo aquel hombre que participa de él conscientemente, no solo va a ayudar a crear realidades de diferentes tipos, sino que siente que se puede crear a sí mismo, como Él lo Quiera, con la responsabilidad de ser creador de mundos y de sí mismo a la vez.

No hay nada irracional, ni malsano en esta intuición, sorprendente, el hombre que despierta sabe que es libre para elegir, no solo lo que quiere hacer, sino especialmente que es libre para elegir…" Quién quiere ser".

Todo ello es posible, gracias a que ahora el Yo amanece en nuestras vidas.

Sin embargo, la situación es más compleja aún porque esta "aparición" del Yo real, no es privativa de esforzados buscadores ni de sublimes logros, sean llamados espirituales, conscientes, místicos o transcendentales. No les corresponde a monjes, grandes iniciados, yoguis de gran poder, sabios por encima de la humanidad, devotos en éxtasis continuo. ¡No! Es solo "privativa del hombre", de cualquier hombre, de todos los hombres, que son grandes de nacimiento.

La Yoidad, nuestro Verdadero Yo, se acerca a todos en unos pocos momentos de nuestra vida, probablemente en la infancia, en la adolescencia y en otras ocasiones de apertura radical y sinceridad. Pero los seres queridos que nos rodean, y nos "protegen" y educan, la ahuyentan con grandes gritos y amenazas, de forma que se va. Quizás no vuelva nunca, quizás solo lo haga tan tímidamente que ya no sabremos cómo responder. Pero volverá. La Yoidad es simplemente la herencia natural del hombre tal cual es.

15- CUATRO MOTIVACIONES Y UNA NECESIDAD

¿Por qué un hombre cualquiera se interesaría en esta posibilidad de realizar un trayecto a través de diferentes experiencias, y sobre todo de diferentes Vivencias emocionales, a lo largo del variado pasaje de este espectro de posibilidades?

Dejamos a un lado los pseudo-trayectos de todo tipo que hoy en día se nos proponen (me refiero a las ofertas espirituales que se nos hacen desde la "new age", lo que podríamos llamar perfectamente las religiones del you tube), y que no tienen en cuenta ni las mínimas condiciones objetivas ni los inevitables condicionamientos de nuestra psicología personal, ni de nuestra superficial personalidad derivada de nuestra particular cultura. Nuestra "mente" actual es muy peculiar (casi nada que ver con la de hace mil años o incluso cien), y debe ser bien conocida antes de plantear sus posibilidades evolutivas, y debemos contar con sus limitaciones por un lado y también, por qué no, con sus puntos fuertes.

Hoy en día se nos ofrecen supuestos caminos de evolución totalmente gratuitos e instantáneos, que produce sonrojo incluso tomarlos mínimamente en consideración; adecuados perfectamente pero solo para las características de nuestros "egos" actuales, que son superficiales, hipersensibles y ligeros. Egos "ligth", se podría decir.

Se ofrecen "caminos" fáciles y sencillos, para todos los públicos, sin requisitos ni condición alguna, e incluso casi milagrosos o mejor dicho mágicos, o sencillamente virtuales; en los cuales lo único que se pone en juego es el egoísmo y el infantilismo más desazonador propio de nuestros tiempos. Supuestos caminos de "un solo paso", (caricatura hiriente del verdadero Zodgchen y del vedanta Advaita), pero un paso flojo, caprichoso y pueril; paso que se puede dar desde el salón de la casa mientras se revisan los contenidos de internet. Su nivel de sinceridad y de realidad no le llega ni a la suela del zapato a los movimientos propios de las religiones tradicionales o populares, en las que nos hemos educado y que hemos rechazado por insuficientes. Estas religiones de "los antiguos", serian inmensamente más dignas, más fundamentadas intelectualmente y con un nivel ético indiscutiblemente superior, que nuestras oleadas de espiritualidad de tipo "new age".

J.J. Gonzagui

Esta pseudo-espiritualidad propia de cursillos de fin de semana pagados como cursos de formación profesional, y de "iniciaciones" a través de "you tube", no permite la mínima consideración de seriedad. Suelen ser patrañas bien o mal intencionadas, y normalmente detrás siempre hay un interés oculto o egoísta, casi siempre comercial o profesional.

Se caracterizan por una nula relación con la realidad del hombre y una nula relación con cualquier posibilidad real de evolución. Entretienen y distraen de los verdaderos planteamientos de búsqueda de sentido y transcendencia, que la vida humana conlleva. Aunque para ser justos, también hay que reconocer que aportan consuelo y esperanza de algún tipo a personas en situaciones casi desesperadas; por lo menos les ofrecen un imaginario ingenuamente optimista de posible salida y solución. Solución de todo o casi todo.

Pero no garantizan en absoluto ni siquiera un verdadero cambio en la personalidad, con sus valores, creencias y comportamientos fijados, ni mucho menos el inicio de una posible transformación de la esencia del hombre. Este hombre actual huye despavorido de toda posibilidad de integrarse en un proceso de transformación personal serio, en ninguna enseñanza organizada y supervisada. Enseñanzas que contarían con sus garantías, sus exigencias y sus supervisiones. ¿Al ego actual: ¿quién se atreve a exigir, quién se atreve a enseñar, quién se atreve a supervisar? Muy pocos, ciertamente.

Egocentrismo, narcisismo y pensamiento débil son sus pilares, y sus pesadillas son la enseñanza sistemática y progresiva, el esfuerzo de auto-perfeccionamiento y la supervisión por alguien autorizado. En estos supuestos trayectos solo se busca el bienestar personal psicológico por todos los medios posibles, y se descarta cualquier cuestionamiento e inquietud por la función y destino del hombre en cuanto tal. Esta crítica se extiende por supuesto a las religiones para niños propias de la "new age", y a las psicologías "transcendentes" que habitan en las redes, solo posibles de ser valoradas como útiles desde la debilidad mental más lamentable.

Las supuestas pseudo-religiones, (porque eso es lo que son: creencias, simples creencias baratas, vividas con una emoción religiosa elemental o simplísima, de la No-dualidad, o del Vedanta instantáneo, que no piden compromiso, sinceridad, ni preparación preliminar alguna), son un caso paradigmático y tristísimo de tales fenómenos. Antes se disponía de

Maestros de la No-dualidad y hoy tenemos "coach" que utilizan a esta No-dualidad para el beneficio económico de las empresas y la gestión de personal. Se anima a los empleados a aliarse con el Gran Vacío, el Instante Presente, la Inmanencia del Absoluto, etc. Se convence a los trabajadores de la empresa de que ya son Todo, el Dios o la Diosa, seres especiales auto-realizados, para conseguir así el beneficio productivo y la felicidad creativa. La empresa, con frecuencia de alta tecnología, es el ámbito de mi realización transcendental. Por sus pasillos solo circulan seres realizados (¿o no se lo ha confirmado ya el coach?: "tú eres Eso", "tú eres El"), en busca de beneficio empresarial. Las relaciones laborales o culturales se han transformado en religión y los seres más ordinarios y dormidos que en ellas trabajan se consideran hombres de Verdad.

Estos coach iluminadores, pretenden emular a los grandes patriarcas del Zen. Cuentan que tal o cual discípulo se iluminó en un solo instante cuando su maestro le golpeó en la cara o dejó caer al suelo una taza de té. En ese instante, y por ese solo acto, sobrevino la Iluminación…así creen ellos, y así lo venden, excitando la ingenuidad más pueril. Nunca dicen que ese monje llevaba veinte o treinta años preparándose con seriedad para estar dispuesto en ese mismo momento a esa apertura que se va a producir en él. Tampoco dicen que ese acto del Maestro llega en un "momento especial", no elegido nunca por decisión humana por más sabía que se suponga., ni mucho menos del propio Maestro. Ese acto llega en un momento "fecundo" desde el punto de vista mental; en un momento "crítico" …ni un minuto antes…ni un minuto después. Si a nosotros nos golpearan súbitamente en la cabeza lo único que se produciría sería un enfado monumental, y … ¿si viéramos caer una taza de té?" nosotros nunca veríamos caer" una taza de té, simplemente que limpiaríamos el suelo muy azorados por la situación. Estas simplísimas situaciones que se venden hoy en día como verdaderos momentos de despertar, me recuerdan nuestras juveniles épocas en que pretendíamos entender a instructores como Krisnamurti, por el simple acto de leer sus libros o escuchar sus charlas. En un momento u otro, todos veníamos a creer…" haber entendido por fin" lo que decía; pero lo que es peor creíamos disponer de su mismo grado de "lucidez". Entendíamos, eso suponíamos siempre, lo que nos quería decir y que estaba diciendo, como uno pretender entender cuando le transmiten una idea o una experiencia cualquiera. Y nos imaginábamos que eso había cambiado nuestro ser. Simplemente estábamos practicando algo de filosofía. Pero no lo sabíamos todavía. Nuestra mente era inmadura y precisaba de experiencias de verdad.

Pero por otra parte hay que admitir el riesgo que corremos todos los que aspiramos a algo por encima de la vida ordinaria, de caer precisamente en esa misma situación falsa, caricaturesca y ridícula, llena de pretensiones de aspirar a lo Grande y que jamás se cumplirán por nuestra pobre exigencia de sinceridad, por nuestra carencia de la mínima inteligencia espiritual. El riesgo de la "banalización de lo espiritual", por lo tanto, nos amenaza a todos, y todos debiéramos estar en un estado de continua alerta para evitar pervertir y degenerar nuestra Búsqueda de algo más Real.

Los virus de la época nos contaminan a todos y fácilmente nos podemos contagiar de las enfermedades que producen: el egocentrismo espiritual, el autismo, el infantilismo e incluso el onanismo espiritual. No merece la pena ni detenerse en estas tristes simulaciones.

Pero dicho esto, ahora nos volvemos a preguntar por las posibles pulsiones de auto-evolución o perfeccionamiento, serias, sinceras y validas, que existen, aunque no se las reconozca demasiado. Por aquellos deseos o motivaciones justas y respetables que pueden llevar a un hombre a iniciar este trayecto.

Por supuesto que no se pretende ser nada normativo o preceptivo, como si se pusieran condiciones previas o requisitos ineludibles para empezar, sino que solo se pretende realizar una descripción de diversas formas, serias y eficaces, de aproximación al "movimiento de avance" a través de las triadas, cada una con sus posibilidades y dificultades específicas.

A-La primera: Debo Evolucionar.

Existiría una primera motivación que vendría a ser algo así como un sentido del deber subjetivo y particular. Ese hombre se dice a sí mismo: "debo evolucionar, crecer, cambiar". Su posible evolución, y digo posible porque nada le obliga ni le impone este proceso, sino que es una opción libre el que la pueda tomar como suya propia o no, no corresponde a un sentido esclavizador o condicionado del "deber hacer", sino al de "aceptar deber hacer". E insisto en el concepto de posible, porque este trayecto no está garantizado por nada; ni asegurado su cumplimiento y éxito por fuerzas superiores, que necesitan el "asentimiento verdadero", la entrega sincera y sin dobleces por parte del hombre ordinario. Cuando el hombre empieza este camino no sabe nada todavía de donde le podría llegar algún tipo de Ayuda.

Tampoco la simple voluntad o sinceridad particular de este, garantiza el logro final, por más intensas y determinadas que estas sean; estas serán condiciones necesarias, pero no "suficientes". Ciertamente que existe algo así como una sensación interna de un "cumplimiento inexorable de un objetivo", de una "culminación vital que era inevitable", y de un "destino que era irrenunciable". Esta "urgencia" interior solo se calmará una vez que se ha llegado al punto "donde se debía llegar".

Es en ese momento cuando parece evidente que ha sucedido simplemente "lo que tenía que suceder" y que además parece comprenderse que "jamás hubiese podido ser de ninguna otra manera". Se descarta con ello una fantasía angustiosa previa de que todo podía suceder o no, y que esto se debería a algún tipo de azar, o a alguna Voluntad que podía ser ajena a mí, de tipo superior o de simple origen humano. No, no sucede así la experiencia del logro en su desarrollo lógico, porque cuando sucede, se siente que solamente cabía una posibilidad: la de suceder. Pero cuando todavía no se sienta realizado en ese mismo instante el logro y la culminación de mis ansias, entonces solo será válido sentir..." que puede suceder, y sucederá, en cualquier instante". Cuando aún no ha sucedido, parece improbable su logro; y cuando ya ha sucedido resulta que era un resultado garantizado. Nos debemos acostumbrar a esta doble lógica que una vez comprendida nos permitirá combinar la necesidad inaplazable de "Hacer" y la necesidad ineludible de "dejarse Hacer".

En realidad, esencialmente queremos decir que este desarrollo es solo "posible", esto es que no "se le impone "al hombre de ninguna manera, no se le obliga a aceptarlo...sino que solo se le ofrece como una Invitación, como una posibilidad a realizar, solo si el "libremente lo quiere".! ¡Delicadeza absoluta del inexorable proceso de la evolución!

Pero este hombre concreto, estamos hablando de aquel en que predomina el sentido del "deber llegar a ser", siente que debe hacer algo en esta dirección, que una tarea concreta le está esperando, que no tiene derecho a rehuirla por más difícil o inaccesible que le parezca. Es un sano sentimiento del deber, que se le asocia a una oscura pero insistente convicción de que se espera algo concreto de su pasaje por esta vida, y que su mero disfrute de las satisfacciones y placeres que esta produce y nos ofrece, o en su forma negativa el simple escamoteo o evitación del dolor del vivir, no son suficientes.

De hecho, para este tipo de personas, la "obligación intima" y el sentimiento natural en ellos del "deber hacer", suele ser el motivo de una inmensa satisfacción, (satisfacción que no placer, felicidad que no disfrute), de una naturaleza muy profunda y por eso muchas veces se está ansioso por comenzar la propia tarea.

Aquí descartamos, claro está, situaciones de coerción o esclavitud compulsiva a la "norma interna", propias de estructuras mentales neuróticas (neurosis super-yoicas); así como la sumisión ciega a los preceptos y creencias impuestos desde fuera por las instituciones de cualquier tipo; o sea: por simple temor a la autoridad (situaciones en que la libertad personal ha sido castrada por el efecto de una figura de autoridad).

No, para ese hombre, nuestro libre buscador, el sentido del deber es natural, casi espontaneo, propio y armónico con el conjunto de su personalidad, surge de dentro de él de una forma inexorable y profundamente gozosa. ¿Por qué?, porque ese buscador siente en lo profundo que comienza a acercarse a su destino, que este empieza a manifestarse ante él. ¿Cómo no iba a sentirse exultante en su interior?

Como hombre responsable acepta este "deber de evolucionar", igual que cualquier otro deber u obligación, sean estos los deberes familiares o sociales de convivencia y cooperación. Los acepta satisfecho por poderlos llevar a la práctica, porque la dimensión "deber", no le es ajena a su naturaleza humana en muchos campos y en este caso esta capacidad natural se extiende al área de su auto-realización esencial.

Siente el "deber de ser mejor", de ser más grande, más completo, más humano, y por ello inicia el desplazamiento de una triada a otra con un verdadero sentido de satisfacción por el deber en "curso de cumplimiento". La formulación que incorpora como divisa sin lugar a la mínima duda es la de: "debo evolucionar". ¡Para este tipo de personas su vida incluye como uno de los elementos más importantes el deber de "seguir evolucionando hacia algo mejor! Pulsión de Auto-perfeccionamiento la podríamos llamar.

B-La segunda sería: Quiero Evolucionar.

Otros por el contrario se acercan a este trayecto con otra actitud interior predominante, que correspondería más bien al "quiero" que al "debo". Como sucede en la dinámica general de los deseos, ese hombre siente dentro de sí, aunque no pueda razonarse muy bien el por qué, un deseo casi innato por crecer, desarrollarse y experimentar más. Quiere conocer otras posibilidades de sí mismo, desea libremente conocer otras alturas y anchuras, otras "dimensiones" de su yo o de su personalidad. Siente un fuerte impulso hacia lo nuevo, lo grande, todo aquello que se manifiesta como superior; no se satisface con los logros normales, las experiencias conocidas y el sentido heredado de las cosas, sino que está siempre buscando y en este caso deseando... algo más.

¡No es que lo ordinario, por así decir, lo moleste o le perturbe, le canse o le aburra...! no!; en él no hay rechazo o desprecio, ni tampoco rebelión contra lo normal o cotidiano, contra la vida ordinaria, que es ampliamente experimentada por él y gozada satisfactoriamente por lo demás. Más bien sucede que este campo ordinario de la vida ya no le satisface de la misma forma que ayer, porque "no llena" sus expectativas o esperanzas, que por lo demás son realistas y mesuradas, o sea propias de una personalidad que en el resto de las áreas de la vida se ha mostrado madura y equilibrada. Nada de megalomanías ni narcisismos con pretensiones de ser especial y único, nada de fantasías residuales infantiles, ni confusión de la realidad con sus propios deseos: ¡no!

Se encuentra más bien en el caso de personalidades que tienen desde muy temprano una fuerte "intuición de las posibilidades del propio ser", intuición que deben defender con firmeza ante el entorno social que no tolera nada que se mueva fuera de su radio de control, y que "no tolera nada que sea realmente nuevo o diferente". Y esta intuición personal genera un deseo persistente e indiscutible de "evolucionar" no solo de "disfrutar" y "evitar el dolor" de la vida, sino de ir más allá; pero justamente por ello no se tiene gana alguna de discutir sobre su valor y "legitimidad" con los demás, no se necesita en modo alguno tener que justificar la presencia en uno mismo de este deseo, ni los actos posteriores que esta convicción conlleva. Ese hombre se dice a sí mismo: "esto para mi es evidente, aunque muchos no lo entiendan o no lo compartan" y me toca a mí continuar.

Pero al mismo tiempo su búsqueda tiene un carácter serio y permanente, o sea no desaparece según las vicisitudes de la propia vida; queremos decir que se mantiene cualesquiera que sean estas, bien favorables o desfavorables. Y esta es precisamente la prueba del nueve de que es un "deseo genuino" y que no corresponde solamente a una reacción de despecho propia muchas veces a las decepciones inevitables que la vida nos depara sobre nuestras aspiraciones.

Este es el ataque que frecuentemente sufre cualquier "buscador de quimeras", así llamado y ridiculizado por parte de las personas "normales y súper-adaptadas" que no muestran ningún deseo tan extraño, en un intento claro de desanimarle de su empresa y aventura, al que con frecuencia se le interpreta y se le descalifica reduciendo su búsqueda personal a una vulgar compensación sustitutiva a la "ausencia de satisfacciones" en las áereas comunes de la vida. Muchos interpretan que el buscador está buscando una cosa abstracta e inasible..." porqué le falta algo concreto", (amor, aceptación, poder social, salud, etc.). Pero nosotros podríamos decir que, en principio, la búsqueda de un hombre así es "totalmente independiente", en su autenticidad, de las condiciones externas de la propia vida.

Este hombre aspirará a ser mejor y más completo, más acabado y más humano desde siempre y aunque quiera normalizarse y esconder su búsqueda, o incluso renunciar a ella para no "desentonar" ...no podrá. Pero sobre todo se podrá comprobar, si se analiza con detalle, que su aspiración se mantiene sustancialmente igual en épocas de felicidad o de infelicidad, en situaciones de éxito que, de fracaso, y en momentos de goce que en las épocas de privación y frustración personal.

Pero no cabe duda, que como simples humanos limitados y somnolientos que somos, las épocas de éxito y "vacas gordas" anestesian y adormecen nuestras más nobles exigencias de auto-cumplimiento de nuestro destino y de nuestros ideales de perfeccionamiento.

El placer, el éxito, la felicidad humana, nos distrae y entretiene a veces mortalmente, mientras que el dolor nos recuerda la precaria condición en que vivimos y nos estimula generalmente a avanzar y cambiar; siempre que este dolor no sea excesivo y nos venza. Y esto es un hecho universal que no debe tener mayor nivel de interpretación ni de lamentación del que corresponde a su simple constatación. Ya lo hemos señalado: todos somos humanos...demasiado humanos. Y lo aceptamos.

Este hombre que "desea" avanzar en el camino paladea y olfatea previamente las satisfacciones inherentes a las nuevas etapas que puede conocer, tiene una especie de habilidad anticipatoria para presentirlas. Y por eso las desea con seriedad y decisión. No está dispuesto a renunciar a las posibles dimensiones latentes de su vida o de su ser. Satisfecho, completo, realizado, exitoso, incluso…siente que hay aún mayores posibilidades que le esperan y entonces simplemente, con total humildad y naturalidad, se decide a "desear más". Y se pone a "investigar" primero, y más tarde a "buscar activamente en una dirección concreta" con un intenso y apasionado deseo.

C-La tercera sería: Puedo evolucionar. ¿Por qué no?

La tercera posibilidad está representada por aquellos que aúnan de alguna forma estas dos actitudes previas y que se deciden a andar "porque… es posible", o sea "porque parece con toda evidencia…que se puede" y porque además sienten que se "debe evolucionar" Si existe la posibilidad de una vida interna mejor, que además obviamente redundaría en la vida exterior de forma sin duda positiva, ¿por qué no explorarla? ¿Por qué renunciar a una posibilidad tan prometedora?

Este tercer tipo de buscador no se siente compelido por un sentido de la obligación propia a su ser ni por un deseo vivo e íntimamente sentido de alcanzar lo nuevo, sino más bien por el miedo a perder una posibilidad de experimentar y quizás de "ser". Ni que decir tiene que esta posibilidad le parece factible e incluso razonablemente esperable, pero no siente ninguna urgencia, ni la vital propia del deseo ardiente ni la derivada de la exigente obligación interior del deber. Todo es más sereno, menos acelerado, menos fogoso…y esto quizás sea para mejor.

Por eso sus movimientos son más lentos y razonados, menos emotivos y entusiásticos; y sus decisiones están más cargadas de cálculo y consideraciones de diverso tipo; lo cual es una ventaja y un hándicap a la vez. Si se puede hacer…por qué no hacerlo; si se puede ir… ¿por qué no ir? ¿Si es conveniente y positivo…como no voy a participar? Su motivación es más bien razonable y lógica, con lo cual se puede evitar los errores y los excesos inherentes a las decisiones a veces impulsivas e irreflexivas de nuestra vida emocional. Y en los dos casos anteriores predominaba intensamente el impulso emocional.

Por más equilibradas y armónicas que sean las aspiraciones de un hombre que se mueve sea por el deseo o por el sentido de obligación, estas tienen una base emocional y por lo tanto están sujetas ambas a las oscilaciones e inestabilidades propias de la misma. Nuestra vida emocional, y supongo que esto no es difícil de compartir, está poco y mal trabajada y por lo tanto no disponemos de una "buena organización emocional"; como se ha dicho en casi todas las enseñanzas: nadie se encarga de educar y cultivar sistemática y conscientemente nuestra emoción.

Al alcanzar la vida adulta esta, la emoción humana, se ha formado por sus propias fuerzas y por los accidentes totalmente impredecibles que le ha tocado vivir, de forma que su desarrollo no está garantizado por ninguna instancia educadora responsable y no ha sido desarrollado sobre ella ningún proceso de "instrucción sistemática"; o sea...lamentablemente no hemos tenido educación emocional, como si hemos dispuesto, por el contrario, de una educación intelectual sistemática y dirigida. En occidente empleamos doce, quince o veinte años en nuestra educación intelectual y profesional, lo cual es mucho tiempo ¿verdad?

Pero en la educación emocional, e incluso en la reparación de experiencias negativas que la vida nos ha hecho vivir, no se dispone de ninguna ayuda que fuera de una intensidad ni remotamente parecida. Y esta educación y sus posibles reparaciones no puede ser hecha por la familia ni por la escuela, porque son justamente estas dos instituciones sociales las que están en el origen de muchas de nuestras experiencias traumatizantes. Debería ser una educación profesional, realizada por gentes expertas en ella y durante el tiempo requerido para que nos permitiera sentir una "experiencia emocional correctora". Obviamente estoy hablando de profesionales de la educación en valores, de terapeutas de diferentes corrientes y también de "escuelas de evolución". ¿Pero dónde están estas "escuelas? ¿Las hay?

Al no haber enseñanzas rigurosas y serias sobre la vida emocional, al contrario de lo que existe, con intensidad a veces excesiva, para el área de lo intelectual, nuestras emociones no son de fiar. Cambiantes, inestables, desconocidas casi siempre, incontrolables en general, las emociones vienen y van a través de nosotros como el viento... ¿quién se podría fiar lo suficiente de ellas como para dejarlas dirigir su vida? Nos dominan, son nuestras verdaderas dueñas y señoras; las emociones son aquello que constituye el núcleo de nuestra identidad y lo que determina casi todo nuestro actuar y no actuar. Estamos bajo su esclavitud. Por ello no disponemos de armonía, de equilibrio ni de autocontrol. El "ego emocional" es nuestro dueño.

Por esta falta de armonía emocional, en nuestra noble "aspiración hacía la evolución", se infiltran entonces multitud de otros deseos colaterales, cuya naturaleza pervierte y contamina muchas veces la esencia del deseo original. Por ejemplo: el desarrollo del sentido de "obligación o deber hacer" puede ser interesantísima tarea en algunas culturas que pueden tenerlo poco o mal desarrollado para determinadas áreas. Pero en otras culturas como la nuestra puede ser desnaturalizado por la infiltración de sentimientos de culpa y remordimientos, torturantes, totalmente inadecuados para lo que debiera ser un noble y limpio sentido de responsabilidad.

La culpa insana no ayuda, aunque parezca que, si y muchas enseñanzas la refuercen, sobre todo las provenientes de la influencia judaica u occidental. El miedo terrorífico al castigo o la condenación, tampoco sirve para investigar la vida, nuestra vida, y sus posibilidades.

Las compulsiones de cualquier tipo, (aunque adopten las formas aparentemente positivas de celo religioso, entusiasmo intelectual, entrega desmedida, ambición espiritual, obediencia ciega, etc.), parecen ayudar a nuestra intensidad buscadora, ¡pero no es verdad!, no ayudan, solo deforman y desvían. Las enseñanzas, las escuelas, los grupos de trabajo, como todo ente, tienden a la supervivencia y a la reproducción, lo cual es comprensible y lógico, por una parte, pero completamente contrario a nuestros verdaderos intereses como "buscador individual".

Muchas veces la institución, (grupo o escuela, confesión, etc.) destinada a despertarnos, nos utiliza en alguna medida para sus propios fines, con lo cual nos duerme en alguna dimensión. Y esto, que en alguna medida es inevitable, debe estar "explicitado" desde el primer día, para evitar así sus nefastos efectos. Toda enseñanza es una barca, un vehículo, un continente temporal que se deberá abandonar al final. Sin pena y sin nostalgia posesiva, nos deberemos desembarazar de toda "forma", pero eso cada cual sabrá cómo hacerlo. Y si no lo sabe…" aprenderá", porque es una tarea fundamental. Cualquier enseñanza debiera protegernos contra todo eso y no utilizarlo jamás para su propio interés de auto-perpetuación. En este mundo, tanto las ideas como las instituciones, como las "clases sociales" y todos los seres animados..." luchan por sobrevivir" y perpetuarse, incluso a nuestra costa. Las ideas, las creencias y las instituciones lo hacen como si fueran virus, lo hacen a través de nosotros, parasitándonos como si fuéramos un simple huésped. Un hombre que quiera despertar deberá enfrentarse, con la mayor sinceridad e inteligencia que pueda, en un momento u otro al inevitable "egoísmo institucional". Pero cuidado con entender esto como una invitación al desprecio a los grupos, escuelas e instituciones, como si esencialmente fuera un obstáculo. ¡No, no lo son ¡. Son una ayuda muy grande, una impagable ayuda. Solo se transforman en un obstáculo en un momento determinado del trayecto del buscador, cuando este necesita arriesgarse solo. Ya se ha dicho que en la soledad y el aislamiento solo anidan, en general, el sueño más denso y el egoísmo más triste que se pueda imaginar.

Este aspecto de la dependencia, la sumisión, y la alienación a cualquier institución, nos hará experimentar tarde o temprano la culpa y el miedo, que ya sentimos al abandonar a nuestros padres. El "efecto autoridad" de escuelas y enseñanzas muy clásicas, de maestros famosos o de éxito, de doctrinas de moda es un simple ejemplo, pero podrían citarse varios más. Se recuerdan aquí, simplemente, por ser todos ellos referidos a las limitaciones que encontraremos en nuestra vida emocional al comenzar el viaje hacia el Yo real. Aquí se debe recordar una máxima que creemos importante... "nuestro camino hacia la liberación debe comenzar desde el principio... liberándonos", y no atándonos más de lo que ya estamos, por efecto del miedo o de la culpa. Tarde o temprano nos daremos cuenta del peso que tiene en nosotros "el efecto autoridad". Y comprenderemos también que este negativo efecto se basa exclusivamente en nuestra inconsciente fascinación por el poder, el éxito, el prestigio y la seguridad. ¡Si, todavía llevamos ancladas estas invisibles ataduras!

Aunque nuestro pensamiento lógico con su razonamiento más o menos imparcial, no tienen estos problemas emocionales, no cabe duda de que tienen otros. En particular el principal problema de la pura razón lógica, es que su sentido de lo conveniente o razonable, raras veces dan el suficiente impulso para moverse con suficiente intensidad o a la necesaria velocidad cuando pretendemos "cambiar", porque en estos procesos de evolución y cambio, aunque la dirección o los planos correspondan al intelecto, la energía que nos permitirá movernos de verdad, siempre será emocional. Es muy difícil transitar con éxito un camino razonable y deseable, pero al que aspiramos "sin corazón". Ya está dicho suficientemente con anterioridad. El "camino" debe tener "corazón".

Qué duda cabe que, si alguien puede aunar los tres motores de motivación, su trayecto tendrá más posibilidades. Impulsado por la ilusión de un ardiente deseo, obligado por el sentido del deber que cumplir y con la convicción intelectual definitiva de que eso es "lo que se puede y se debe hacer", el trayecto mejorará en entusiasmo, velocidad, sentido de aventura y alegría, además de en garantías de claridad, seriedad y seguridad. Pero cada hombre en estas áreas presenta diferencias en sus capacidades, con puntos fuertes y otros débiles, de forma que sería difícil encontrar un buscador que "in origen" tuviera ya un cierto equilibrio y armonía, aunque no fuera más que en los comienzos, en los primeros pasos que va a dar.

Nos conformaremos con menos, no cabe duda. Se utilizará lo que disponemos a mano...y ese será todo nuestro bagaje y todo nuestro arsenal. Y una buena noticia es... que a medida que avanzamos nuestras capacidades, nuestras habilidades y nuestra claridad mejorarán.

Una vez la lógica y la emoción armonizadas, y el deseo, la obligación y las posibilidades nuevas integradas en algo más unitario y propio, todo irá mejor. El Camino será cada vez más fácil, y su tránsito mucho más agradable a pesar de las tareas obligatorias que seguiremos cumpliendo. La convicción de que "lograremos alcanzar el fin" al que aspiramos, quedará día a día, cada vez, más garantizada. Y nuestra habilidad y deseo...se irán haciendo cada vez mayores.

16- LA NECESIDAD

Independientemente de las motivaciones personales que impulsan nuestra búsqueda, sean estos deseos ardientes, obligaciones intimas o razonable posibilidad de "lograr", que pueden ser, y de hecho son, distintas para cada hombre, existe un componente central que normalmente pasa desapercibido y que se añade más tarde a las diferentes formas de aspiración personal, es la "necesidad"; la "necesidad de evolucionar hacia algo más".

Al omitirse del análisis de las motivaciones de nuestras búsquedas esta dimensión de la Necesidad, los procesos de evolución personal suelen quedar como una dinámica que parece que se genera en el hombre y desde el propio hombre; como si este fuera autónomo, libre, independiente y capaz de elegir. Tendemos a creer que la culminación del proyecto de mi vida se origina en mi propia decisión. Nos parece entender que todo ha surgido… por nuestra propia iniciativa, como un logro personal o si se quiere, aunque no sea personal y exclusivo, por lo menos entendemos que es "una creación" de la humanidad. Al no sentir casi nada más allá de nosotros mismo, y al ser completamente ciegos a las "fuerzas superiores" que nos crean siempre con una finalidad, creemos que todo empieza y acaba en mí. Incluso nos sentimos orgullosos de llevar a cabo este proceso que tan interesante nos resulta a los propios ojos humanos: no solo somos grandes, el centro de todo…sino que además nos disponemos a superarnos a nosotros mismos. ¡Qué grandeza! ¡Qué mérito! ! ¡Qué auto-importancia más infantil y humano-céntrica!

No vemos nada, estamos completamente ciegos a todo lo que hay a nuestro alrededor. Y lo que es peor, se tiende a entender esta aspiración evolutiva como un proceso dependiente de nuestra propia responsabilidad y creatividad personal, lo que conlleva a la falsa vivencia de que se está haciendo algo sustancial por sí mismo, y para sí mismo. El propio hombre se considera el artífice de su proyecto de cambio y transformación, omitiendo de su perspectiva la presencia de Fuerzas Creadoras que son las que le han creado a él. Y podríamos suponer que estas fuerzas tendrán quizás sus propios propósitos…o … ¿es mucho suponer? ¿Fuerzas? ¿se ha dicho fuerzas? pero eso no son cosas como la electricidad, la inercia, la gravedad, el magnetismo, etc.? ¿Qué tienen que ver esas dimensiones totalmente mecánicas en mi vida conmigo? Esas fuerzas son las que sirven para mover motores, y poco más. Mi conciencia no debe nada a ninguna otra, mi autoconsciencia es espontánea y exclusiva de mí; ¡antes de mi conciencia no hubo nada y cuando yo me vaya ella se irá conmigo...! no faltaría más! Por lo tanto, habiendo quedado claro que mi conciencia ha surgido por "generación espontánea" (como se consideraba que sucedía con los microorganismos) no debe intentar orientarse jamás, porque no tiene la más mínima obligación de hacerlo, hacia ninguna otra conciencia anterior o mayor que la mía. Yo he nacido en medio de una inmensa sopa de electromagnetismo y el universo entero es una gigantesca piedra que estalló. Mi consciencia es única...bueno la tuya también...nos vemos obligados a admitir. Así nos enseñan a pensar. Así enseñamos a pensar a nuestros niños. El mundo es un objeto inanimado, inconsciente, como una piedra inmensa e inerte "donde aparezco yo".

Es muy triste esto de creerse el primer hombre, el primer ser consciente, casi el único ser consciente y por supuesto... sobreentender que el mundo..."es para mí". Esta alucinada "posición de no pertenencia a nada Mayor" y de "no dependencia de nada más Grande" y de "no obligación" con la Vida en mayúsculas, es impresionante, por las "negaciones", (negaciones de hechos tan obvios como mi insignificancia y dependencia absoluta), tan evidentes que ello implica. Pero hasta que no nos damos cuenta, de la existencia propia del mundo y de la Vida", que tienen su propia razón de ser en sí mismos, así es. Un hombre puede morirse sin haberse dado cuenta, con la intensidad debida, de que "él mismo existe", aunque esto afortunadamente no es muy frecuente; pero lo que sí es mucho más frecuente es vivir y morir sin llegar a reconocer algo tan obvio, tan insoslayable, como que también existe "Algo Distinto a él", sin duda mayor que él mismo.

El hombre aislado de la vida, desconectado de las fuerzas que le han hecho ser sostiene afirmaciones del tipo: "bien...pues ahora que ya controlo suficientemente muchas de las fuerzas del mundo, y de la vida incluso...ahora he decidido por mis propios medios, fuerzas y capacidades incluso... evolucionar...así lo he decidido yo". ! ¡Que ingenuidad! He decidido evolucionar...por mis propios medios. ¡Qué inocente afirmación! No es tan preocupante esta ridícula pretensión por el riesgo del orgullo y la prepotencia que esto pueda llevar como acompañamiento, sino porque implica la negación de la única "posible dinámica" que nos podría garantizar una evolución eficaz. Y esta nueva dinámica sería una "correcta relación" con las fuerzas que me han creado a mí. Sin una relación especifica con ese Todo que en su tarea creadora me ha dado la vida, para que yo continúe mi propia evolución, esta será casi imposible.

Pero el hombre moderno solo contempla su historia personal, solo cuenta con sus fuerzas y solo cree en su propia capacidad. Eso da una imagen de lo aislado que esta y de lo ciego que es. La idea de "reintegración" o de simple "participación" en Algo más grande, le supone una terrible amenaza a su autoestima y a su dignidad humana. Y es difícil entender como hemos llegado hasta esto en nuestro moderno delirio de "autosuficiencia", que nos obliga a sentirnos autónomos e independientes.

Esa dinámica nueva que se debe poner en juego, si pretendemos evolucionar, es tal que consiste en dos movimientos alternantes, en los cuales yo… "hago y a la vez…me dejo hacer". Sin esta dialéctica transcendente entre mi acción personal y la Acción de Algo mucho más grande que yo, el proceso apenas puede iniciarse, pero, aunque se iniciara mucho menos podría desarrollarse de forma eficaz. Cuando menos, debo entender, que este trayecto lo realiza un "juego delicado" de dos fuerzas o principios activos, no solo mi personal deseo ni mi voluntad. El Ser ya está creado, el Creador ya ha actuado, y aquí está el resultado, que soy yo. Por ello, no solo para vivir, sino y, sobre todo, para crecer, debo contar con Él.

El movimiento hacia una Evolución se origina mucho antes de que se constituya el hombre, le precede de forma amplísima e incomprensible y le supera en todas sus dimensiones. Esta tendencia innata a proseguir la Evolución del hombre como ser consciente, no es humana sino cósmica, no es cultural sino orgánica y no es individual sino propia de la humanidad como conjunto. El impulso hacia el auto-perfeccionamiento está ordenado desde el origen y viene de muy lejos, manifestándose en el hombre incluso pese a su oposición. Si, incluso pese a su obstinada oposición. Es importante comprender que lo Esencial sucederá con nosotros o sin nosotros, sucederá cuando lo apoyemos y también cuando nos opongamos. ¡Cuánto se tarda en comprender que es un absurdo oponerse a la "dirección" que lleva la Corriente de la vida! ¡Cómo es posible que tengamos que esperar a la cuarta o quinta década de nuestras vidas para entender…"

que no puedo torcer el brazo de mi Destino, sino que tengo que aprender a andar al lado de él! Durante casi toda nuestra vida estamos ofuscados por el esfuerzo de generación de caminos que no existen, corrientes que no fluyen, salidas con una inmensa tapia al final. Al luchar "por la vida" en medio de una sociedad alejada de lo Real, acabamos "luchando contra la vida". Aceptación, renuncia, rendimiento, abandono, entrega...admiración por el Todo tan grande que me rodea, son conceptos que debemos conocer de forma absolutamente sana y adulta, sin la mínima connotación masoquista o neurótica. Sin ellas la vida es una pelea ridícula contra castillos en el aire. Y somos tan necios que a veces al final de nuestras vidas creemos que hemos ganado.

Para entenderlo en esta perspectiva, podría ser equivalente, aunque en una escala superior, al impulso hacia la continuidad de la especie que se manifiesta en el área de la sexualidad del colectivo humano y más concretamente aún en la experiencia de la propia sexualidad individual. El hombre concreto, individual, sirve a la continuidad de la especie, lo quiera o no. Y si se niega o simplemente no acierta en una aplicación adecuada de tal capacidad y función, las consecuencias en la esfera individual serán multitud de trastornos y enfermedades, y en lo colectivo el fin de la especie, por supuesto. Por eso el hombre no puede negarse, tiene que "colaborar" en este propósito. Igualmente, que el impulso a la reproducción le precede y le supera al hombre, y a él debe plegar su voluntad y participar obedientemente, el impulso a la Evolución de la Consciencia le exige dar también una "respuesta suficiente y eficaz". No podemos negarnos a continuar nuestra evolución. Si lo hiciéramos las consecuencias de dolor, sufrimiento e insatisfacción serían de temer. Cuando el hombre decide ponerse en el camino de la evolución, simplemente sucede que está dando respuesta afirmativa a un impulso Superior a él.

La presencia de esta necesidad de Evolucionar, que ahora nos atrevemos a llamar "orgánica" sin que ello signifique una devaluación de su dignidad, (otras corrientes pretenderían llamarle "espiritual", seguro), en un momento determinado se nos hace evidente. Decir que es "orgánica", es una forma de recordar que este impulso hacia el auto-perfeccionamiento es anterior y superior al hombre como individuo, y no significa privilegio ni preeminencia alguna respecto a aquellos otros individuos o especies, en los que se manifiesta con menor intensidad, o incluso tan pobremente que apenas la podamos reconocer. En algunos individuos se manifiesta más claramente la tendencia hacia la "estabilidad y la consolidación", y en otros, o incluso en un mismo individuo, pero en diferentes momentos evolutivos, se percibe más claramente la necesidad de "renovación y auto-superación." Por lo tanto, no es un criterio de jerarquía moral o ética la que pudiera clasificar a las personas por la intensidad de su búsqueda de auto-transcendencia. Respetamos tanto la tarea de" innovación" alcanzando logros nuevos como la de "estabilización". Siempre que estemos haciendo justo lo que nos corresponde hacer personalmente (sea innovar, sea estabilizar) en ese momento…y no lo contrario (sería lógico admitir que la vida individual es una alternancia creadora entre momentos de avance y otros de consolidación). Pero lo que sí es importante reconocer como una cuestión e incluso, porque no, como un verdadero problema, será el de qué hacer con esta tendencia, con este impulso, con esta natural necesidad, una vez que se ha manifestado en cualquiera de nosotros. Su descuido sería una grave falta contra sí mismo; su marginación u olvido también.

Esta presencia de una necesidad de auto-perfeccionamiento exige un reconocimiento y un tratamiento concreto y particular, que además debe ser muy preciso y cuidadoso…nada de resolverlo con desgana dándole cualquier solución para salir del paso. El sufrimiento de la esencia humana por no verse reconocida, por estar sojuzgada a la artificialidad de la personalidad externa social impuesta, es muy grande, aunque es muy sordo; mejor dicho, se nos hace sordo y poco estridente precisamente por ser muy antiguo. Sin embargo, el alma humana, olvidada y marginada, "llora de noche" en casi todos los hombres, independiente por completo del éxito, del poder, y de la felicidad que goce en su personalidad.

Casi desde el origen de nuestra vida desatendemos y olvidamos, sin éxito verdadero, las necesidades de "autenticidad" de "lo esencial" en nosotros. Bien es cierto que ello se debe a que nacemos "fuera de casa", en un lugar inhóspito y amenazante, del que debemos defendernos y al que nos debemos adaptar. Y cierto es también, que debemos recubrirnos de un disfraz, desde el primer momento, porque alrededor nuestro…" todos van disfrazados". ¿Qué otra cosa podríamos hacer en nuestra tierna infancia más que acomodarnos y mimetizarnos con los demás?

La gran tarea será posteriormente liberarnos de tal autoengaño y eso será para nosotros…" nuestra primera Liberación". Solo por la tarea exigida de tal liberación, la de la personalidad falsa, la esencia humana verdadera "crece". ¿Era este crecimiento precisamente la razón por la cual nacimos aquí?

Si existe un impulso intimo por conocer, por saber, por "Ver", una verdadera pulsión, conocida por las ciencias psicológicas como el "impulso epistemofílico", (amor al conocimiento), también existe un "instinto de auto-perfección" evidente en el ser humano. Ese instinto nos viene dado de antemano y cada hombre debe lidiar con él. El "como" se constituye, (quizás a través de objetos ideales o idealizaciones o quizás a través de imposiciones del súper-yo), y como se expresa luego, serian cuestiones muy interesantes, aunque evidentemente no fáciles de resolver. Pero este instinto, lo llamamos así simplemente por ser algo innato, es muy poco reconocido y se le confunde con la moralidad y con la ética que están inscritas en la personalidad externa de un correcto ciudadano. ¡Pero es mucho más! ¡Mucho más!

No se trataría nunca de la búsqueda infantil de una perfección ideal e inalcanzable, sino de un movimiento que es perfectamente posible de realizar hacia esa perfección... "que a su vez...sea...perfectamente posible de alcanzar". Su economía y dinamismo, sus luchas y dificultades, sus esperanzas y logros, son también elementos a tener en consideración. Si en el orden de la naturaleza, en cualquier ser, animal o planta, todos estos movimientos y procesos de evolución hacia algo mejor, son un espectáculo extraordinario, tendremos que decir que en lo que respecta al ser humano sus desplazamientos hacia su completitud, sus esforzados e incluso dolorosos movimientos hacia ella, suelen ser aún un espectáculo más bello. Y su contemplación no puede generar sino respeto profundo e incluso admiración. Y deseos de ayudar.

Pero no tenemos que confundir la "auto-realización" personal con el auto-desarrollo evolutivo. La auto-realización se refiere a la "personalidad" adaptada a un entorno biológico, histórico o cultural concreto; y son procesos que buscan la armonía del individuo con su medio, principalmente con "su medio" cualquiera que este sea. Si se nace en la jungla habrá que ser un buen cazador y si se nace en una ciudad moderna necesitaremos ser activos culturalmente. Por el contrario, la "auto-evolución" se refiere a la "esencia humana", y no busca solo la acomodación y adaptación a ningún medio por más idóneo que sea, sino que exige la expresión del ser más auténtico, de la posibilidad más elevada que se oculta dentro; por ello no busca en absoluto la comodidad y la armonía adaptativa, sino la autenticidad del yo. Casi diríamos que busca algo que va justamente en la dirección contraria de la "conformidad" acomodaticia de la adaptación al medio: busca a cualquier precio la "autenticidad". ¿Autenticidad radical?: probablemente sí.

Por eso muchas veces, el impulso evolutivo, debe oponerse a la corriente socialmente imperante, debe medir sus fuerzas contra ella, debe superarla de alguna manera, e incluso muchas veces romper sus moldes; por supuesto en primer lugar en lo interior de sí mismo; pero también muchas veces se tendrá que imponer en lo exterior. Y tendrá que medirse y luchar contra las circunstancias ambientales ajenas a la voluntad genuina del hombre mismo, o claramente alienantes para él. Esta especie de victoria, después de una lucha noble, dará lugar a una resultante final que será una especie de acto creativo.

Esa victoria que ha comenzado siendo un simple acto individual, abrirá un campo nuevo en la comprensión y los usos humanos generales, que quedaran ofrecidos a los demás; nuestra vida se enriquecerá con formas y posibilidades nuevas de vivir e incluso de ser. La evolución del colectivo humano siempre ha procedido así: primero un individuo, luego dos y luego más. Más tarde se imponen nuevas formas, capacidades y habilidades, como normales y asimiladas por todos. Esto no es nada nuevo, se sabe desde hace mucho, porque siempre ha sido así.

Pero volviendo a mi propio transitar por este camino que yo solo conozco y que parece ser hoyado por primera vez, me pregunto qué papel cumple "la necesidad" cuando se presenta. Si antes solo teníamos el deseo, o el deber, o una razonable esperanza por esa transformación que siento como posible, ahora se añade el factor inesperado de la necesidad. Esta "necesidad" es una garantía de que nos vamos a mover en la escala evolutiva con más seriedad y convicción y al mismo tiempo con mucha confianza en el resultado final del proceso. Al comenzar los primeros pasos en el autodesarrollo lo vivimos generalmente como un derecho al que no estamos dispuestos a renunciar. Y más tarde como un deseo muy generoso por nuestra parte, dado que nada menos que vamos a ayudar a la evolución del todo; nos sentimos casi como haciendo un favor a fuerzas muy superiores a nosotros. Creemos haber tomado partido a favor de Fuerzas superiores por nuestra propia voluntad. Todo cambia cuando se incorpora la "necesidad" de evolucionar.

En estadios previos nuestros movimientos y esfuerzos eran todavía muy personales y caprichosos, lo que quiere decir que eran también inestables, infantiles y erráticos. Si contamos solo con ellos no tenemos garantía alguna de lograr nuestra meta, porque todo tiene todavía un cierto carácter de juego psicológico, mantenemos ante nosotros mismos la postura del buscador, pero no tenemos convicción ninguna. Solo estamos probando, tanteando, haciendo "como que si". No sentimos que nos jugamos nada transcendente todavía; no hay aún "urgencia y necesidad". Empleamos solo las energías que nos sobran.

Pero llega un día en que se produce una inflexión y entonces nos damos cuenta con todo nuestro ser de que "necesitamos" trabajar sobre nosotros mismos y evolucionar. Quizás en ese momento nos sentimos más débiles e inseguros que nunca, pero al mismo tiempo empezamos a reconocer que este proceso es mucho más serio y grande de lo que yo mismo creía, y que no es una elección mía, ni corresponde a mérito alguno personal. Nos damos cuenta con todo nuestro ser: yo necesito evolucionar, recuperar mi Origen, mi Verdadera naturaleza. No es el Absoluto el que me necesita a mí, sino yo el que necesito participar de los procesos del Absoluto.

Si no lo hiciera así, me quedaría fuera de las corrientes verdaderas de la vida. Si las potencialidades en mí presentes no se expresan o manifiestan, algo muy decepcionante se producirá porque muchas posibilidades mías se habrán perdido. Pero lo verdaderamente preocupante y triste será que yo mismo no tendré forma exacta de conocer "aquello que No Habrá tenido lugar". De hecho, no tengo ni una vaga idea de "cómo pudo ser aquello si se hubiese realizado, ni tampoco sabré nunca que es exactamente lo que me he perdido".

A pesar de que se tiende a creer, desde una comprensión psicológica muy elemental, que solo son los deseos no satisfechos los que nos generan malestar y sufrimiento, (no insistimos en el papel adjudicado a los negativos efectos de la represión sexual producidos por la religión y la cultura burguesa del siglo XIX), en realidad las "tendencias evolutivas" no realizadas, nos presionan desde dentro produciéndonos una continua tensión y si no se cumplen dan lugar a un sordo sufrimiento que es constante a lo largo de toda nuestra vida. De nuevo completamente igual a lo que sucede con la pulsión sexual. Pero este malestar sordo se hace más intenso cuando se acercarían esos momentos en la vida de cada uno, en los que se nos exige la manifestación de los "frutos de mi evolución". Momentos de nuestra vida de rendir cuentas o si se quiere simplemente de hacer balance final, o casi final.

Esto lo entendemos todos con facilidad: todo el mundo sabe que debemos alcanzar determinados "niveles de logro" en las múltiples áreas que constituyen nuestra vida, como son la intelectual, emocional, social, cultural, etc. Y que si no lo hacemos una importante disfunción e insatisfacción personal nos va a acompañar durante mucho tiempo. Lo que nos cuesta entender es que todas estas exigencias internas están referidas exclusivamente a la personalidad, pero que además hay unas tendencias innatas referidas a la dimensión no personal, o sea Esencial o impersonal. Y que estas tendencias exigen también su auto-realización. Las primeras tratan con la "vida personal", y las segundas con el "existir esencial" que no se agota en la propia vida particular.

Los diferentes comportamientos que exigen las diferentes edades del hombre en el hinduismo con sus cuatro Asrhamas (estudiante, vida de familia, renunciante a la vida social y liberado en vida), quizás no sea el modelo más indicado en los tiempos actuales, si las quisiéramos incorporar tal cual, a nuestro sistema de vida contemporáneo, pero no dejan de ser una referencia que merece una seria reflexión. La percepción de la vida cambia mucho a medida que nos hacemos mayores y acumulamos experiencia; o al menos eso es lo que podríamos esperar. Nuestras valoraciones y objetivos también van cambiando, de forma tal que a un hombre maduro y experimentado le sería muy difícil explicar, cómo entiende ahora la vida, a uno más joven. Le sería casi imposible de explicar cómo se representaba a si mismo antes y que nueva imagen tiene ahora de lo que significa ser humano. Ahora tiene un conocimiento "esencial" y no solo "existencial" o experiencial.

.

Esa persona mayor podría hablar fácilmente, a cualquiera, de lo que "puede suponer o implicar vivir", con sus múltiples experiencias vitales esperables, con sus logros y fracasos y sus múltiples vicisitudes, pero le costaría mucho más, o quizás probablemente ni siquiera pudiera lograr transmitir, lo que ahora "significa el vivir" para él. ¿Qué ha significado el vivir?

Lo que parece ridículo totalmente es que el hombre mayor e incluso muy mayor, continúe aferrado a los mismos valores, deseos e ideales, e incluso estilos de vida, que cuando tenía veinte años. Hay que morir teniendo un espíritu joven, esta máxima se impone como un rodillo silencioso, y se entiende de forma superficial, o sea hay que vivir siempre de forma adolescente, como de adolescente. Esa es la edad de oro deseada por todos; y en el fondo viene a significar una "detención" y casi prohibición de avanzar hacia toda nueva posibilidad. Declarada, no sabemos por quién, que son "los veinte", la edad ideal del hombre, nadie se atreve a sobrepasarla en ningún sentido o expresión, desde los más superficiales, sea la vestimenta o el lenguaje, hasta los más profundos sean los valores y las "actitudes ante todo y ante el Todo".

Al final de la vida, una reflexión profunda sobre lo que ha sucedido, no debiera entenderse como una tarea de alguien que ya está fuera de la vida, sino por el contrario de alguien que además de haberla vivido de forma adecuada, la está "valorando y captando" en su totalidad. Las experiencias de desapego e incluso de liberación de muchas cosas, tienen que llegar a ser acompañantes obligados de una correcta evolución. ¿Qué pensaríamos de un niño que aferrado a sus juguetes se niega a cambiar y por ello a crecer? Si un hombre se detiene a los veinte o a los treinta, sencillamente reconocemos que se ha dado una detención de sus posibilidades de Conocer y Vivir. De ahí el énfasis necesario en estimular las tareas de la evolución personal…que suelen ser olvidadas e incluso menospreciadas. La tercera, e incluso la cuarta edad, si la hubiera, debieran contener posibilidades nuevas de Vivir la vida, con objetivos y tareas y capacidades propias, que no se disponían antes, por muy inteligente o creativo o profundo que se haya podido ser en etapas previas. Con la edad, una vida correctamente vivida debiera producir alguna forma de "sabiduría". Y un obligado sentido de "transcendencia ", por la simple razón de que la vida se acaba. El sentido de transcendencia que en la edad media de la vida todavía podría ser una rareza infrecuente, sin embargo, en los últimos años de esta debiera ser la norma general.

Las tareas que se pueden desarrollar en esas edades son mucho más sutiles, y sería difícil hablar de ellas, porque no serían actos y logros concretos, y además porque no están desarrolladas en la literatura sobre estos temas, pero colocarían a la vida en su conjunto en una perspectiva mucho más correcta.

El hombre, por lo tanto, tiene una necesidad de auto-realización personal en la vida y otra de auto-evolución esencial en el Ser. Y tiene que responder a las dos antes de morir.

Cuando la "necesidad de evolucionar y de trabajar sobre sí" se manifiesta en un hombre, es una gran noticia, porque a partir de entonces se comienza todo con una nueva seriedad. La fusión del "deseo y la necesidad" de mi propia evolución, lo lleva todo a un nuevo nivel.

A partir de ese momento se logrará poco o mucho, pero los intentos que se hagan... serán intentos y movimientos "de verdad". Las experiencias que se produzcan serán grandes o pequeñas, pero serán sustancialmente verdaderas, y todo será mucho más "básicamente real". Todo ello porque ha aparecido en mi vida la "necesidad" de evolucionar y transformarme. ¡Ya he dejado de "jugar a" ...!

17-CREENCIAS, DUDAS, MITOS Y CERTEZAS.

A-La interrogación Radical.

Cada uno de nosotros sostenemos un sistema de ideas y representaciones acerca de la naturaleza real de las cosas. Por nuestra parte, en todo lo referente a este ensayo, insistimos en ello, nuestras ideas y representaciones mentales, las que estamos utilizando en este trabajo, son solo "tentativas" o aproximaciones, no realidades incuestionables y definitivas. Y esto es así porque, sencillamente, son proposiciones verbales. Y el lenguaje siempre es "relativo", eso ya lo sabemos bien. Las proposiciones del lenguaje son siempre "provisionales" y además el lenguaje solo señala a "la cosa" …no la rodea, ni agota, ni mucho menos cierra. Por eso el valor del lenguaje es relativo, a veces es un gran instrumento, otras veces un gran obstáculo.

Solo nos permitimos afirmar que las Cosas "parecen suceder así o asá", de esta forma o de otra; y admitimos sin resistencia alguna, sin decepción de ningún tipo, que una nueva concepción mental podría ser incluso más acertada que la que sostenemos ahora aquí. Parece difícil creer que hoy en día todavía haya personas que consideren exclusivamente su lenguaje propio, siempre heredado, y en sus formulaciones concretas y particulares, con las cuales construyen sus creencias y representaciones últimas, como la única formulación verbal posible de la verdad,(dios existe o no existe, es uno o trino, hay o no algo superior, existe la libertad o el inexorable destino, etc.; y nos matamos incluso por esta absurda actitud de sacralización ante nuestras ideas). Todas ellas, cualquier formulación, son casi siempre útiles en un momento determinado, y luego son simplemente clichés que cierran esa visión nueva que necesitamos. Son verdad en un nivel concreto y dejan de serlo en el siguiente. Pongamos como ejemplo la interminable batalla conceptual entre los partidarios de un Absoluto Personal y aquellos que creen en lo contrario. Una batalla estéril, porque es un simple "artefacto conceptual". ¿Qué decir de los crímenes cometidos por un simple significante en las guerras de religión? No comprendemos que existen diferentes niveles de formulación de la verdad, y que estos pueden parecer e incluso ser contradictorios en un momento u otro de la evolución personal.

¿Pero no estamos ya todos de acuerdo en que aquello que sea la "verdad" nunca podrá limitarse a proposiciones lógicas o lingüísticas? Todavía no sabemos que la "verdad" es supra-lingüística y nunca estará contenida ni confinada en nuestro lenguaje; ni en el nuestro ni en el de nadie. Que únicamente nos aproximaremos más y más sin alcanzar nunca la última y definitiva formulación de lo que es "más verdadero". Que moriremos formulando continuamente la última expresión de esa realidad que… "parece ser así". Que continuaremos hablando sobre la realidad hasta que por fin un día nos callemos…porque al final "hemos comprendido".

Por desgracia todavía existe gente que no han entendido el carácter "metafórico de su propio lenguaje", de cualquier lenguaje que pudieran utilizar; sobre todo el que se refiere a las "preguntas últimas" que un hombre puede hacerse, que son siempre abstractas e inasibles. Siguen creyendo que las cosas "suceden así", como sus palabras lo precisan y lo describen; y no se dan cuenta de que simplemente podríamos decir que "parecen suceder así… por ahora" …y además…para mí, solo para mí. Inteligencia y humildad en plena armonía. Ese hombre ha dejado de servir al lenguaje como un esclavo, y a partir de ahora…"se servirá de él".

Este tipo de ceguera da lugar al imperio temible de los "hombres sin interrogación", sin dudas, sin preguntas, sin cuestionamientos; que confunden sus creencias, a veces infantiles y fantasiosas, a veces abigarradas y retorcidas, con certezas y conocimiento verdadero. El colectivo de hombres que "no se cuestionan nada" es cada vez más amplio y su aversión a la "interrogación", que no es lo mismo que la duda, es cada vez mayor. Y por eso vemos los extremos ridículos pero peligrosos del fanatismo religioso o ideológico que es menos violento, pero no menos malo; y por el otro lado el hombre actual, el gran gozador de la inmensa información que proporcionan las "redes", castrado desde el origen mismo de su educación en su "necesidad de conocer" el valor y el significado de su vida. Cuestiones estas que no se atreve ni a plantear ni a investigar, porque cree que ya han sido resueltas definitivamente en el pasado por otros y para él. Esas cosas que le han dicho que ya están completamente superadas y caducas, dado que somos modernos y racionales, ese hombre ni se las puede plantear. Y constituyen "creencias", simples creencias insidiosas, a veces tan dañinas o más que las más abigarradas concepciones míticas. También constituyen un mito a su manera, pero un mito en este caso racional, y por ello vacío de todo anclaje en las profundidades del ser, porque no corresponde a ningún arquetipo humano.

No pueden reconocer que su pensamiento debe evolucionar y su lenguaje adaptarse a la realidad constantemente y además esto a lo largo de toda la vida, hasta el mismo momento de la muerte (y no solamente durante esos periodos concretos de nuestra vida que llamamos las edades o periodos de formación o estudio). Se suele creer erróneamente que mi primera tarea, la que corresponde a la primera parte de mi vida, es "aprender"; comprender suficientemente bien, con cierta maestría, lo que se me ofrece de conocimientos; y luego, el resto de mi vida, se trata solo de ponerlos en práctica o realizarlos. Primero aprendo y cuando ya he acabado de aprender cuando alcanzo la edad de un adulto, empiezo a hacer cosas sobre el mundo, empiezo a "actuar mi saber".

Pero no es así: nunca acabo de "comprender" verdaderamente bien. "nada"; ni una doctrina por simple que sea, ni una filosofía por más que la haya estudiado exhaustivamente, ni teoría alguna. Pero ni siquiera los más discretos datos aprendidos en la escuela o la universidad, los comprendo de primera mano, desde mi mismo. Mi conocimiento nunca es suficiente, su formulación mediante el lenguaje tampoco; nunca consigo una visión definitiva y acabada de casi ningún tema, ni tampoco una versión o relato que no sea subjetivo. El hombre que ha comprendido esta situación de "impericia del conocedor" reconoce que la imagen final que nos hacemos de las cosas, de lo Real, no puede ser inamovible y estática. Cuando soy joven y entiendo algo, me falta la experiencia para "comprenderlo en todas sus dimensiones". Cuando soy mayor puede que mi experiencia me refleje correctamente un asunto o aspecto de la realidad, pero ya no tengo energías para vivirlo; ni muchas veces "lenguaje apropiado" para transmitirlo. Y esto se debe a que no nos animamos a establecer bien la distinción entre "saber" y "comprender". Nuestra sociedad solo nos garantiza el saber. La comprensión debemos buscarla en las "periferias", con un gran esfuerzo, y corriendo notables riesgos a veces.

Estoy investigando, buscando, interrogándome…porque no sé. Y este reconocimiento de "no saber" es una bendición. Y diremos, además, que es una necesidad absoluta, debo desarrollar mi interrogación de una forma sistemática, si quiero evolucionar. El apego a las respuestas supuestamente definitivas, incapacita casi para todo trabajo sobre sí en fases más avanzadas. Ya está suficientemente reconocido como el "conocimiento" se opone muchas veces a la "comprensión". Que frustrante es para cualquier buscador en sus comienzos no ¡recibir respuestas!, sino ser exigido en la correcta "formulación de preguntas". Es una de las primeras barreras que muchos no pueden superar. Nos creemos que ya hemos formulado bien y delimitado casi en su totalidad las preguntas posibles, y que ahora estoy aquí solo para recibir las correspondientes respuestas. En absoluto, el hombre nunca indaga en el área de sus preguntas y se conforma con las primeras que consigue recolectar, creyendo que tienen respuesta que alguien le va a dar. Confiemos en que no se cruce con alguien así que les ofrece las respuestas a sus preguntas. Todas están mal planteadas, y representan una imposibilidad irresoluble; pero la pregunta bien formulada esconde en sí misma la respuesta. El estudiante no entiende que casi todo su trayecto consistirá en ir avanzando de una pregunta a otras más acordes con lo real. Y que entonces, cuando formule esa pregunta abierta, coherente y sagaz, entonces se le podrá ayudar directamente. Antes no era posible.

Para nosotros es una máxima de sabiduría difícilmente alcanzable la siguiente afirmación: ...el noventa por ciento del esfuerzo, del sacrificio, de la "sadhana", o trabajo espiritual, es pura y simplemente una "investigación constante, sin condicionantes ni límites". Sin apegos por las concepciones previas, que por lo demás nos pueden ser muy queridas, y a la vez servirme como un rasgo original, para diferenciarme de los demás. Y también sin miedos a lo nuevo y desconocido que viene a mí. Hacia los sesenta o setenta años, todas las creencias se desmoronan, (es una cuestión neuronal, no metafísica) aunque se disimule, y solo queda el núcleo vivo de mi búsqueda y de mi interrogación. Una sinceridad sin palabras. Una claridad sin "formulaciones". Unas energías conscientes que están mucho más allá de cualquier creencia vulgar. Por eso muchos "mayores" sonríen cuando se les pregunta y muchas veces dudan si contestar o no.

B-La falacia del conocedor autorizado.

El hombre a lo largo de su vida aprende habilidades, conoce cosas, gana en experiencias, ilumina zonas oscuras y supera límites conceptuales, pero esto no lo debiera hacer solo y exclusivamente hasta que alcanza la madurez de su personalidad, sino que puede y debe investigar el valor y las posibilidades de la vida, durante todo el tiempo que esta dure. Lo que sucede en nuestros tiempos es que durante la época de formación incorporamos cosas nuevas, como datos, conceptos, valores y sistemas de creencias, pero después "los desarrollamos" … sin más; simplemente los actualizamos, practicamos y confirmamos, viviendo con ellos y para ellos. Los ponemos en práctica podríamos decir. Nos otorgamos unos a otros la capacidad de conocer al llegar a ser adultos, o al acabar la formación académica, como algo ya adquirido para siempre. Pero no es así, todavía no sabemos apenas nada. Porque todavía nos falta como diría I. Shah la habilidad de "aprender a…aprender".

Porque, cuando alcanzo ya los veinte años, mi autosuficiencia me dice: ¿que tengo yo que aprender de la vida, de su valor y significación?, aparte por supuesto de completar mis conocimientos académicos o profesionales. ¿Quién me va a mí a enseñar nada? ¿Quién está más capacitado que yo?, la gente puede expresar sus opiniones, incluso gente con experiencia y autoridad, yo las respeto, pero yo tengo las mías, afirmamos con rotundidad. Podemos incluso profundizar en nuestros conocimientos o concepciones previos, lo cual está muy bien, por supuesto, pero siempre lo hacemos con un enfoque totalmente limitado, para "confirmarlos" y quizás desarrollarlos, pero casi nunca para cuestionarlos. Atribuyendo erróneamente a mis convicciones y creencias un falso carácter de "inmovilidad e inmutabilidad", viviéndolos como "realidades definitivas", dejo de "preguntarme" radicalmente y de investigar en profundidad. El hombre en la treintena afirma…" yo ya soy" (todo lo que se puede ser), y "yo ya sé "(casi todo lo que necesito saber).

Podemos profundizar en ellos, en nuestros conocimientos, pero nos está prohibido su superación o relativización; ni se nos ocurre ampliarlos o estrecharlos y mucho menos sustituirlos por otros mejores. Nuestra investigación se ha detenido, no damos cabida a nada nuevo. No nos atrevemos. Las cuestiones básicas, como. . ¿quién soy, que es el mundo, para que es todo esto?, ya han sido respondidas mediante creencias positivas y formales, y por eso poco útiles, recibidas de fuera. Y nuestros valores, igualmente, ya han sido absorbidos y validados como los "definitivos", hasta agotar nuestra capacidad de incorporar nada nuevo. El hombre así descrito está atascado, cristalizado y esclavo de su rigidez. Muerto para sus posibilidades de evolución. ¿Dónde ha quedado la "duda metódica" de nuestra filosofía? ¿Por qué no hemos entendido la virtud de la mirada de discriminación (Viveka en el Vedanta), que nos susurra hasta la misma muerte …"no es esto…no es esto…ni eso…ni aquello"? Algunos, sin embargo, se dicen a sí mismos: "tu, amigo mío…! todavía no ves lo que hay!". No temen reconocerse investigando hasta el final de su vida.

Las ciencias psicológicas aún no han explicitado con claridad las diferencias entre pensamiento mecánico, ideas abstractas, creencias vulgares, valores, intuiciones, experiencias mentales objetivables, dogmas de uso común, prejuicios culturales, estereotipias conceptuales, y otras muchas cosas más que se colocan bajo el epígrafe general del "pensamiento humano". No nos atrevemos a hacer distinciones entre su fiabilidad y su valor porque se introducen diversos "factores de autoridad" que imponen numerosos "tabús" a la tarea de discriminar y de juzgar el valor esencial que tiene lo que llamamos en conjunto "el pensar" ("nuestro humano pensar"),

¿Quién se atreve a distinguir en sí mismo el valor verdadero de todas estas variantes del pensamiento? ¿Cómo ser capaz de imponernos la costosa tarea de distinguir entre si todas estas diferentes posibilidades, para luego darles el valor propio que le correspondería a cada cosa?

Argumentamos diciendo: ¿Pero no es acaso "el pensar" lo mejor que tenemos? Es sin duda el mayor logro humano, ese instrumento que es el culmen de las capacidades humanas, nos decimos. "El pensar no se juzga"; se nos dice en la práctica al negársenos el derecho a replantear el valor del pensamiento humano con todos sus productos y "subproductos"; y esto es una evidente imposición. Impidiéndonos así poder delimitar con claridad sobre los contenidos verdaderos y el valor objetivo de lo que el hombre piensa, cree, se imagina y sueña. Que son cuatro cosas completamente distintas.

La coerción social, a veces aplastante y a veces simplemente amenazante, nos impide discriminar en toda esa gama de actividades mentales tan distintas; si lo hiciéramos tendríamos la posibilidad de lograr una importante claridad, al diferenciar una actividad mental de otras. Y quizás también podríamos alcanzar una importante liberación del error, de la falsedad y del engaño. No es lo mismo lo que creo que lo que quiero, que lo que espero, que lo que sé…

J.J. Gonzagui

Podríamos arribar a distinguir con nitidez una "creencia subjetiva", que se me ha forjado en mí pasivamente, a lo largo de mi vida particular, pero que corresponde de alguna forma a mis tendencias naturales de carácter y que al ser incorporada veo que armoniza bastante bien con el conjunto de mi personalidad. Por ejemplo, algunas tendencias religiosas o ideológicas o estéticas que se acoplan con mucha armonía con las características naturales de mi personalidad esencial. Y podríamos distinguirlas bien de un "prejuicio colectivo heredado", totalmente ajeno a mi naturaleza, impuesto por métodos coercitivos, debidos al efecto de la indiscutible autoridad social o la propaganda, aunque sean estos muy sutiles; prejuicios que nunca han sido puestos en entredicho porque no me he dado cuenta de que provienen de fuera de mi mismo.

Y estas dos posibilidades, a su vez distinguirlas de una "convicción propia pero bastante imparcial" experimentada personalmente; y supongamos que, en un contexto de serenidad y neutralidad, por lo cual tendría un indudable valor de objetividad. Poder ver la clarísima diferencia entre una "creencia burda" y ajena, propia del ambiente cultural imperante, con la de una "intuición personal" producida en un momento de claridad especial, intuición que será casi inexpresable con palabras, pero que me otorga un conocimiento indudable sobre algún aspecto de la vida en particular.

Estas son solo algunas de las posibilidades y sin duda que habría varias otras más, que admitirían consideración, una inteligente consideración. Pero una de las grandes carencias de nuestro tiempo es que no se nos enseña a pensar. Es más, se desprecia la actividad pensante como estéril y propia del pasado: "esa actividad era propia de épocas en que no disponíamos de datos sobre la realidad, obtenidos por la experimentación…" … nos dicen y…nosotros repetimos. ¿Y, nos podríamos preguntar, quién va a pensar sobre esos datos? Los datos no se piensan, se utilizan, se manejan, se amplían…nada más, nos dicen, hay que ser asépticos, objetivos. No, no es verdad, los "datos" han sido pensados previamente por algunos que no saben que lo han hecho. Con lo cual, podríamos mejor decir que los datos objetivos, supuestamente científicos han sido "despensados" previamente. Por alguien, sin duda.

El análisis de nuestros contenidos mentales daría muchos frutos de autoconocimiento. Veríamos como hemos interiorizado determinados absurdos como que:" las creencias no se pueden razonar", o sea trabajar con la razón; eso al menos nos dicen los "creyentes" de toda fe, celosos de sus propias convicciones y profundamente inseguros en el fondo, y ahí se detiene toda nuestra investigación. Pero a su vez, la razón con sus "evidencias científicas" y con sus "proposiciones inmutables", (que serán cambiadas dentro de pocos años), no nos permite contextualizar los datos que disponemos a raudales, en busca de su "sentido". Si esto hiciéramos podríamos recolocarlos en una más verdadera posición, donde se incluya el sentimiento humano y los valores finales de este. Algo que intente dar cuenta no solo del "como", sino también del "para qué", de nuestra vida. Claro que esto requeriría de una "intuición" más alta, más sensible y más abarcante que no puede caer bajo los "instrumentos" de la metodología científica.

Los defensores de la lógica científica, a la que designan y han entronizado como última expresión de las "posibilidades de conocer" que se le otorga al hombre, nos desaconsejan salir del campo mental de la experimentación científica, cuando no nos lo prohíben con descalificaciones terminantes, aunque educadas y desapasionadas, ¡no faltaría más! Y con ello limitan nuestro desarrollo mental… y lo que es peor…la calidad y la profundidad de nuestra vida.

El hombre se le permite conocer tantos hechos y datos como quiera sobre el mundo o sobre sí mismo, o sea el campo inabarcable del "como son las cosas ", del mundo de las partículas y de los objetos sólidos. Pero no se le otorga la mínima dignidad de conocer prácticamente nada del "para qué", ni del "porqué" de las cosas. Esto lo hace una corriente impositiva y castradora que forma parte del racionalismo "" cientifista radical. A la hora de restaurar el "posible sentido" de las cosas, se nos dice que aún no; que aún no es posible. ¡Habrá que esperar a que acaben sus ensayos! ¡ya nos avisarán!

Los sentimientos no se deben pensar y lograr así modularlos, nos dicen los amantes de la subjetividad, y a los conocimientos científicos no se les debe añadir emoción alguna, nos dice la cultura científica imperante. En fin, prohibición tras prohibición, aunque eso sí, perfectamente soterradas y amables.

Cuando un hombre piense en la realidad inconcebible del sol, no debe sentir nada, absolutamente nada, porque podría perder su objetividad.

Solo debe actualizar en su mente datos y más datos, a miles (como haría un ordenador); cuanto mayor sea su cultura más "datos fríos" podrá visualizar en su mente; y esa será su "experiencia personal del sol", su "conocimiento del sol". Ni una intuición, ni una emoción, ni un sentido personal estético o transcendente, ni muchos menos un sentimiento de gratitud, pertenencia o compromiso ante Algo tan Grande; esa parece ser la objetividad científica, seca y vacía, que se preconiza. La posibilidad del conocer científico "entronizado", limita al hombre a ser un simple manipulador conceptual de los fenómenos externos. No es de extrañar que se tenga miedo de la inteligencia artificial de nuestros ordenadores.

Por ejemplo, si consideramos la palabra mundo, igualmente, este concepto le debe producir miles de asociaciones mentales a un hombre que se considere moderno, pero ninguna resonancia emocional, ninguna sensación acompañante debe parasitar su representación mental del mundo. Como dando cabida a una simple y vulgar idea él dirá: el mundo es lo que yo soy capaz de representarme, al pronunciar la palabra mundo en mi cabeza. Una tonelada de conceptos y datos sin sentido final alguno y sin resonancia emocional personalizada y transcendente. Ese es el imperativo que funciona y nos fragmenta en distintos pedazos incompletos a la hora de captar el sentido de nuestra vida: "Lo que conozco no lo debo sentir, lo que siento no lo puedo conocer". Si sigo así me temo que mi vida no alcanzará nunca una plenitud total.

Aunque el conocimiento científico, que pretende ser objetivo y lo que es peor exclusivo y suficiente, no colma en absoluto mis expectativas humanas suficientemente, "las creencias" pueden ser incluso más peligrosas, y pueden llegar a ser armas de doble filo. Y habrá que considerarlas con mucho cuidado. Las "creencias" deben evolucionar a medida que me conozco y voy despertando, y los "paradigmas" que sostengo en mi mente se deben renovar cada cierto periodo y dar paso a otros nuevos. Todo debe evolucionar. Si no hay renovación cada cierto tiempo de práctica y esfuerzo, de mis creencias, valores y metas, probablemente estoy completamente dormido. Estoy intentando, ¡sí!, pero en estado de somnolencia.

C--La aparición de un nuevo Conocedor.

En nuestra evolución hacia el Centro de las Triadas, comenzamos siempre con creencias heredadas, ajenas, que hemos ido recopilando aquí y allá de forma pasiva; pero si seguimos avanzando lo haremos con constataciones nuevas, con comprobaciones y descubrimientos que lograremos alcanzar con esfuerzo personal intencional y dirigido. Y estos descubrimientos ya son "personales", y al chocar inevitablemente con nuestras creencias previas, nos deberán sorprender e incluso desconcertar; y esa podría ser una buena señal de su verdadero valor. Y de nuestra sinceridad.

A medida que avanzo, nuevas ideas y comprensiones se asoman a mi mente, en relación al camino y al trayecto. A algunas las reconozco como una especie de confirmación de "esas ideas formuladas por otros", quizás más adelantados, que yo ya conocía a través de ellos precisamente, y a las cuales yo ahora a través de mi propia experiencia, doy mi asentimiento personal. Me refiero aquí a todas esas manifestaciones personales, o incluso de escuelas clásicas de diferentes enseñanzas, acerca de las características del camino de evolución, que se encuentran ampliamente recogidas en la literatura filosófica, religiosa y mística a nuestro alcance (la cuestión de energías y sentidos internos, la nueva percepción de espacio y tiempo, las posibilidades de otros planos de realidad e incluso de otros cuerpos, etc.).

Pero más tarde se me presentarán inesperadamente "ideas novedosas, originales, y propias", que parece que solo las he experimentado yo, aunque en realidad no es así, y que debo formular yo mismo con mis propios recursos expresivos y a través de mi propio lenguaje. Estas nuevas visiones intelectuales no son comunes, no estaban en el acervo compartido de ideas de mi búsqueda previa, y las debo trabajar y adaptar de alguna forma para que sean mínimamente aceptadas o recibidas por los demás, si las quiero transmitir.

Y por último sobrevendrán "ideas imposibles de expresar" mediante el lenguaje conocido, "inefables en sí mismas", que llevan la contradicción más irreconciliable con la lógica imperante y que parecen romper el consenso lógico en el que he vivido y me he criado toda mi vida. Sin embargo, están son las únicas que parecen corresponder con "una mínima exactitud" a lo que ahora siento; son las únicas que parecen ser un reflejo algo fiel de cómo las cosas son, en verdad; de cómo es esa realidad nueva que ahora percibo.

La experiencia de "lo inefable" debe acompañarse siempre de emociones positivas, nada de perplejidad angustiosa, ni de confusión mental. Al contrario, se acompañan de la "alegría" de lo inabarcable. Y aunque sea inefable para la lógica, habrá otros caminos para comunicarlas y compartirlas, que incluso conseguirán nuevas formas de comunicar mejor. Por eso se recurre a la poesía y al arte, que son capaces de transmitir mejor lo que el lenguaje no alcanza a desvelar. Claro está que solo cuando se hace el esfuerzo por captar su mensaje. Por lo tanto, la inefabilidad nos coloca en una situación como de juego apasionante, un desafío alegre para lograr transmitir, y nada que se parezca a desorientación o perplejidad.

Serán siempre ideas por encima del lenguaje…que no caben en él; y la única forma en que conseguiré expresarlas será en forma "paradójica". Y sin embargo serán las únicas concepciones mentales que parecen ahora absolutamente coherentes con lo que yo puedo experimentar y ver, en ese momento.

En este campo, toda formulación que no sea paradójica tiene muy pocas posibilidades de reflejar lo Real, porque lo Real es anterior al lenguaje, y por ello no corresponde ni al Si, ni al No, ni a su Síntesis ni a todo lo contrario. Como se afirmaba en la teología clásica: Dios es la "coincidencia de todas las oposiciones". Y añadimos, la reconciliación de todas las contradicciones, la unificación de todos los opuestos. O sea, la "Unificación de todas las dualidades". Como señala J. Bennett, el Amor es simplemente la energía Unitiva en acción. Esa acción es la de unir lo diferente, lo contradictorio y lo simplemente separado, en Una Sola Cosa. Toda labor de "síntesis", podríamos decir simplificando mucho, genera algo que nos remite a nuestra experiencia del amor.

Por eso frente a la creencia será necesario utilizar la duda metódica, pero no en el sentido exclusivamente lógico, a la manera de la filosofía del método cartesiano, sino una "duda metódica radical", que incluirá las posibilidades de una nueva sensación física de mi realidad personal orgánica. La investigación no será solo reflexiva y verbal sino también perceptiva, se tratará no solo de saber cómo es el mundo, sino también de sentir y de "ser junto con él". Y esta nueva percepción se hará tanto con los sentidos exteriores que ya conocemos, como a la vez con los sentidos propios de la interocepción, hasta alcanzar a despertar los "sentidos internos" adormecidos con sus posibilidades de percepción intactas del así llamado "mundo interior". El progresivo desarrollo de la sensibilidad interior en todas sus modalidades sensoriales, nos permitirá sin duda conocer cosas inaccesibles por otros medios. La audición interna, la visión interna, el gusto interno…serán campos inagotables de experiencia.

No se investiga solo "la realidad que parece dada, consensuada, compartida", como lo hace la ciencia, sino que se dudará de la propia naturaleza real de "esa realidad". Se investigará como ya lo han hecho algunos psicólogos y filósofos partiendo de la pregunta radical: un momento, pero… ¿es real la realidad, que damos por supuesta? Y se concluirá que no. Con toda claridad y serenidad se tendrá que admitir que no. La realidad ofertada y consensuada…no es real. Mejor dicho: no es la más real.

Y no se investigará solo "lo que se percibe", lo que percibe el sujeto supuestamente dado, o sea el objeto o mundo que tenemos delante, sino con mayor intensidad aún al sujeto perceptor. ¿Quién es el que percibe? ¿Quién soy yo? Más tarde llegarán preguntas anonadantes como esta: si yo pretendiera conocerme a mí mismo, ¿con qué "yo" conocería al "yo"? ¿Qué "yo" es capaz de conocer a "un yo"?

Conócete a ti mismo, sigue siendo un axioma válido, pero con esta salvedad, conócete a ti mismo como "sujeto viviente", en medio de la vida, y no solo como un objeto disecado y dispuesto a ser desmenuzado. No es un conocimiento anatómico el que necesitamos, obtenido por vivisección, acumulando datos y más datos sobre cada una de sus partes (o sea por una acumulación de aportaciones de múltiples disciplinas, científicas o a-científicas), sino uno "vital". El hombre solo puede ser conocido de verdad en su máximo momento de consciencia y vitalidad. Solo eso nos permitiría decir: ¡eso es el hombre! Pero no de cualquier forma y en cualquier nivel, sino en los mejores rendimientos de nuestra capacidad. Y el único instrumento que nos permite hacer eso es nuestra propia consciencia humana, que debiera estar a su vez en su máximo nivel de posibilidad de constatación. ¿Qué es el hombre? ¿Lo que obtenemos al estudiar al hombre medio?:no! Aquí funciona el principio de lo máximo; el hombre es ¡aquello que presenta el mejor de los hombres que podamos estudiar! ¿Estudiado por quién, por un estudiante de capacidades medias? ¡No! ¡Estudiado por el mejor hombre que sea capaz de estudiarle! Eso será realmente el hombre, eso es lo que puede ser. El hombre es…aquello que "es" …el mejor de los hombres.

Concluiríamos diciendo que solo la consciencia humana "más alta" (más despierta, impersonal, y objetiva) puede pretender conocer al hombre "más verdadero", al "hombre de verdad".

18- EL CONOCIMIENTO PERSONAL.

La Certeza.

Como hombres que somos aspiramos a conocer, y luego a vivir, en medio de certezas. Tener certezas no sería nunca un obstáculo (contra aquellos que opinan que debemos ser relativistas). La "certeza" es fundamental y nuestro derecho de nacimiento. Simplemente se podría definir como algo que nos garantiza que nuestra experiencia y opinión sobre algo, aun no siendo la verdad completa y última, no obstante, no la encubre, ni la distorsiona o desnaturaliza. Además, debiera ser siempre "provisional". ¿Certeza provisional? sí, claro, hasta que logremos formular una "certeza mayor". La "certeza" de la que hablamos no se adjudica el carácter de disponer de objetividad absoluta ni de ser definitiva, está abierta a nuevas formulaciones y siempre dispuesta a ser revisada serenamente. Por el contrario, la idea falsa o "error conceptual" y el prejuicio, si encubrirían y obstaculizarían el acceso a la verdad última, no tanto por su error intrínseco, sino porque en su misma constitución pretenden ser definitivas, únicas y exclusivas; esa sería su diferencia.

La certeza es una forma de conocimiento que se ha producido o fabricado en uno mismo, a través del particular y esforzado trabajo de alcanzar un criterio propio y un correcto conocimiento, y por lo tanto no es simplemente una creencia "heredada" de forma pasiva. Porque un hombre llegado a la mayoría de edad se puede preguntar, con toda la honestidad posible, lo siguiente: de todo esto que sé, de todo lo que creo saber: ¿cuánto hay de definitivamente real en todo ello, en qué medida es verdad todo aquello en que creo? ¿Qué es verdadero de todo lo que yo me represento? Me pregunto: ¿pero…realmente Sé, o solamente Creo o… simplemente Intuyo; o …quizás solo repito… un Pre-juicio heredado? Estas preguntas pueden parecer debilitantes de la "convicción" personal que a todos nos gusta sostener, pero si se desea crecer, estas u otras parecidas deben sostenerse en nuestra mente el tiempo necesario. Cualquier debilitamiento, aunque solo sea temporal nos produce miedo e inseguridad, por eso preferimos tratar siempre con "convicciones" acendradas que con la más mínima interrogación. Pero para crecer siempre hay que dar un paso atrás, para poder reorientarse y continuar nuestro camino. La diferencia entre una convicción heredada y una certeza es que esta ha sido sometida a prueba en su valor objetivo; mientras que la convicción no. Incluso etimológicamente hay diferencias, porque la convicción surge por una "convergencia", se supone que con los otros, con sus opiniones, con lo de afuera; y la certeza surge por un "certamen" o lucha personal de afirmación.

Siendo muy poco esperanzadoras las posiciones en las que "creo" saber sin saber de verdad, esto no sería lo peor en este terreno. Las falsas creencias son un obstáculo, pero peor aún seria esa postura tan frecuente hoy en día que afirma categóricamente…" que no se puede saber". ¡Que nadie puede saber nada sustancial! Que el conocimiento sobre la verdadera naturaleza de las cosas es un imposible para el hombre, que este solo puede albergar "opiniones totalmente subjetivas" y que precisamente por ello, por ser personales y subjetivas es por lo que tendrían su valor. En este caso cualquier opinión vale igual que otra, porque aquí se sacraliza el derecho a la opinión y no su contenido. Se afirma con gran determinación que el intento de lograr una claridad esencial sobre las cosas esenciales, (Destino, valor, sentido y significación de nuestra vida), más allá de los aspectos concretos y medibles de la naturaleza material…es una pura ilusión. Te insisten con la mayor contundencia que solo podemos conocer "el cómo" son las cosas y nos recomiendan que abandonemos toda pretensión de avanzar en su sentido o intención final, "el para qué". Y entonces los hombres, desanimados e inseguros, nos retiramos a vivir el día a día, sin mayores pretensiones de lograr saber un día algo sustancial, lo que equivale a dormir tranquilamente, y quizás a morir de alguna forma a nuestras verdaderas posibilidades.

Los filósofos de la postmodernidad nos aconsejan que nos "inventemos" nuestra vida (no dicen a nuestro capricho, pero se sobreentiende). En este ensayo se propone por el contrario hacer de nuestra vida "un acto de creación", ¡sí!, pero de acuerdo con las "leyes superiores que la rigen". Nada de caprichos. En realidad, todo tendría su lugar y su ubicación, si fuéramos respetuosos con la grandeza que nos rodea. Entonces podríamos sucesivamente o simultáneamente: "inventar" pasivamente, estando en estado de sueños, esto ya somos capaces de hacerlo ahora; "descubrir" tras un trabajo minucioso "lo que ya está aquí, lo que ya hay", aunque no se lo veía. Además, también podremos "renovar e innovar" yendo más allá de los límites conceptuales y sociales impuestos; y por fin "crear" algo verdaderamente nuevo en un momento de intenso despertar. Estas cuatro distintas posibilidades son compatibles y muy distintas.

Aquí se insiste en que la Certeza es una experiencia humana deseable, es más podría ser incluso exigible; y no solo en aspectos concretos y limitados de la vida, como podría ser saber si mañana nevará o no. No, hablamos de certeza esencial. Certeza sobre lo grande y sobre lo que entendemos como Superior. Y en nuestro trayecto para lograr una mente mejor, la Certeza debiera ser tanto una meta como un instrumento.

Para empezar, diremos que existen diversas posibilidades de certeza a todo lo largo del Trayecto, que proponemos resumir así: en la Posición 12 tenemos una certeza, pero Certeza Invertida: la Desesperación. Una Certeza paranoide, que nos asegura sin género de duda que el mal existe, que es lo único existente en verdad en el fondo de las cosas, pero que además el bien es casi una imposibilidad. En 11 solo conocemos la simple Esperanza intelectual, en lo más profundo de mi mismo creo y espero que la realidad final no sea solo esto que vivo ahora, esta desazonante mezcla inevitable de bien y mal; y por lo menos confío, aunque sin saber bien como sucederá, en que al final se imponga el bien.

En la Posición 10 tengo una Certeza Activa y Positiva, más o menos sólida, en que lo Real, lo verdadero, lo que está debajo de las apariencias, a pesar de las imperfecciones humanas, es "esencialmente positivo" y también tengo la certeza, no basada en mis fuerzas ni en mi voluntad sino en algo más grande que yo mismo, apoyada en la percepción de ciertas leyes inexorables que rigen los procesos generales, de que tarde o temprano esta Positividad se manifestará.

En la Posición 9 ya obtengo la Confianza cierta y progresiva característica de la fe y de un trabajo sobre uno mismo que empieza a producir sus frutos, con la Confirmación de mis expectativas previas acerca de que mis aspiraciones intimas que ahora compruebo que no eran una simple quimera. Esta confianza surge de las primeras experiencias de confirmación de que mis intuiciones y mi búsqueda de siempre estaban fundadas. Sin que esto se tome en un sentido egocéntrico o infantil, que en absoluto lo es, el hombre exclama para sus adentros: ¡mis sueños tenían razón! Nunca ha estado más cuerdo, más maduro y responsable, y nunca ha sido más sobrio y sensato que ahora. Por eso quizás también hacia afuera se atreva a exclamar: ¡mis sueños tenían razón! Y los tuyos seguro que también los tendrán.

Y por fin en la Posición 8 alcanzo la Certeza intelectual, o verdadera Certeza, con la que me digo: lo goce yo o no, lo alcance yo o no, la Realidad en sí misma es "profundamente buena y justa"; y su Creador, ¡el Creador de todo esto, ese Desconocido radical…! también! Todo ello a pesar del sufrimiento en que transcurre la vida humana en general y a pesar de nuestras limitaciones y miserias. Ahora sé de forma que no admite duda alguna…" que todo es para bien". Que la creación no es una pesadilla o un mal sueño sin sentido, y la vida humana no es una mala noche en mala posada, como se dijo en el pasado. Ahora sé que la intención de todo lo creado, sin excluir nada, es positivo, aunque este más allá de mis capacidades de comprensión. Que la creación no es un descuido, ni un puro azar, ni se ha producido como por accidente en una factoría cósmica; ni mucho menos que es una broma pesada de alguien que nos quiere mal. Sé que "todo esto" corresponde a una Intención inicial con un propósito "bueno", y sé que su finalidad es de alguna forma una "variante de amor"; si, de eso que lo hombres en nuestra vida llamamos "amor", aunque yo mismo no lo agote en su significación total, (esto es, aunque yo no sea capaz de comprenderlo del todo). Pero en la Posición 8 sé, por fin, que es así. La creación tiene una buena finalidad.

Definitivamente, ya en la Posición 7 tenemos el Conocimiento Directo, porque disponemos de una capacidad de "ver directamente, y se acompaña de una Convicción inexpresable, que difícilmente puede ser traducida a una forma verbal. Por la tanto aquí, las creencias y la fe junto con las intuiciones y confirmaciones personales que hemos ido desarrollando, y que previamente han sido nuestras herramientas, no tienen demasiada utilidad; aunque tampoco obstaculizan a nadie en su avanzar porque son inmensamente útiles en su capacidad que otorgan de compartir y comunicar con los demás. A partir de ahí, de la Posición 7, las "creencias", incluyendo la llamada interior que sentíamos en una u otra dirección, o sea nuestra Meta por la que iniciamos el trayecto, ya no tienen lugar ni realizan función alguna. No se la necesita y no se las puede sostener más tiempo, porque eran productos mentales, (en el mejor sentido de la palabra esta vez). Y no obstante se las guarda con cariño y se las respeta como lo que fueron: formas mentales provisionales que me permitieron avanzar. Podríamos decir que nuestra meta pierde forma, pero gana en vivacidad.

Pongamos un ejemplo clarificador, el sueño de un hombre que toda su vida ha consistido en el deseo de llegar a Benarés, Si un día lo logra, y entra al final en sus calles, todo el trabajo previo de aspiración, ensoñación, recuerdo permanente, esfuerzos dirigidos en esa dirección de tan sagrada ciudad, ya no le sirven, Y ha podido ser que lo haya deseado durante décadas y lo haya intentado de forma continua, Una vez dentro de sus murallas, la imagen soñada que constituía su meta, su sueño, con sus particularidades y proyecciones subjetivas, ha desaparecido. Fue su faro, su guía, su ideal hasta justamente entrar en sus calles. Ahora solo siente los ruidos, los olores y la agitación de una gran ciudad viva a rebosar. ¿La imagen que sostuvo en su mente, dónde está? Y con estas nuevas realidades sensibles, que no se dejan apenas representar ni imaginar, esto es: "no se dejan manejar por la mente" …debe comenzar a relacionarse y a vivir en medio de ellas. Ese hombre debe cambiar de meta personal, (sin despreciar la anterior que le será muy útil para comunicarse con los que aún son viajeros, para darles consejos y orientación), debe aprender a moverse no "en aquella ciudad que soñó" y que ahora no ve por ninguna parte, sino en esta nueva y "enteramente desconocida". Este es un momento delicado, porque se puede acabar por renunciar a toda búsqueda, dado que mi ansiada meta no está por parte alguna. ¿Nadie nos habló nunca de que en el trayecto deberíamos cambiar de meta personal varias veces? ¿Por qué no se nos dice lo más esencial?

Siguiendo con las posibles certezas, nos podríamos preguntar sobre qué tipo de objeto sobrevuelan estas certezas que antes eran dudas. O sea, he conseguido una Certeza, ¿pero de qué? Y lo podemos contestar rápidamente señalando de forma resumida que todo esto se refiere a la posibilidad de que exista el Bien y el Sentido en mi vida propia, cualquiera que esta sea; y además que este Bien de base es la razón de ser de todo el conjunto de la creación. Esta certeza de la que hablamos se refiere a una posición mental no sobre esto o aquello, particular o limitado, sino sobre el núcleo, la esencia, el centro de lo que se nos presenta como el Todo. Si, ni más ni menos, certeza "esencial y final".

A-La certeza invertida.

La Certeza Invertida, propia de la Posición 12 se refiere a un fenómeno sorprendente y muy peligroso que consiste en acabar por creer que lo negativo, el mal, experimentado en todas sus formas, es lo único que tiene algún tipo de realidad y por ello lo que en verdad nos muestra la "única posibilidad" de vivir. Ese hombre desconfía de todo y proyecta sobre el mundo todo tipo de intenciones negativas como si este tuviera la tarea precisa de hacerle sufrir, mejor dicho ...de hacernos sufrir. Por otro lado, se desvalorizan los actos y sentimientos buenos y nobles, considerando que aun cuando fueran deseables, son totalmente inútiles e inservibles en nuestro mundo, y por supuesto se les considera incapaces de producir nada real.

Solo se cree en el poder y la eficacia de lo negativo en cualquier área. Ideas negativas, pensamientos negativos, actos negativos, esto es verdaderamente lo que de verdad vale a pesar de todas nuestras buenas intenciones, se dice. Poco a poco se instala la certeza de que a pesar de la apariencia de que hubiera bondad, altruismo o amor, eso sería solo un espejismo, una ingenuidad propia de un optimismo infundado, reforzando así la idea de que en realidad solo existe lo negativo. Y así el mundo es un lugar para luchar unos contra otros, sin sentido y sin finalidad. Nos reafirmamos al contemplar las diferentes épocas históricas previas, con sus luchas e injusticias, concentrándonos siempre en los peores momentos de la historia y por ello concluimos que el devenir del mundo justifica nuestra paranoia personal. Los grados de certeza paranoide son diversos afortunadamente, pero lo triste es que, si no interviene con intensidad suficiente un esfuerzo por renunciar a estas erróneas lecturas de la realidad, se refuerzan espontáneamente por el solo discurrir del tiempo y por la negativa interpretación que repetidamente se hace de las experiencias de la vida, de cualquier experiencia. Todo se lee mal y al revés. La paranoia busca razones para su confirmación en la experiencia de la vida... y las encuentra, ¡claro que sí! Una vez caídos en esta visión desesperanzada, salir de esta posición se puede considerar casi como un milagro. Aunque hay que creer en esa posibilidad.

B-La esperanza intelectual.

La simple Esperanza Intelectual propia de la Posición 11 consiste en que todavía se admite la posibilidad de librarse de la esclavitud a lo negativo, lo que contiene en sí la actitud de sentir que, aunque se sufre el predominio de lo negativo, esto podría, lo señalo en condicional, "no ser definitivo". Pero no hay seguridad de que sea así, por lo cual todo se queda en esperanza, una esperanza razonable y razonada. Una esperanza cuyo aliento en ocasiones apenas se siente, o se siente de forma muy débil, casi imperceptible. Existe el anhelo de que la naturaleza real de las cosas no sea negativa en su última expresión y en su totalidad, por eso mismo hay esperanza, aunque se sufra ahora la tiranía de la negatividad.

Hay esperanza en que, aunque dure mucho tiempo, ese estado no es para siempre, al final, quizás, (solo quizás), se abrirá en un escenario nuevo y mucho mejor. Es evidente que aquí no tenemos ninguna certeza, pero tenemos "esperanza". Pero no la suficiente para iniciar la búsqueda de la verdad.

C- **Las Creencias y la Fe.**

En la Posición 10, o sea, nuestro estado actual, la alternancia entre estados positivos y negativos es la norma, pero siempre en una lucha desde por lo positivo, aquí como hemos dicho antes se sufre lo negativo, pero se Aspira activamente, mediante actos, hacia lo positivo, en una forma de creencia en su realidad. Por eso se dispone de una Aspiración positiva más o menos sólida, porque estamos seguros de que lo negativo no es lo "más real" ni siquiera lo más propio de mi ser. Pero esta creencia tiene todas las connotaciones y limitaciones de los actos de "simple creencia". O sea, es teórica y sometida a dudas y vaivenes de todo tipo, como lo son por demás nuestras buenas intenciones y momentos de altruismo. Y aunque en la creencia no hay aún certeza ni seguridad, no obstante, ilumina el conjunto de las actividades y expectativas de ese hombre.

La creencia se conforma con materiales a veces poco fiables: los hábitos sociales, las costumbres, los clichés culturales etc. que nos vienen desde fuera a través de una imitación e incluso a través de una imposición más o menos sutil. La creencia es una certeza parcial u oscilante que viene y se va, y muchas veces se construye con base a nuestras debilidades emocionales. Por momentos lo vemos claro, lo sentimos como muy cercano y perfectamente posible, pero un poco, solo un poco más tarde, nos llenamos de la desilusión en nuestras posibilidades y en el resultado futuro de nuestra liberación. Porque si en 12 la negatividad nos parecía necesaria por ser la verdadera realidad de las cosas humanas y en 11 la consideramos muy útil en multitud de circunstancias, en 10 nos parece indeseable, pero de una fuerza tal que muchas veces creemos que nos resultará imprescindible para vivir. A pesar de esto, sabemos en lo íntimo, que no es necesaria para nada bueno; y que nos es útil solo si miramos las cosas en una perspectiva muy pequeña y muy a corto plazo.

Sabiendo ya en la Posición 10, que la "negatividad" es…negativa "siempre", incluso para nuestros propios intereses vitales, por eso sufrimos más con su presencia y su dominio sobre nosotros en esa posición. La liberación de esta negatividad involuntaria llega a constituirse a veces en el objetivo central de nuestras vidas, ¿quién no desea la paz y la alegría definitivas?; pero pocas veces tenemos "la seguridad intelectual" de que acabaremos superando esa esclavitud a lo negativo. Todavía el hombre no sabe que existen leyes y procedimientos específicos para librarse de ella y también que existen hombres y organizaciones dedicadas a lograr esa liberación. Se imagina que solo cuenta con sus esfuerzos personales, con sus luces y recursos propios que se ha podido agenciar accidentalmente aquí o allí, pero se siente básicamente solo, y creyendo además que todo el mundo está igual que él. Considera que esta condición de esclavitud es la condición universal, la condición irreversible de los seres humanos, y por eso la interpreta como una especie de castigo o de condena general de la humanidad.

La primera tarea, que constituye la más grande de las dificultades, con un hombre en esa situación, consiste precisamente en hacerle comprender que eso no es así, que no es lo real, que hay otra posibilidad. Su situación actual de esclavitud a la negatividad no es natural, no es deseada por la naturaleza; pero además tampoco es definitiva en absoluto porque no corresponde a la condición propia y original del hombre. Es muy difícil hacerle entender que las únicas emociones posibles que el debiera conocer, debieran ser positivas siempre, porque su constitución esencial está hecha solo para lo positivo. En un mundo en confrontación y lucha permanente, creer que su emoción, la emoción humana, debiera ser siempre positiva y acompañar a todos esos procesos y experiencias conflictivas y dolorosas, puede parecer un extremo de ingenuidad. Pero no lo es.

Se puede objetar razonablemente que como es posible ser positivos en "este mundo" de injusticias y guerras por doquier. ¿Cómo mantener la positividad en medio de la angustia, la incertidumbre, y el dolor moral de la existencia? ¿Qué significaría entonces la positividad? Desde luego "ser positivos" en medio de las circunstancias reales de la vida no tiene que significar mantenerse constantemente un estado de bienestar y satisfacción personales permanentes, sin contratiempos, ni fracasos, ni dolores; eso sí que sería ingenuo por nuestra parte. Desde un punto de vista intelectual, la significación de ser positivos a lo largo de la vida se aproximará más a reconocer el "valor" y el "sentido profundo del sufrimiento", que a carecer completamente de él. El sufrimiento tiene un sentido que excluye el puro azar. El sufrimiento no es una experiencia definitiva, sino que se abre a otra dimensión mayor que el mismo. Y acabará por ser incorporado a un escenario mucho más grande que el exclusivamente humano, y "ese escenario nuevo" … que esta por aparecer…será Positivo. Sobre esto, que parece fuera del alcance del hombre ordinario, la buena noticia es que lograremos una especie de garantía total, de Certeza total.

Y también, desde el punto de vista emocional, se será positivo cuando a pesar de las negatividades presentes en medio de nuestra vida, e incluso dentro de uno mismo, estas no sean lo único real, lo exclusivamente real, sino que estén rodeadas y contenidas por algo mayor y definitivamente positivo. A pesar de las angustias, conflictos y sufrimientos negativos propios de uno mismo se gozará de forma permanente de un "fondo emocional" positivo, constituido por una gran confianza y esperanza, e incluso por alguna forma de amor.

¿Por qué aparece el hombre en este mundo de impermanencia e inestabilidad? . ¿Para qué se nos expone a tal angustia de inconsistencia, dolor, fragmentación y muerte final? No lo sabemos, no sabemos porque es así; pero dentro de este desconocimiento quizás sintamos con convicción absoluta… qué es lo que debo hacer… "que es lo que podemos, e incluso tenemos, que hacer": buscar y volver a encontrar la positividad. Las emociones humanas positivas, de las que el hombre en 10 solo tiene "la aspiración" a hacerlas permanentes y sólidas, pero no todavía su dominio con libertad en su utilización, podrían realizar una función insustituible y única en este mundo en que vivimos, en medio de esta humanidad. Recordemos no obstante que en la Posición 10, de todo el "espectro posible de la positividad", o sea de todas las posible experiencias positivas que el hombre puede vivir, todavía el hombre solo conoce unas pocas, las comunes y ordinarias, lo que llamaremos "Positividad ordinaria"; se caracterizan porque si el hombre las comparte y las comunica todo el mundo le entiende a la perfección (amor humano, alegría, confianza, momentos de casi éxtasis intelectual o artístico, elevaciones religiosas o simplemente éticas, triunfo, éxito, etc.). Pero tendrá que colocarse en las posiciones 9 y en 8 para descubrir la amplia gama de "Positividad extraordinaria" que le es accesible, mucho mayor de lo que ahora conoce y es capaz de experimentar.

Queremos insistir en que avanzar a lo largo de este trayecto no significa solo sentir más de "lo ya conocido", incluso sentirlo con más estabilidad y dominio, sino dar un salto a algo mucho mejor por lograr el acceso a "experiencias positivas" de una naturaleza tal que ahora no tenemos ni sospechas de que existan. Va a experimentar cosas que le parecerían sueños o quimeras anteriormente, de hecho, algunos afirman que se pueden experimentar cosas que ni se atrevían a soñar. Y eso es porque lo que sucede realmente es que a medida que progresa el hombre se está descubriendo a sí mismo en su verdadera naturaleza, en sus auténticas capacidades. Y su verdadera naturaleza es muy grande, insospechadamente grande. Cuando se habla de que el hombre se desconoce a si mismo hay que entender esto en un sentido radical: no conoce lo que es y de lo que es capaz, o sea desconoce lo que es ya, ahora mismo; pero además desconoce, sin tener un atisbo siquiera… "lo que podría ser".

Ese "mí", ese "yo", que es el que dispongo y uso ahora no entra nunca en interrogación radical porque lo doy por supuesto, como algo predecible en su totalidad, por ser, aparentemente, de sobra conocido. Pero no, queremos afirmar que el hombre ordinario no conoce, no imagina y no es capaz de "soñar las posibilidades" de su verdadera naturaleza, de su verdadero yo.

Para resumir, diremos que en 10 tengo una Creencia creciente en que es posible que "todo acabe bien". La calidad de las emociones positivas que manejo aquí es conocida por todos los hombres y constituyen sin duda los mejores productos y los mejores logros de la humanidad. Sin ser exhaustivos recordemos el altruismo, la alegría, el auto-sacrificio, los ideales, etc. que sostenemos todos a lo largo de nuestra vida. Sustancialmente, estas "positividades", serian todas las posibles aproximaciones al Bien, la Verdad y la Belleza, que nuestra cultura nos ofrece ahora, tras largos siglos de aspiración.

D- **La Confianza Confirmada.**

Al alcanzar la Posición 9 empezaré a conocer un estado de Confianza y Confirmación, que será cada vez mayor. Tengo una Confianza creciente en esta afirmación, que la negatividad no me corresponde esencialmente, mientras que la positividad sí. Eso me lleva a pensar que tarde o temprano lo positivo acabará por ganar. Y ahora veo, si he conseguido anclarme en las Posiciones 9 y 8, como "las positividades" son las que permanecen estables, las que retornan, las que me llaman por sí mismas, las que vuelven espontáneamente a mí, al contrario de lo que sucedía en el nivel anterior. Y además lo negativo cada vez se me hace más ajeno, distante y extraño a mí. No quiere decir esto que no vuelva, e incluso que no me domine totalmente por momentos; pero lo que sí es claro ahora que en mí hay una rebelión, un rechazo activo y decidido, desde el mismo inicio contra la negatividad; ya no la valoro igual que antes, ni la temo tanto como en el pasado, ni aspiro secretamente a ella, porque sé que no sirve "apenas para nada".

Esa negatividad me es indeseable en su misma naturaleza y desde su origen, ¡con qué claridad lo veo ahora! A pesar de las apariencias la negatividad nunca ha servido para nada. ¡Así que, con una gran indiferencia, la dejo ir!

Y así se produce una especie de milagro que consiste en que justo detrás de la positividad conocida se cuelan como adheridas a ellas unas nuevas positividades, desconocidas, impensables previamente, acompañadas por estados emocionales que siempre fueron "leyendas" para el hombre ordinario... (éxtasis, alegrías desbordantes, paz inefable, euforias diversas, estados diferentes de "ananda" o Felicidad sin causa en las vicisitudes humanas); todas ellas nos suenan por haber sido descritas por aquellos que han experimentado esas llamadas "experiencias cumbre".

Afortunadamente, hay que decir aquí, que los que experimentan este tipo de emociones superiores son muchos más de los que reconocemos como autoridades en ellas, muchos más que las figuras históricas que nos ha sido permitido conocer a través de libros o enseñanzas. Mucha gente ordinaria tiene a lo largo de su vida experiencias de este tipo, pero no las puede compartir... ¿con quién lo haría? Por eso pasan casi desapercibidas y terminan por olvidarse, sino se tiene un trabajo preparatorio; y sobre todo si no se tiene un grupo humano con el que estas experiencias se puedan compartir y realimentarlas así.

Y ahora habrá que aprender a convivir con ellas, con las Positividades, ordinarias y extraordinarias, y hacerlas una experiencia casi cotidiana y de lo más natural: la condición natural del hombre. La vida ordinaria con sus pequeñeces, angustias y preocupaciones diversas deberá acompañarse de esos nuevos estados de emoción que denominaremos de Ananda (felicidad esencial), término que corresponde mucho mejor que el de "éxtasis", a la verdadera naturaleza del fenómeno. Porque no serán estados exteriores ni ajenos al yo, sino por el contrario experiencias y estados "propios del Yo", de su naturaleza misma, de su médula o esencia intima, ineludibles y constituyentes del verdadero yo humano. Estos estados de Ananda están como enroscados en el propio Yo, estructurándolo, son sus constituyentes, como si fueran moléculas del mismo. Como constituyentes universales y necesarios del "hecho simple de ser humanos" no precisarían, en principio, de ser logrados o alcanzados, todos naceríamos con ellos en su total plenitud. Pero los perdimos en algún momento de nuestra vida.

Además de todo, esto si alguna vez soy capaz de aposentarme en la Posición 8 empezaré a ver con total claridad y como un hecho cierto e indiscutible algo que podríamos llamar el "triunfo final de la Positividad". Independientemente de las batallas perdidas, de las fatigas diversas, de la debilidad y fragilidad de nuestros logros a la hora de conocer o mantener lo positivo....de pronto comprendemos de una forma inesperada y sin que medie lógica o deducción alguna un hecho sorprendente: la positividad acabará ganando, porque de una forma misteriosa o inexplicable, se ve con claridad que es la positividad la sustancia misma de las cosas, lo que las hace ser y manifestarse; y por eso "es Aquello que estaba en el origen y aquello que estará en el final". Y todo esto lo comprendemos a pesar de nuestra propia experiencia personal que nos recuerda que casi toda nuestra vida ha sido una inmersión, más o menos dolorosa, en lo negativo. En la posición 8 hay ya Certeza total en el triunfo de la positividad, independientemente de mis acciones y las de mis contemporáneos.

E- **La Certeza.**

En la Posición 8 se supera la dimensión personal y particular de la batalla que se libraba en uno mismo, en la propia personalidad individual, para hacer una extrapolación más amplia y superior sobre "el conjunto de la humanidad y de la creación". Aquí se comprende que mis propias vicisitudes y confrontaciones personales no solo son asuntos propios, que solo me incumbieran a mí y que solo me importaran a mí; y se comprende que su desenlace final no corresponderá ni mucho menos al balance positivo o negativo ", de mis solas fuerzas o de mis solos intereses". Esta batalla personal se desarrollaba, sin que yo fuera consciente de ello, en el medio desbordante de otra "gran batalla", la batalla de la humanidad por despertar o la de la Verdadera Naturaleza por manifestarse. Y es allí donde se ponen en juego grandes fuerzas y designios que superan de forma anonadante mis propias fuerzas y mi mísera dimensión.

Por ello veo ahora que el "resultado final de todo" ... está garantizado...incluso aunque no lo esté el mío propio particular (y mi propio yo pueda experimentar diversas vicisitudes). En conjunto, todo se va a resolver favorablemente. El destino final de todo se va a cumplir, mejor dicho: Auto-cumplir. Y yo estaré allí de buen grado o a la fuerza, voluntariamente o por obligación, pero yo asistiré a la victoria final de la única realidad sustancial.

Esta "realidad sustancial" es la creadora, la iniciadora, la mantenedora de todo. Es la única capaz de dar vida. Y entonces nos preguntaremos: ¿cuál es o ha sido el sentido y el papel de la negatividad vivida por mí, sufrida por mí, ejercida por mí? No ha sido un simple espejismo porque yo incluso en este nivel de la Posición 8, aún la siento como poderosa y amenazante, y recuerdo muy vivamente todavía sus arañazos en mi propia piel. Y sin embargo también sé "ahora" que no existe realmente, que no tiene entidad de auto-existente.

Quizás también en la Posición 9 ya nos sucedió alguna vez, tuvimos algún atisbo; pero particularmente en 8, nos acostumbramos a vivir en una paradoja total: nos damos cuenta que estamos experimentando algo negativo que sabemos que no tiene una verdadera realidad. Podríamos expresarlo como algo así: la negatividad de la imposible "separación" del hombre y el mundo, y la más trágica aún de la separación de los hombres entre sí constituyéndose como "sujetos irreconciliables" y ajenos por completo los unos a los otros en su misma esencialidad, ¡todo esto no existe! Lo vemos con claridad absoluta.! No existe; ¡lo sé!; aunque yo aún la sienta por momentos como real!

Esta "separatividad" radical, del hombre con el mundo, con los otros y con su Creador, es sin embargo la experiencia básica de todos nosotros desde la Posiciones 12 a la 8. Y conocemos demasiado bien como acaba y adonde nos dirige este "espejismo" conceptual, esta verdadera alucinación compartida: acabamos por ver al otro como ajeno, como distinto, al principio; más tarde como amenazante y peligroso para mis intereses, y acabamos por verle como enemigo mortal para finalizar. No quiere esto decir que la experiencia humana compartida y solidaria no exista en absoluto mientras esté presente este estado de "separatividad". Por supuesto que sí existe, e incluso en esa extraña vivencia de separación, se producen intercambios valiosos y positivas. En medio de esta situación hemos conseguido evolucionar hasta lo que somos ahora y conseguido los logros positivos de la vida social humana como especie; y además son estos logros los que nos que hace más o menos tolerable nuestra vida colectiva. Y en ello hay mucho mérito.

Lo quiere decirse es que el espejismo de ser distintos e irreconciliables, o incluso enemigos, es una "alucinación colectiva" en sentido estricto y que además es de tal calibre y trae unas tan dramáticas consecuencias que uno se rebela decididamente ante tal situación. ¿Cómo es posible que la humanidad en su conjunto este así?

Los pesimistas que creen que el hombre es una simple especie animal más, creerán entenderlo muy fácilmente: puesto que somos otra especie natural más estamos condenados a la lucha por la vida y a comernos los unos a los otros, como hacen el resto de animales. Pero esa percepción como diferentes, se produce en los animales en cuanto que se perciben a sí mismos como cuerpos separados y distintos, viéndose a sí obligados a actuar en beneficio del cuerpo propio a expensas del ajeno. Pero en nosotros donde predomina la conciencia más que la sensación propia, o al menos debiera predominar, es casi una alucinación creerse y sentirse indiferente al otro, separado radicalmente de él, e incluso paranoicamente enfrentado a vida o muerte. La mente humana y la experiencia humana en su conjunto no es individual sino colectiva e interindividual... ¿quién lo puede negar?

Aun estando de acuerdo en que justamente en el hombre compiten esas dos naturalezas animal y humana, o sintiente y consciente, parece imposible no reconocer que lo especifico del hombre, lo que constituirá su paso siguiente, será una consciencia más expandida y más amplia que le permita superar para siempre los restos de su animalidad y separatividad egocéntrica actual.

Por lo tanto, en la Posición 8 el hombre acepta en vivir en medio de esta contradicción o paradoja, sus dos naturalezas o sus dos dimensiones, y ese será su aportación personal o responsabilidad particular en este punto. No evita, ni huye de esta contradicción. La vive con plena consciencia y aceptación y la sufre deliberadamente: sus dos naturalezas compartidas le hacen sufrir de una forma intensa, pero eso no le llevará a renunciar a ninguna de las dos. Sueña con la reconciliación.

F- La Visión Directa.

Por el contrario, en la Posición 7 o posición natural y propia del hombre, este no necesita sentir certeza de nada porque ve directamente lo que hay. Tiene Visión directa., y por ello creencias, confirmaciones y esperanzas, ya no le son de utilidad porque no las necesita. Sabe sin intermediario alguno. Se siente ya una unidad indisoluble, y más allá en dirección al centro, el hombre viviendo en la Unidad, sintiéndose unido a todo, sabiendo con total certeza que la separación no existe, podrá aceptar, pero solo como una "tarea consciente y voluntaria" el sentir como "casi real" la separación. Y también la inexistente dualidad. Ese será su sacrificio particular, asumido voluntariamente. Lo que esto significa desde el punto de vista de su experiencia personal y subjetiva constituye para nosotros, por ahora, una desafiante interrogación.

El hombre que ya está en 7, sabiéndose único y no separado acepta vivir en la "separación". Gran sacrificio y sobre todo gran Misterio a comprender.

19- LAS NUEVAS POSIBILIDADES

Lo inimaginable, impensable e inefable.

Hay experiencias que son descritas con algún termino o concepto y a partir de ahí creemos saber de qué se trata porque desde entonces el termino se nos hace familiar, pero solo "experimentamos" el concepto, el significante, no la experiencia. A lo desconocido le adjudicamos un término y ya desde ese momento deja de ser desconocido. Lo inimaginable es aquello que ni tu ni yo podemos imaginar; insisto en que "no podemos", porque siempre consideramos ser capaces de imaginarnos todo, cualquier cosa, pero no es verdad. Los verdaderos artistas y creadores nos demuestran lo pequeña y estéril que es nuestra imaginación. Ellos son capaces de imaginar sus obras, nosotros no. ¿Pero ¿quién nos enseñará a imaginar de verdad algo nuevo, que no sea una copia o una repetición? Nuestra capacidad de imaginar no lo ha dicho todo todavía. Y esto no es una invitación a fantasear, algo profundamente estúpido en todas las edades, sino a reconocer que ni imagino, (que no tengo una "imagen verdadera"), lo que lo Real me está presentando ante mis ojos.

Igual pasa con todo el campo de lo "impensable", aquello que no cabe en mi pensamiento actual. Aquello que, aunque lo esté viendo con una nítida imagen, con una claridad suficiente, sin embargo, no "reconozco" lo que es. Y por ello no lo puedo pensar, o sea disponerlo en el campo de mi pensamiento en su correcto lugar, bien relacionado y articulado con los otros pensamientos, experiencias o realidades. Lo estoy experimentando y sin embargo...no sé lo que es. Equivale al desconocimiento en el campo científico, donde estoy viendo un fenómeno o proceso, que desconozco en sus leyes y relaciones, en sus causas y su finalidad. Todos creíamos conocer lo que era una simple mitocondria y sin embargo el descubrimiento del ADN mitocondrial, me hace ver a esta como un misterio, un fenómeno perfectamente desconocido, que tenía mal pensado y que tengo que volver a "repensar". Esta experiencia referida a un simple fenómeno limitado, se podrá entender con facilidad, se supone. Y ahora apliquemos el mismo proceso no a un objeto simple, ni a un fenómeno parcial, sino a "todo", a Todo lo que soy y lo que es", "a Todo lo que es y lo que puede ser", etc. Cuando una "experiencia" del nivel que sea "es reconocida" por mí, entonces ya ha abandonado el lugar de lo impensable para formar parte de mi propio pensamiento. Yo me relaciono con esa realidad o experiencia con soltura, naturalidad y facilidad...pero todavía no la puedo expresar, comunicar o transmitir. Ahora estamos en la situación de "inefabilidad", no lo puedo hablar con palabras. Tengo que buscar un nuevo lenguaje, inventar términos, quizás incluso "neologismos" amables para comunica lo que vivo. Si soy artista utilizaré el lenguaje artístico en cualquiera de sus variantes, sabiendo que nunca la expresión artística estará a la altura del objeto descrito, y ese es el diario sufrimiento del artista, el dolor de dar nacimiento a lo bello. Los humildes taoístas ya iniciaban sus exposiciones diciendo..." aquello que voy a decir...no es lo que he visto". Podríamos seguir diciendo que "ni aquello que yo he visto era todo lo que allí estaba presente".

Cuando decimos que es inimaginable queremos decir que no tenemos huella imaginaria para "lo que buscamos". Cuando decimos que es impensable, queremos decir que no entendemos lo que vemos; una vez que empezamos a ver o sentir cosas nuevas. Y cuando decimos que es inefable, queremos recordar que nos llevará un tiempo dar forma y expresión a lo que comprendemos, para que sea compartido con los demás. Y nos preparamos para avanzar en este territorio inexplorado.

Desde la Posición 7 sentimos con nitidez total las dos influencias simultáneas que constituyen la vida, una nueva, que "absorbe" hacia el Centro de total Positividad y otra, que ya conocíamos de siempre, que "arrastra" suave pero continuamente hacia el extremo de la Negatividad. Hay que elegir. Hasta ahora solo conocíamos y sentíamos dos fuerzas en acción, nuestra propia voluntad de evolucionar hacia la consciencia, hacia el Centro, por un lado; y la fuerza centrífuga o de "arrastre" que nos empujaba continuamente hacia afuera; hacia los conflictos innecesarios y la negatividad.

Todavía incluso en esta Posición 7, nos sentiremos obligados a hacer un ligero esfuerzo, más bien del tipo de lo que sería un simple "asentimiento" si no queremos dejarnos arrastrar por lo automático y lo negativo y si queremos mantener como algo estable y permanente nuestros estados de positividad. Pero este esfuerzo es muy pequeño y nosotros lo dominaremos con gran facilidad.

Cuando hablamos de recibir de forma nítida una influencia positiva en la Posición 7, no quiere decir que antes de lograr esta posición no recibamos nunca esas mismas influencias y aportaciones positivas. Sí que las hemos recibido, con fuerza e intensidad variable, a lo largo de toda nuestra vida; tanto las provenientes de la naturaleza como de los aspectos más positivos del propio mundo humano. Ahí, sobre todo, en aquello que es "natural" y no contaminado y mixtificado, hay cosas muy favorables a nuestro desarrollo consciente, si supiéramos recibirlas adecuadamente. Y las hay a millares que nos rodean con su benefactora acción, los gestos de altruismo, de creatividad, de entrega, e incluso de heroísmo de los demás son muy frecuentes, pero probablemente las recibamos de forma tan pasiva y descuidada que muchas veces ni nos percatamos de su presencia, ni las aprovechamos e integramos como se merecen; y por supuesto que ni las agradecemos. Y por ello, en general, no conseguimos casi nunca un beneficio sólido como sería de esperar.

Hay mucha positividad ignorada alrededor nuestro, de hecho, toda nuestra vida se sostiene sobre actos de positividad realizados por otros, por aquellos que nos han precedido, para nuestro bienestar. El olvido del "trabajo" realizado por nuestros antepasados para que nosotros estemos donde ahora estamos es lamentable; pero raramente somos conscientes de ello, raramente recibimos estas aportaciones, logradas siempre con esfuerzo y sacrificio, con la gratitud debida. Y casi nunca las "replicamos" como se merecen. Nuestro egoísmo natural, que acompaña inexorablemente a nuestra condición de "dormidos", impide que percibamos los "dones del otro" como lo que son: verdaderos "regalos", incluso, en ocasiones inmerecidos, que exigirían una respuesta de gratitud por nuestra parte y de devolución de los favores recibidos a través de alguna forma de "corresponsabilidad".

No nos damos cuenta de la tarea ingente que han realizado nuestros padres y antepasados para que nosotros podamos disponer de lo que disponemos ahora, y por supuesto que no me refiero solo a los logros materiales. No sentimos que debemos devolverles algo equivalente a su "legado"; que fuera tan valioso, por lo menos, sino más, de lo que ellos construyeron para nosotros. Con su solo esfuerzo y en condiciones casi siempre peores que las nuestras, nos regalaron el progreso, la cultura y la civilización en general. Con sus esforzados cuidados y educación, con su ejemplo y sus valores, nos regalaron "una mente", una "posibilidad mental" podríamos decir, que quizás no sea plenamente acabada y libre, de acuerdo, pero que si es justamente la que nos permitirá completar nuestro desarrollo y evolución personal.

Las tradiciones de cultos rituales a nuestros antepasados, aun no siendo quizás la forma más evolucionada de relación agradecida con ellos, incorporan algunas intuiciones muy profundas que nosotros, hombres modernos, hemos olvidado radicalmente. El ego actual considera que el mundo entero, el universo en su totalidad, nació con él y para él, prolongando así de forma indefinida un egocentrismo ridículo intelectualmente y vergonzoso desde el punto de vista emocional. Antes que él era la barbarie y después de que él abandone el mundo, ¿qué de interesante puede continuar?

Hoy en día se considera que el universo es nuestro jardín, prácticamente una especie de plató televisivo dispuesto para un reality-show, al cual venimos a brillar y recabar la atención sobre nosotros; un escenario diseñado para la realización de nuestras fantasías más simples y vulgares, propias de nuestras infantiles personalidades , personalidades de las que nos jactamos y enorgullecemos como si fueran grandes logros evolutivos, pero que en realidad cuando se las mira de cerca, se ve lo poco y mal desarrolladas que están. Nuestra casi completa absorción mental en nuestros sueños y ensoñaciones colectivos produce verdaderos prodigios de aberración: vivimos como hipnotizados delante de una pantalla donde se desarrollan nuestras fantasías. No percibimos algo más real, salvo en escasos momentos durante nuestra vida. Vivimos como si todo fuera una película simplona, como para adolescentes, y lo peor es que confesamos sin rubor desear vivir justamente eso: una vida de película o telefilm. No nos da para más. Como un simple hecho confesable reconozcamos con humildad que a lo largo de toda una vida humana apenas somos conscientes de la presencia impresionante de ese astro llamado sol, que nos lo da todo; ni de la tierra, esa enorme bola con su vida propia que está debajo de nuestros pies. ¿Y todo esto para qué? Nos preguntaremos… ¿Qué tiene esto que ver conmigo?

Esta brutal desubicación mental de la realidad que nos ha dado el ser y nos soporta, es casi milagrosa, pero solo por su "improbabilidad". Por la sorprendente rareza de que esa sea nuestra situación. ¿Cómo hemos podido llegar a esta negación? El hombre no vive en la tierra, ni en la naturaleza, ni siquiera en su mundo, sino que el hombre vive con exclusividad en su "mente" (mejor dicho, en las "ruinas" de su mente).

Nace dentro de su mente somnolienta, contacta superficial y periféricamente con dimensiones algo más reales, (el simple mundo de la naturaleza y la sociedad humana), y muere al final dentro de su propia mente. Y hay mucha positividad y mucha grandeza que ni la percibimos ni la agradecemos, pero que nos sostiene desde el inicio. Cuando despertamos algo nos damos cuenta no solo de lo dormido que esta el hombre, y de la negatividad que estaba presente en él, sino también de cuanta positividad estaba actuando continuamente alrededor nuestro sin que haya sido "reconocida" por nosotros, ni mucho menos "agradecida".

En la Posición 7 el hombre comienza a darse cuenta de que además de las que ya conocía y sentía en sí mismo, en el mundo hay "otra fuerza" que le había pasado desapercibida hasta ese momento; y esta es una "fuerza" que le llama, le atrae, y le "aspira" desde el Centro. Esta es una fuerza activa que sostiene permanentemente su propia Voluntad sobre nosotros, aunque no la sintamos; y entonces nos damos cuenta, con asombro y quizás estupefacción, de que siempre ha estado ahí, aunque no la percibiéramos previamente. Actuaba todo el tiempo sobre nosotros y posiblemente nos salvó de grandes peligros, pero no nos dimos cuenta de su acción. No la pudimos sentir, aunque nos beneficiáramos inconscientemente de sus efectos, de hecho, toda nuestra vida se sostiene en ella, en esa "gran desconocida" Fuerza de Positividad que crea la vida, nuestra vida.

Esta nueva fuerza es "centrípeta" y "absorbe" hacia el centro, hacia la integración y la Unificación de todo lo que existe. Se podría afirmar que su longitud de onda es muy amplia, y que por eso mismo se aleja de las vibraciones agudas y de ciclo rápido, como múltiples agujas, que constituye la esencia de la negatividad. Ambas son incompatibles y por ello hay que elegir. Lo que sí parece manifestar esa nueva fuerza, desde el primer momento, es que es una fuerza con una potencia superior a todo lo conocido previamente. De alguna forma intuitiva se reconoce que en realidad: ¡Esa es la fuerza Verdadera!... y las demás, aunque hayan sido las fuerzas dominantes de mi pasada vida, no son fuerzas que comparativamente tengan la misma realidad que aquella.

Las fuerzas negativas nos parecen ahora como fuerzas capaces de ocultar, neutralizar y hasta oponerse con éxito a la verdadera Fuerza, pero que en sí mismas no son sustanciales, solo sirven para oponerse, para frenar. Y al mismo tiempo entendemos que solo esta Fuerza Positiva es capaz de Unir cosas, que por lo demás pueden ser distintas o incluso antitéticas, y por ello mismo...solo ella es Capaz de crear. Es una fuerza de Síntesis, capaz de dar origen a algo nuevo. Si se nos permite esta expresión, se podría decir ahora que lo negativo eran solo "anti-fuerzas"; por lo mismo que el odio y el rechazo son solo una ausencia de algo, más que una verdadera presencia de algo real.

Esta afirmación no tendría por qué parecernos muy extraña si consideramos algunos fenómenos indudables que se producen en el campo clínico de la psicología; donde podemos comprobar igualmente que las" ilusiones perceptivas" y las creencias falsas (o delirios), en sentido clínico son "irreales" ...pero tienen efectos de "realidad"; y no teniendo existencia verdadera, sin embargo, pueden dominar por completo nuestro estado mental, y esclavizarnos, acabando con nuestra libertad personal. Podríamos decir que, aunque el autoengaño no es real, sin embargo, produce efectos reales en nuestras vidas; y muchas veces, estos efectos son funestos. Y eso lo sabemos todos.

Igualmente se podría decir que la oscuridad es un estado negativo creado por la simple ausencia de Luz. Lejos de permitir que esto se considere como una metáfora poética, lo que se pretende recalcar es que lo "negativo" no tiene el mismo grado de realidad que esa Fuerza Positiva, y eso es una es una verdadera ley.

Podríamos incluso llegar a concluir: lo Positivo "existe" ...lo Negativo...está y actúa, pero "no es". Las cosas funcionan así en este terreno, aunque sea muy difícil de comprender el porqué.

En la Posición 7 "sabemos y sentimos" que existe una fuerza activa y todopoderosa que actúa sobre nosotros y además comprendemos que el destino de todo, la resolución final de todas las cuestiones y fenómenos, depende de ella y de ninguna otra. Sabemos que la podemos dejar de lado y hacer como si no existiera, pero también sabemos que Ella decidirá Todo. Solo Ella decidirá. Empezamos a sentirnos como un actor secundario en el marco de una gran obra o representación, y comprendemos con alivio quizás o con decepción, y de eso dependerá nuestra felicidad o infelicidad, que no somos ni el Autor ni siquiera el protagonista principal.

Toda nuestra vida nos hemos sentido a nosotros mismos como agentes activos de la vida, y en general dueños de la nuestra propia. Siempre hemos creído que podríamos generar música mediante un acto de creatividad personal. Pero durante muchos años el hombre gesticula solo delante de una orquesta invisible que no emite nada. El hombre se considera importante y central, pero no recibe confirmación alguna de ninguna parte. La vida no le habla como él necesitaría. Y no comprende nada a pesar de su enorme sentido de importancia. Permanecemos siempre sintiendo que el mundo nos espera para empezar a funcionar.

Más tarde, si todo marcha como se esperaba se comienza a sentir señales y mensajes que nos señalan una nueva posibilidad. Y comprobamos que el mundo no estaba muerto, vacío y hueco. El mundo estaba animado de vida y de intención activa. Y nos empieza a decir algo que aún no sabemos interpretar. Pero al de un tiempo se oye nítidamente una melodía clara. Y una inconfundible música que lo rodea todo y nos decimos: ¡aquí está! ¡Al fin…! aquí esta! Se comprende automáticamente que nosotros somos capaces de dirigir una pieza de música que ya está sonando, que ya se está emitiendo; y que no la hemos construido nosotros. Así que durante un tiempo hay una especie de empate o equilibrio entre mi yo y esa nueva realidad que vibra por sí misma, sin necesidad de mí.

Esa nueva Armonía o Vibración de carácter sonoro es "significativa" para mí. Como hace igualmente la música ordinaría…" nos dice algo", nos dice mucho más de lo que podemos comprender o transmitir. Esa Vibración o Shabda (también llamada Anahata, el sonido no producido por nada que se siente dentro), va a ser a partir de ahora un centro de referencia para mi capacidad de escuchar.

 Al final no seré ni director alucinado que se imagina un concierto donde no lo hay, ni simple director cooperante de una orquesta que no necesita dirección. Más tarde, humildemente, dejaré la batuta y comenzaré a bailar a su propio ritmo, en el centro de esa inmensa melodía; con un profundo deseo de desaparecer allí.

No somos el Autor. Ni siquiera el protagonista principal. Lo Real tiene vida propia, y nos invita a participar.

Pero prosigamos. Que sintamos alivio o no, al visualizar este escenario grandioso, pero donde yo ocupo un lugar muy discreto, dependerá de muchas variables, principalmente la Confianza en la Bondad intrínseca de aquellas fuerzas que nos crearon. Este sentimiento de confianza, este optimismo ontológico, pero no antropológico, es esencial, y su ausencia nos expone a dificultades y peligros innecesarios si queremos transitar en la vía de la Evolución. Primero comprendemos que mi yo no es el Hacedor y después comprendemos que ese Hacedor es mil veces más digno de confianza y crédito que mi propio yo. ¿Cómo podría ser de otra forma? Es que acaso no he empezado a conocerme y a reconocerme como un ser completamente inconstante y contradictorio. No me veo ahora como algo inconsistente, frágil y fragmentado hasta llegar incluso a sentir rubor. Sin embargo, por más decepcionante e impactante que resulte, debo pasar por el auto-reconocimiento, doloroso en principio, de que ese personaje inconsistente que veo, ¡es el que ahora soy! Aceptando en un primer momento con humildad y a la vez con valentía, que en verdad... no soy el que me imaginaba ser.

En la Posición 7 sabemos de forma clara que esa nueva Fuerza que ha aparecido en mi vida y que me atrae irresistiblemente, acabará por absorberme y reintegrarme en una grandiosa Realidad. Con mi asentimiento o sin él. Y se acepta también que no obstante durante un tiempo, se producirá un juego misterioso de lucha y de confrontación de poder entre Ella y yo; una pugna real pero ficticia a la vez, una oposición incomprensible entre dos realidades o fuerzas tan dispares. En conclusión: una "Lila" o un juego de "apariencias" o por decirlo de otra forma, una danza simbólica, un teatro, o una especie de magia total.

En la Posición 7 sé que estoy jugando un juego de un alcance imposible para las capacidades y fuerzas de mi solo yo. Y ahora siento vivamente una alternancia de influencias; por un lado, la atracción de los objetos y realidades del mundo y por el otro la atracción del Centro poderoso que me quiere "absorber". Incluso mis sentidos, mi atención y mi interés, se vuelven a veces sin que yo lo decida o lo desee, hacia el interior. El hombre se sumerge en una zona, también suya, más interior cada vez, más central y próxima al origen; y desde allí a veces nos puede mirar. Un hombre capaz de eso conecta dos mundos con su Mirada, el exterior y el interior. Y los hombres ordinarios que somos testigos de este fenómeno, sentimos con claridad que ese que nos mira no es un hombre simplemente, sino... algo más.

Muchos estados de "aceptación pasiva" y humilde de la presencia de Algo Superior, que parecen rendición o sumisión a algo más grande, tienen su origen aquí, en este tipo de experiencias y en esta posibilidad de "caer bajo una influencia Superior".

Esta posibilidad puede ser muy mal entendida y sin duda muy criticada por los defensores de la "autonomía" radical del ser humano. Pero incluso desde una óptica descreída o escéptica, podríamos hacernos esta pregunta: ¿alguien cree de verdad que puede oponer sus fuerzas a las fuerzas que han creado la Creación? ¿De verdad que podemos imaginarnos como "indiferentes" o "apáticas" a la totalidad de fuerzas que nos han creado? ¿No es esto acaso una variante de delirio megalomaniaco? La creencia en un" yo independiente" que no rindiera tributo a nada superior a él mismo es una verdadera "alucinación".

El reconocimiento de Algo más grande que mi propio yo, la aceptación de esa grandeza, la disposición a colaborar con Ella, la sumisión voluntaria y la Reintegración en un orden más Alto...son cosas todas ellas de carácter absolutamente lógico y natural. Si hay algo que un buscador a estas alturas de su búsqueda no puede aceptar ya, es la absurda e infantil idea de creerse autónomo e independiente de las fuerzas que le han creado y sentirse disponer de un ser en "radical estado de separación". ¡Esa sobrevalorada libertad que empezó a reclamar cuando era adolescente... porque precisamente a esa edad...! era todavía dependiente! Ese "delirio de autosuficiencia", porque lo es en un sentido estricto, aunque sea muy compartido por el conjunto de nuestros coetáneos, ya no lo soporta más. ¿Cómo pudo sentir alguna vez que no tenía relación ni obligaciones con lo que le rodea? ¿Cómo pudo imaginarse separado de la naturaleza? ¿Cómo llego a creer que él no tenía ninguna obligación para el conjunto de la creación? ¡Qué ceguera sentir que todo el universo es un simple "escenario" inerte para el desarrollo de mi "felicidad y proyecto personal"! Pero así somos todos hasta que, al despertar un poco y ver nuestra verdadera dimensión y nuestra naturaleza dependiente y condicionada, nos sentimos abismados por tal constatación. ¿Todavía hay tiempo? Si, todavía lo hay.

Pero incluso con esta nueva convicción, pueden volverle ciertas sensaciones de este tipo una u otra vez, y creerse por instantes de nuevo separado del Todo (lo que conlleva estar "suelto" y como desinteresado del Todo, "perdido" respecto a su situación y función en la vida, "arrojado" como con despecho por alguien y "perplejo" respecto incluso a su misma identidad). Pero afortunadamente esto solo en momentos muy limitados de sueño, o de identificaciones absorbentes diversas; o sea en momentos de disminución de su nivel de atención.

La Triada 8-7-6 es la que correspondería al hombre propiamente dicho, tal como era su destino específico, sino hubieran sucedido los procesos de interrupción del curso natural de las cosas, de lo que estaba "previsto" y no ha sucedido. En fin, todo eso que podemos lamentar que sucediera y que no comprendemos porqué sucedió, pero que nos abocó a la separación esencial. Aunque en la realidad "todo lo que hay" forma parte del Todo y teóricamente no sobra nada en absoluto, sin embargo, en el campo de aquello que el hombre puede experimentar hay cosas que sobran, que son innecesarias y que no debieran experimentarse jamás.

Por supuesto que hablamos del odio, la violencia y el dolor que tan bien conocemos todos, o sea de las negatividades más obvias, pero igual de inaceptable debiera ser también el "sin sentido vital". La confusión y la "ignorancia" en la que muchas veces estamos instalados no eran estados que nos correspondía vivir. El "sufrimiento" por no saber, por no comprender, por no "intuir", por qué experimentamos en nuestra vida momentos buenos y malos, dolor o placer, puede llegar a ser tan doloroso como el mismo dolor en sí. ¡Si al menos supiera para qué o simplemente porqué!

Experiencias tan universales y admitidas como naturales por todos como son la desconexión, la separación y el aislamiento de la raíz o Fuente, son situaciones subjetivas en las que hemos nacido y que se experimentan continuamente, pero que no responden a nada que tenga realidad. El hombre no está separado, desconectado ni aislado de las fuerzas que le han creado; ni mucho menos de su Creador, si es que cree en El.

No hay separación de nada, más que en la propia y errada, percepción subjetiva; en verdad no existe nada verdaderamente aislado y desconectado del resto. Y cada objeto del mundo, cada fenómeno por pequeño que sea es querido y deseado por la totalidad. Aunque el sufrimiento mental es sentido como real, absolutamente real, no obstante, sería difícil darle cualquier estatuto de verdaderamente existente. Existe porque lo experimentamos...pero no "es". Lo vivimos, pero no tiene existencia. Está presente todo el rato, pero cuando lo miras bien desaparece. Virtual, ilusorio, alucinado, aparente, son términos que se pueden recubrir con el más sofisticado de Maya; término hindú que insiste en el carácter de "gran ilusión", de sueño colectivo y compartido, de gran parte de nuestra vida; e incluso ¡de toda nuestra vida!

Se podría decir que solo la totalidad tiene sentido, pero que sus "fragmentos" … no lo tienen. Que solo la totalidad alcanza el nivel de "Real". Menos que eso y nada logra su naturaleza definitiva de realidad. Un cuadro, un paisaje puede ser contemplado y apreciado en sus detalles, pero solo el conjunto, solo la totalidad del mismo nos revela su carácter e intención. Un pequeño detalle puede tener múltiples significaciones que podrán ser desarrolladas hasta el agotamiento, pero solo el conjunto de todo, incluyendo el último e insignificante detalle, la última pincelada, permiten comprender su verdadero sentido o al menos aquel que su autor le quiso dar. Creemos que, con el mundo en su conjunto, y con nuestra propia vida, pasa igual. Si no se le capta "totalmente" …en cuanto "Unidad", será imposible recibir su verdadera significación.

En esta Triada 8-7-6 la clave distintiva y la que le da su valor diferencial es justamente la Posición 7, la del hombre Primordial o Adánico.

Ya hemos dicho como en la Posición 7 el hombre siente con total certidumbre la presencia de una" Influencia nueva" en su vida. Hasta ahora era él, solo él, el que creía existir, junto a los demás hombres por supuesto, pero con los que compartía su misma situación de aislamiento y soledad. Ahora siente directamente "que no está solo". ¡Que hay Alguien más! Algo más si no queremos arriesgarnos a incurrir en intuiciones de religiosidad, tan denostadas hoy en día. Pero la religiosidad seria aquí solo la recuperación de un sentimiento de re-unificación, después de la separación radical de casi todo y especialmente del Todo, en la que se ha vivido como si fuera real.

En la Posición 7 se siente una Presencia viva y activa que lo permea todo, y ocupa ese mismo sitio donde antes no había más que un universo mecánico y frio, indiferente, cuando no cruel, a nuestros desvelos y aspiraciones. Ahora, en la Posición 7, "uno mismo" por fi<n, se da cuenta de que el conjunto de "todo" y del "Todo" tiene, y siempre ha tenido, Auto-consciencia e Intención. Se da uno cuenta con claridad que el universo en su conjunto y la vida en su totalidad tienen Intención y Propósito, aunque

uno mismo, solo por sí mismo y con sus solas fuerzas actuales, no sea capaz de descifrarla con exactitud.

Más personal y particularmente, siente que su propia vida ha sido un hecho "Deseado Intencionalmente" por Algo de orden creador, y no un puro efecto del azar. Si alguna vez se sintió como desterrado, ahora comprueba con gran alivio que nunca fue así. Una curiosa sensación de haber sido elegido personalmente, totalmente "ex profeso", elegido personalmente "con plena intención", le hace sentirse habitante digno de este mundo y no un vulgar intruso o un molesto visitante. El, con su vida, cualquiera que esta sea, forma parte de algo más grande y su ser es una simple porción funcional de un Gran Ser. Hasta ahora se sentía vivir en una "cosa" inmensa, incomprensible, un universo aterrador por su desbordante grandeza. Se sentía amarrado por la fuerza a ella, condenado imperiosamente a vivir, pero todo ello sin un sentido particular para él. Y esta experiencia de "reconocer lo grande e importante que cualquier ser humano es, incluyéndome a mí mismo de una forma especial, se acompaña, al contrario de lo que se podría creer (podríamos pensar que esta visión reforzaría nuestro narcisismo y nuestro orgullo personal), de una natural simpleza, espontaneidad y humildad. Porque la grandeza esencial del hombre no es un acto social de éxito o encumbramiento, sino una experiencia natural compartida con todos sus iguales.

¿Dónde podría caber el orgullo aquí? Hemos sido "creados", ¡sí, todos creados!; y hemos sido "creados así", ¡sí, precisamente así! Cuando se visualizan así las cosas... ¿cómo no desear saber Qué o Quién fue el Creador?

Además, esa Influencia Nueva, manifiesta tener intenciones activas sobre uno mismo en este preciso instante y le llama e invita a participar voluntariamente sin demora alguna. No es simplemente algo que actuó para crearlo en el momento de la constitución del mundo, y que luego le abandonó a su suerte, sino que sigue insistiendo en acompañarle y actuar permanentemente sobre él. Su acción e influencia sobre el hombre no cesan; siempre que este sea receptivo lo podrá sentir, porque siempre esa influencia está ahí. Su acción tiene como efecto ser como una guía infalible y desvelar así un propósito a todo lo que sucede y sucedió, que otorga inmediatamente un "destino particular".

La aparición de esta influencia se sentirá en todas las áreas sensibles de que disponga el hombre, tanto en su sensación física donde empieza a sentir que su cuerpo está integrado en una corriente de energía poderosa, como en su sentimiento y en sus capacidades de pensar.

Sabe directamente que su pensamiento no es privativo ni personal, sino que está participando de una inmensa posibilidad de pensar que le "envuelve y sobrepasa". Y se pregunta: ¿pero realmente hay una gran mente de donde la mía extrae sus posibilidades de comprender? ¿Puede ser verdad que mi mente propia sea como una pequeña resonancia de otra mayor? Estas preguntas son sorprendentes para el mismo, dado que jamás imagino que pudiera existir algo semejante. Igualmente descubre que esas nuevas emociones que descubrió por vez primera en las Posiciones 7 y la 8, son "corrientes de emociones" grandiosas que le rodean, y que rodean al propio planeta por así decirlo, (y que además le han preexistido), mucho más que emociones personales. Esas corrientes ya estaban aquí, en este mundo mucho antes que él mismo viniera y cuando él se vaya…ellas permanecerán. Está seguro de eso. También entiende que esas corrientes son compartidas con todos los demás hombres, que no son para uso exclusivo de uno mismo, y que estas emociones, como si fueran ríos, les envuelven a todos, aunque todos nosotros no seamos conscientes de ellas por ahora.

El todo se revela como una gran Madre que alimenta a todos sus hijos por igual sin distinciones ni preferencias. Y entonces se abre paso una sensación peculiar a modo de una visión paradójica pero indudable, que podría formularse como algo así: yo como hombre soy único y especial, singular de forma absoluta e irremplazable y a la vez todos mis congéneres lo son igualmente que yo. Todos somos igual de especiales y singulares e insustituibles. Este es un narcisismo peculiar, nada patológico porque no exige la exclusión del otro, sino por el contrario se enriquece y refuerza con el de los demás. Mi dignidad e importancia transcendente refuerza la tuya, y al revés sucede igual. Esta especie de grandiosidad serena no se la adjudica el hombre a sí mismo sino a la totalidad humana y por eso no es peligrosa, porque esta descentrada del "propio yo".

El Ser es grande, inmenso, incalculable y yo vivo en su seno porque Él lo deseó, no por accidente y no por intrusión. Pero a la vez soy míseramente pequeño y de forma obvia, soy caduco y mortal. Ser mortal me provoca un choque importante y dudas acerca de mi significación personal. ¿Cómo compaginar mi grandeza y nueva dignidad que acabamos de sentir en la Posición 7, con mi segura y casi inmediata caducidad? La vejez y la muerte no interrumpen su amenazadora aproximación a pesar de mis nuevas comprensiones y experiencias. Nos amenaza una angustiosa duda: Ello es grande, muy Grande, ¿pero y yo?

Mi apego y mi amor a la condición humana, la mía y la de mis próximos, puede ser un obstáculo en este momento para reconocer, aunque fuera a través de un simple vislumbre, un hecho capital que a partir de ese instante debo integrar: "soy un ser en evolución", no un ser definitivo y acabado. Soy un ser en proceso de transformación. El mito del paraíso, que tiene sus utilidades a la hora de comprender metafóricamente ciertos aspectos de nuestra posición, nos juega una mala pasada porque en sí mismo parece exigir el hecho de que ya estamos acabados, de que nuestra creación ha culminado con éxito y que en principio solo nos quedaba disfrutar en el Edén. Pero ahora no se ve así, ahora veo que no soy el ser definitivo que me creía, que estoy en camino, construyéndome ahora mismo y que sin duda lo mejor, como en cualquier otro proceso evolutivo, está siempre por llegar en la siguiente etapa.

Y ahora sí, ahora mis características de grandioso y mortal a la vez, no son excluyentes. Me siento muy pequeño y limitado en el ámbito espacio-temporal, y muy inconsistente y fugaz en el transcurso temporal, pero todo tiene su misterio y ahora empiezo a descubrir con total admiración que "mi Yo" participa del Todo. Del Todo que no tiene límites ni división. Comprendo que algunas contradicciones lógicas (imposibilidades que mi mente me ha presentado siempre como verdades absolutas y limitantes), parecen ser ahora solo aparentes; y que muchas veces lo que señalaban como totalmente irreconciliable no eran realidades excluyentes. El estar "aquí" y a la vez en "todas partes" puede llegar a no ser incompatible, no es una imposibilidad radical; y el vivir en el "ahora" y a su vez en el "siempre" tampoco lo tendrían que ser. Soy un ser en camino, en proceso de crecimiento a través de una evolución en el tiempo, pero con una "residencia" en lo intemporal. Soy un proyecto, una creación está surgiendo a través de mí, vida y muerte, dolor y felicidad, éxito y fracaso, sueño y despertar, son ahora realidades complementarias e inseparables en ese proceso.

En esta Posición, la verdaderamente humana, de 7, la experiencia emocional es de una positividad desconocida tanto en la intensidad como en la calidad; y sobre todo en la seguridad o garantía de su permanencia y de la gratuidad con que se nos ofrece la misma. Son "emociones extraordinarias". Estas emociones superiores serán todas de tipo "transpersonal", o sea son en sí mismas y no solo la experiencia de un sujeto; por ejemplo, la Alegría sin causa ni mérito, la Esperanza sin condición, la Bienaventuranza a pesar del dolor y sufrimiento de la vida, y la Felicidad sin ego-centrismo alguno.

Aunque la intensidad de esas nuevas emociones sea muy grande, no se acompaña de inquietud alguna o sensación de desbordamiento, como pasaba en niveles previos cuando nos vimos impregnados por primera vez de emociones exquisitas y desconocidas. En ese momento eran todavía "emociones del yo" habitual, que se sentían con el yo ordinario como centro de recepción. Porque ahora no son ya, emociones "externas al yo", experimentadas por él, sino se podría decir que son emociones interiores o "constituyentes del yo".

Empiezan a manifestarse como mi propia naturaleza, la naturaleza de mi yo, y del yo humano en general. Su intensidad no nos desborda, su sutileza y finura no nos confunden, porque no son ya simplemente emociones "vegetativas", ligadas simplemente a la experiencia somática o visceral, sino que se acompañan siempre de una nueva Visión. Son emociones ligadas a una nueva representación del mundo, a un paradigma nuevo, a una nueva "Visión de Todo" y especialmente de muestro papel en ese todo. Tienen escasa relación con las emociones previas y por eso pertenecen casi siempre al área de la Inefable, nos cuesta mucho darles una eficaz expresión y parecen casi imposibles de transmitir. No obstante, como toda vivencia energética, y esto es lo que son en realidad, son perfectamente "contagiables" a otros si estuvieran bien dispuestos. Y por eso, si existiera una actitud adecuada, se podrían compartir.

Pero, aunque fueran "contagiables", no debemos pensar que estas emociones "positivas nuevas" tienen un poder absoluto sobre las emociones negativas que hay a nuestro alrededor y que las van neutralizando y apagando con facilidad. No, no suelen tener tanto poder sobre las emociones de otros, solo operan en un campo reducido de la intimidad personal. Por eso no triunfan, ni se imponen en la vida humana en general, más que en pequeñas áreas o ambientes artificiales, creados precisamente para contenerlas, que serán grupos humanos muy específicos y limitados (grupos, escuelas, ordenes, etc.). Pero también es verdad que son muy evidentes y se imponen cuando hay receptividad o simplemente neutralidad en la esfera individual. Su naturaleza energética es poderosa pero también muy sutil, por eso no deshacen siempre y en todos los casos la negatividad ambiental. Y por eso estamos donde estamos tú y yo, con el resto de la humanidad. En el "alambre" entre la positividad y la negatividad.

Hemos dicho también que se acompañan de una certeza de total confianza en su estabilidad y en su Permanencia. Ya no sucede como antes, cuando si muy ocasionalmente experimentábamos algo positivo, sufríamos lo indecible al sentir su importancia y su acción bienhechora, pero al mismo tiempo su enorme fragilidad y la facilidad con que se nos podía perder. No, ahora, estas emociones, como no corresponden a mis esfuerzos, como no son humanas en su génesis o fabricación, no temo por ellas; sé que ellas son las verdaderas acompañantes de la totalidad de la experiencia humana. Ellas no dependen de mí.

No son mi responsabilidad. Ellas permanecerán constantemente hasta el fin de todo, si es que este final existiera. No dependen de mí, ni de mis propias fuerzas; no dependen de mis méritos ni de ningún actuar personal. Y yo, ahora que he comprendido todo esto, también ahora soy más hábil para recibirlas y no dejarlas extraviar. Si antes yo buscaba con mayor o menor esperanza a esas emociones positivas, ahora sé que son ellas las que me están buscando a mí. Ahora sé que son ellas las que se abren paso, a través de todos los obstáculos y surcando cualquier territorio, para llegar de alguna forma hasta mí.

Esta certeza, esta seguridad inmerecida y regalada me llena de gratitud, y me impulsa a merecer día a día y cada vez más "esa nueva situación" en su integridad. Yo ya no quiero solo lograr o experimentar, ahora quiero ser digno, estar a la altura, "quiero corresponder". Esa será mi meta y mi objetivo a partir de aquí.

Pero recordemos que si analizamos la Triada 9-8-7, o Triada de la Búsqueda y mientras permanezcamos en ella, la Posición 7 no es nuestro centro de gravedad sino solo el extremo, la mejor posibilidad; sin duda el extremo más positivo que hemos conocido nunca en nuestra vida, pero no es una posición afianzada y definitiva. Iremos y volveremos hacia atrás, entre 8 y 9, todavía durante mucho tiempo, pero lo que tiene de diferente, lo que marca una novedad es que aun cuando la Posición 7, la hayamos experimentado por poco tiempo por momentos casi fugaces, nos habrá producido una "impresión tan fuerte, un impacto tan sorprendente y positivo" para nuestras limitadas expectativas sobre lo que era la vida, nuestra vida, que no se borrará tan fácilmente. De hecho, cuanto más profundizamos hacia el interior, más duraderas son las impresiones que experimentamos y más persistente su huella en el tiempo.

Todo ello continuará hasta un punto de "saturación" de la experiencia, o sea ese momento en que ya no la podemos "retirar" de nosotros. Eso que es "Nuevo", como queramos llamarle, ha venido para quedarse como parte de nuestra Naturaleza futura y definitiva. Entonces ese hombre dejará de hablar de "experiencias" transcendentes, para comenzar a hablar de "nuevos estados de Ser". Nuevos estados de Ser de los cuales ahora él ya puede hablar con autoridad porque empieza a sentirlos personalmente.

Pero ahora ya no hay un "sujeto receptor" de las experiencias transcendentes, como lo había antes de las experiencias ordinarias. Ya no hay una división entre sujeto y experiencia, como si fueran dos cintas transportadoras que se desplazaran independientemente una de otra, y por lo cual diversos sujetos experimentadores pudieran experimentar diferentes experiencias. No existe ya un sujeto que ha logrado una experiencia diferente de él mismo. No existe ya un sujeto separado de la realidad experimentada.

No, ahora el sujeto se experimenta a sí mismo en un nuevo estado de Ser. El "sujeto" no tiene "experiencias" sino nuevos estados de ser. ¡Por eso es ridículo cuando la gente habla de sus experiencias transcendentes…! como si pudiera tenerlas! Como cuando éramos jóvenes, y no sabíamos nada todavía, y creíamos que un hombre podría entrar en el Nirvana, gozar del Samadhi, comprender el Satori o viajar a los Cielos superiores. ¡No, el yo ordinario, el sujeto actual que somos no puede participar de nada de eso, precisamente por para atisbar algo de esas nuevas realidades el ego o yo o personalidad o sujeto de la experimentación…! debe quedar fuera!

Por lo tanto, nadie entra en los Cielos, solo entra Aquel que ya está. ¡Se acabaron las experiencias de transcendencia, solo queda… un nuevo estado o nivel de Ser, si…! el que siempre se tuvo y nunca se perdió!

PARTE TERCERA: EL DESPLAZAMIENTO.

20- EL DESPLAZAMIENTO ASCENDENTE

¿Cómo moverse hacia el centro? ¿Cómo vencer la casi imperceptible corriente de negatividad descendente, que nos empuja permanentemente hacia el exterior de uno mismo? ¿Qué tipo de "intento" debiera iniciar?

Si lo miramos detenidamente tendríamos que reconocer que la Negatividad es la fuerza dominante tanto en nuestra vida interna como en nuestras relaciones con los demás. Pero también podríamos descubrir algo más esperanzador y es que esta negatividad no es la "fuerza exclusiva" que actúa, porque también hay "influencias continuas de positividad" no percibidas, que actúan continuamente sobre nosotros e incluso producen sus efectos aun cuando no seamos conscientes de ellas, igual que lo haría cualquier otra radiación o influencia a la que nos viéramos sometidos.(Ya lo hemos señalado al hablar de la Posición 7, situación en la que se empiezan a recibir y sentir "influencias Superiores de forma directa"). Si en 7 las sentimos conscientemente, antes de llegar allí también las recibimos, aunque sea de forma apagada e inconsciente. Recibimos todo el tiempo esas "influencias positivas" aunque no las reconozcamos conscientemente, no las aceptemos, o no las integremos dentro nuestro.

También es importante reconocer que esa Negatividad tampoco es "omnipresente", no ocupa cada segundo de nuestra vida, porque hay multitud de momentos en que estamos libres de ella; o cuando menos en ocasiones su fuerza es tan débil que apenas nos influencia. Y estos momentos de cierta libertad o neutralidad emocional debieran ser aprovechados de forma decidida. Y precisamente estos momentos "libres" serán los que un hombre que quiera evolucionar va a aprender a utilizar. Somos tan peculiares que solo queremos trabajar sobre nosotros mismos…" cuando casi no podemos" y desperdiciamos, y despreciamos, esos maravillosos momentos en que "si podríamos hacerlo". Cuando estamos bajo la presión de un gran disgusto o de una grave enfermedad es cuando decidimos hacer algo; algo que en ese momento nos es casi imposible hacer.

Un primer nivel de despertar empieza por reconocer la presencia de "esos momentos" en que estamos básicamente libres y podríamos hacer algo voluntariamente. Libres de la identificación con tal o cual aspecto del sueño o de la vida. Estos momentos, dado nuestro grado de somnolencia, pasan desapercibidos, pero son muchos a lo largo de la vida. Sucede lo mismo con otros momentos igual de importantes y que también pasan por delante de nosotros sin que los reconozcamos y valoremos: son los momentos de felicidad. La felicidad casi siempre es recordada "a posteriori", cuando ya se ha ido, por eso felicidad y nostalgia son una indisoluble pareja. No sabemos que estamos siendo felices, más tarde lo reconoceré con nostalgia; y por lo mismo, no sabemos que estamos libres de las ataduras mentales…más tarde lo reconoceré, con pesar. Incluso se podría hacer un ejercicio personal de memoria, para reconocer a lo largo del día cuantos momentos tuve de libertad; y cuantos aproveche. Es tan curioso este tema, que muchas veces los calificamos de momentos de aburrimiento o de vacío, y rápidamente nos disponemos a llenarlos con lo primero que llegue. Inevitablemente, una persona que practica la meditación se tendrá que encarar un día u otro con el "aburrimiento", esa terrible experiencia en que estoy yo solo conmigo mismo…sin más. Así se nos pasa la vida, distraídos con diversas cosas que nos parecen fundamentales, pero luego comprobamos que no lo eran. Cuando el hombre "descubre" y así aprende a utilizar esos momentos en que estamos libres y neutrales, la velocidad de su "avance" se incrementa notablemente.

Sigamos prestando de nuevo atención a nuestra Escala, recordando que, en este esquema de Triadas, la "vivencia emocional subjetiva", ocupa nuestro interés central. Y que esta vivencia subjetiva tiene dos niveles de expresión perfectamente delimitados el primero de los cuales es la errónea auto-percepción individual como un "ego independiente" (queremos decir sobre todo… "indiferente" … a lo que cree que no es él; ajeno y "confrontado" … al resto de la vida). Este será nuestro principal error, el que originará después todos los malentendidos restantes. Esta auto-percepción es general en todos los estratos sociales, y universal en todas las culturas, porque no sabemos colocarnos en otra posición. Al final de nuestra formación como adultos, todos somos "egos" aislados y falsamente autónomos; y ese es nuestro primer gran obstáculo invisible:" nos creemos separados". Individualizados e incluso personalizados, pero separados; como dijeron los existencialistas nos sentimos "arrojados en medio de un mundo ajeno, que solo nos despierta perplejidad".

A-Los Egos.

Pero dentro de este marco general de Separación en el que nacemos todos, de "egos" desconectados de su "matriz creadora" y lejos de su alcance benefactor, puede haber variaciones individuales muy marcadas; y por ello el segundo aspecto a considerar es el "tono de mayor o menor positividad" de nuestra vida emocional, manifestada en las emociones concretas que cada uno presentamos. Por lo tanto, tenemos dos niveles, primero el "ego separado", experiencia universal para todos nosotros, y después las "negatividades posibles" en ese estado de separación, que serán particulares.

El "ego" separado ya es un producto resultante de una negatividad consustancial con la condición humana actual. Nuestros egos actuales ya son negativos "esencial e intrínsecamente". Esta afirmación quizás no sea fácil de entender y por ello sería esperable y comprensible que alguien preguntara el "porqué. ¿Por qué el "ego" humano actual sería una posibilidad indeseable de ser individuo? ¿Por qué, si es la única posibilidad que al parecer disponemos todos en conjunto, se la debiera considerar una anomalía a superar? ¿Por qué debemos esforzarnos durante casi toda nuestra vida para superar algo que se reconoce que es universal? La respuesta no es fácil, pero intentaremos avanzar algo sobre ella.

En principio podríamos decir que por dos razones; la primera porque su naturaleza es "inconsistente" y artificial; está hecha de fragmentos de sueños y fantasías, que la propia vida con el tiempo se encarga de desenmascarar (porque la operación del ego es principalmente la de borrar la realidad y sacralidad del mundo). Y por ello con gran frecuencia nuestra vida acaba en desilusión.

Y la segunda es porque el "ego" humano no es "positivo", aunque muchas veces lo parezca y pretenda pasar por tal. No es positivo casi nunca, pero mucho menos cuando la vida le somete a exigencias y pruebas de cierta dificultad, ahí se comprueba casi siempre su incapacidad para mantenerse positivo. Nuestro ego es una ilusión colectiva que, aun siendo fantasmagórica, hace daño real y provoca sufrimiento personal y ajeno, también reales. En general hacemos muchas cosas sin necesidad alguna, simplemente por mantener nuestro ego a flote y alimentarlo de lo que es para él su verdadero elemento: el "prestigio". Un prestigio basado en el auto-reconocimiento imaginario de mi yo, más la búsqueda desesperada de la atención de los otros, más la consideración personal. Todo ello porque el ego es una producción de naturaleza imaginaria y por ello se alimenta principalmente de miradas ajenas de aprobación. El "ego" humano es lo que sobra para que el planeta en conjunto vuelva a respirar en armonía. El ego no era necesario para la vida, de hecho, se opone a ella porque en sentido estricto es una "fijación"; una fijación imposible, podemos añadir.

Y recordemos bien que el "ego" es completamente diferente del "Yo". Este Yo representa las posibilidades maravillosas de la "individualidad creativa", o sea se dispone de una individualidad propia completamente genuina y creadora, algo que podríamos denominar como el hecho de poseer cada hombre de "rasgos diferenciales". Mientras que aquel representa la "separatividad" que conlleva la división y el dolor, porque no maneja solo la "diferencia" sino muy especialmente la "confrontación". Tomemos como ejemplo una simple mano, en ella cada dedo tiene una especificidad y una diferencia respecto a los otros, cada uno hace una función peculiar de forma muy eficaz, pero todos colaboran en todo momento, lo sepan o no, en el movimiento general y armónico de la mano, por ejemplo, en una tarea sencilla como coger una taza. Pero si consideramos la ejecución de una obra musical, la situación cambia. La mano de un pianista profesional coordinará perfectamente todos sus dedos, pero la mía no, en mi caso cada dedo hará lo que pueda y el resultado será una cacofonía total. En este caso mis dedos habrán funcionado como egos desconectados y por ello enfrentados; en el caso del pianista habrán colaborado en un resultado común y superior, manteniendo plenamente su individualidad. Este podría ser un simple aspecto de las diferencias funcionales entre el ego y el Yo.

El "ego humano actual", el de nuestros días, no es un producto ni natural ni espontaneo, sino que surge exclusivamente por imitación inconsciente de los "egos" de nuestros mayores; o sea por "identificación" (que consiste en captar y adoptar la forma o los rasgos de otro) en etapas tempranas de nuestra vida con las figuras adultas que nos cuidan. Y la posterior "introyección" (poner dentro de mi mente lo que está fuera). Esta identificación puede tener una naturaleza positiva, en la que me identifico con un "ego" percibido como deseable y digno de ser imitado; o negativa, en la que me identifico con un ego externo indeseable o amenazador (identificación negativa). El niño se identifica con lo que quiere, y a lo que aspira (que estará representado normalmente por una figura adulta), por un lado; y con lo que teme o incluso aborrece, por el otro, rasgos estos que también estarán encarnados en determinadas personas del entorno. Y la única defensa en este caso para cualquier niño, será precisamente constituir otro "ego equivalente" a ese que temo o aborrezco, con la misma configuración negativa, pero esta vez dentro de mí. Nos identificamos casi más fácilmente con aquellos que nos agreden o amenazan que con los que no quieren; la "identificación con el agresor" es ya un clásico de la psicología profunda.

Es imprescindible la constitución de un "ego" para acceder a las experiencias que nos ofrece el campo de la vida social, no cabe duda; su existencia, por desgracia, está plenamente justificada. El "ego" es un simple instrumento de adaptación al mundo humano, que deja de serlo para acabar constituyéndose en una "cualidad del ser", perdiendo con ello el carácter de "instrumental" y temporario. Debiera ser un simple instrumento, una herramienta más al servicio del Yo. Pero por lo menos sería esperable que este "ego" fuera un instrumento eficaz para mi adaptación al mundo, y que a la vez no fuera un "tirano" que me impida el acceso posterior a mi verdadera naturaleza o identidad.

El ego tiene su función, su utilidad y su valor en esta vida, en el marco de esta humanidad donde nacemos. El "ego" constituirá en realidad el reservorio de energía de donde yo voy a construir mi nuevo y más desarrollado Yo; siempre a condición de que le mantenga a aquel en su condición de instrumento y no le permita continuar actuando como amo y señor. Pero merece su respeto y el ego no debe ser destruido sin más; tarea que por lo demás seria criminal, (recordemos situaciones extremas de mal trato, a niños, sobre todo, o las terribles aniquilaciones propias de la tortura sistemática o de las guerras; aunque sin ir tan lejos determinadas drogas pueden producir esos mismos efectos), sino que debe ser transformado. Debe perder su configuración actual, pero manteniendo todo su poder, entregando así su propia energía progresivamente en un acto voluntario de apertura a algo superior. En algunas enseñanzas del Zen se afirma que: "un gran ego da lugar a un gran Satori, un pequeño ego…a un pequeño Satori". Esto es muy importante que se comprenda bien, porque muchos de los así llamados buscadores son personas semi-fracasadas incluso para las exigencias de la simple vida; y tendrán que desarrollar nuevas capacidades de la personalidad que tienen naturaleza "egoica", sin duda. En las enseñanzas del Cuarto camino de Gurdjieff, queda perfectamente claro como necesito el desarrollo de la esencia, pero también el de la personalidad. O sea, crecimiento en la altura, ¡sí! pero también en la base.

Por lo tanto, sin profundizar en su compleja y sutil constitución, que está ya ampliamente reconocida tanto en la psicología social como en la psicología profunda o psicoanalítica, sí que podemos distinguir aquí una cualidad distinta en el ego: en ocasiones es un "ego defensivo", de protección o adaptación contra algún tipo de amenaza real o imaginada, construido involuntariamente y por necesidad más bien que por deseo. Y en otras ocasiones es un "ego de afirmación", buscado y deseado por mí, con el cual se despliega mi tendencia natural o innata a vivir esa "experiencia egoica" que necesito, en esta vida. Esa experiencia "egoica" que se presenta como deseada y de alguna forma necesaria para mí, porque corresponde a mis tendencias íntimas, pero que será negativa en sus efectos tanto para los otros cercanos, como en general para todo lo que me rodea.

El "ego indeseable" que me ocupa y domina a pesar de todo, y el "ego deseado", que corresponde a mis propias tendencias más o menos más o menos negativas y más o menos innatas (huellas o samskaras en el hinduismo) ;y que muchas veces lo podemos sentir como un auténtico parasito invasor que nos hace infelices e inauténticos negativas y más o menos innatas,(que me parece que necesito realizar de forma imperiosa), nos plantearan dos condiciones muy diferentes de aproximación comprensiva hacia ellos; y también dos tipos muy distintos de actuación posterior frente a ellos. Exigen un trabajo distinto.

Para tratar con ese "ego" indeseable que se nos cuela dentro desde la más tierna edad, necesitaremos un intento decidido de recuperar la autenticidad, para lo cual será imprescindible desarrollar la "voluntad". La tarea predominante será la de "reforzamiento de la atención" para ver mis estados de identificación como lo que es: un acto de posesión por un elemento extraño a mí. Tengo que desarrollar una discriminación aguda como un láser para distinguir en mí lo que me es propio y lo que es ajeno. Como yo no tengo ni la más mínima idea de cómo separar estas dos cosas me veré en la disyuntiva de solicitar ayuda exterior. El ansia por volver a ser autentico, por recuperar el propio hogar, por descubrir mi verdadera naturaleza, será nuestra ayuda en este difícil proceso. ¿Qué es mío…que no lo es? ¿Quién soy "yo" en verdad? Retornar al origen, recuperar el centro, volver a mi hogar, serán nuestras aspiraciones, porque aun aquí estamos luchando contra la alienación impuesta desde fuera, por elementos ajenos a mí mismo.

Pero la segunda tarea es mucho más difícil aún, pues para despegarnos y abandonar esas tendencias "egoicas" negativas consustanciales conmigo, "propias", con las que nacemos, hará falta una especie de "conversión" bastante radical, una especie de desgarro y hartazgo de uno mismo; y eso servirá para producir una "nueva apertura emocional". Se necesitará una buena dosis personal de disposición al cambio (quiere decirse que no habrá de tenerse miedo a cambiar), e incluso de aceptación de la posibilidad de una verdadera transformación interior. Esa posible "conversión" en algo nuevo solo surgirá después de comprobar los efectos que producen esos rasgos o tendencias que se manifiestan en mí: ¡hacen sufrir" …ahora se comprueba con claridad. El hombre llega a sentir que en él se expresa algo verdaderamente indeseable, desajustado, tóxico, y que no debiera ser así. Por eso el hombre empieza a luchar contra su parte negativa mediante un proceso emocional de rendición o conversión ante una Realidad superior.

Otra diferenciación nos llevara a tener que distinguir en nosotros entre el "ego dominante o principal", (identificación primaria o central) que se manifiesta como el representante casi único y exclusivo de mí mismo, y cuyo poder de actuación no cesa ni un momento en estar activo; y por otro lado la "multiplicidad de egos parciales o secundarios", que pueden funcionar como autónomos e independientes, pero solo en una u otra ocasión (identificaciones secundarias o "a rasgos").

De hecho, solo alcanzar a comprender esta multiplicidad en mí, supone un notable avance en mi capacidad de distinguir y reconocer los "elementos egoicos" que me constituyen. Y este conocimiento modificará mi futura capacidad de actuar sobre ellos. Estos aspectos egoicos continúan vivos si solo son vistos mediante una observación ordinaria, como si se tratase de recolectar conocimiento literario o psicológico. No, necesitan una observación viva que trasmita algo parecido a un fuego purificador. De ahí viene la palabra "tapas" en hindú, que significa "calor", generar calor en una auto-observación implacable. Deben ser vistos desde arriba y con una atención silenciosa e impersonal, y con una mezcla de impecabilidad y compasión por sí mismo. Solo la virtud de esa nueva Mirada, que debemos aprender a realizar, nos permitirá deshacer los fragmentos egoicos de nuestra personalidad. Como señala el sufismo "el nafs" (los egos), deben arder

Y se podría preguntar ¿quién o qué va a poder actuar sobre ellos; ¿y qué o quién va a ser capaz de controlarlos, dirigirlos o transformarlos? Y la respuesta será que tendré que utilizar mis mejores egos al servicio de mi posible y futuro "yo unificado"; o sea que voy a utilizar unos egos para poner orden en otros. Al principio solo dispongo de "egos", mejores o peores, más o menos adaptados, pero "egos" al fin, y solo con ellos voy a poder actuar, todavía no se ha manifestado en mi "algo superior". Tendré que reconocer a aquellos "egos" que están más cercanos a mis tendencias naturales esenciales o innatas, los que me son más propios; aquellos que están menos pervertidos por el factor de extrañeza a mi propio ser, o sea de alteridad y enajenación. Esto parece obvio, el hombre deberá elegir entre sus metas las más ajustadas a su verdadera naturaleza; entre sus sueños, aquellos que no le alejan demasiado de su "si mismo"; y de todos sus ideales cultivará especialmente los que le sean accesibles y alcanzables.

Tenemos que elegir, tenemos que priorizar, tenemos que decantar en nosotros lo que más nos convenga para nuestra propia búsqueda. Y para ello utilizaremos los "mejores egos" disponibles, los reforzaremos, los activaremos constantemente, y de alguna forma les concederemos un poder provisional. Todo ello hasta que se alcanza nuestra verdadera naturaleza esencial. En ese momento, cuando la "esencia" ya esté activa, todos los "egos" pasan a estar subordinados por igual y en una posición secundaría. Quedan sujetos al Yo. (Por ejemplo, se podrán reforzar tendencias religiosas o sus contrarias agnósticas, potenciaremos las emocionales ingenuas o las más sofisticadas; los idealismos de todo tipo o el pragmatismo y realismo extremos, etc. Quiere decirse que habrá que reforzar determinados egos que objetivamente son de poco valor, pero que nos serán útiles temporalmente.)

B -Soledad o interacción.

La naturaleza central de los egos es que nacen para oponerse o cuando menos diferenciarse y actuar "entre y contra" otros egos. El ego no existe en la soledad porque no se le necesita. Solo nos es imprescindible en medio del campo de "egos ajenos" ya constituidos en el que nace siempre. Pero a pesar de su mala prensa en la literatura, el ego en sí mismo no es totalmente despreciable, es un logro por parte de un niño desvalido en su capacidad de adaptarse al mundo. Es únicamente una "construcción necesaria de adaptación" al medio cuyo funcionamiento debiera ser adaptativo y temporal.! ¡Hay de aquel que no lo haya logrado, que no haya sido capaz de construir un "ego fuerte" ante la vida! Y aunque se haya construido en una situación de inconsciencia o sueño, solo es indeseable en la medida en que nos impide evolucionar hacia nuestra verdadera naturaleza; o sea cuando nos domina y decide nuestro futuro. El "ego" es una prótesis para facilitar la adaptación, una especie de andamio, que solo es útil mientras dura la construcción; una vez está concluida, se debe retirar, ya no sirve. Es indeseable solo en la medida en que impide nuestro acercamiento y luego confrontación creativa con nuestro destino propio. Es totalmente indeseable solo cuando nos utiliza como parasito para vivir en nosotros, y a nuestras expensas, hasta su propia muerte; y cuando no permite que sea utilizado para nuestro propio Crecimiento y Transformación.

El ego central y los egos parciales que se instalan en nosotros sin nuestro asentimiento, representan una posibilidad de incorporar lo "ajeno a nosotros", lo de fuera, lo distinto, todo el campo de la "alteridad, de lo "distinto", de lo "opuesto a mí", como afirma la hermenéutica de Gadamer, por ejemplo. Y esta es una gran virtud de la "vida egoica", que por lo demás no se daría de vivir en una isla desierta y sin contacto con "los otros" (que terribles efectos tiene para aquellos que disponemos de tendencias místicas la imagen de la soledad del desierto, del dialogo exclusivo con lo Alto, de la ausencia del "otro" que importuna y que obstruye mi contacto con eso que siempre se ha llamado Dios.(El mito tan atractivo para muchos del "retiro" de la interacción humana, guarda notables secretos y valiosas posibilidades...!pero hay que entenderlo bien!. Está enormemente sobrevalorado en la literatura y se le considera como un logro y como un bien, cuando muchas veces es simplemente enfermedad moral... e incluso mental. ¡Esta necesidad de retirada, en un sentido propio y justo, implicaría únicamente el poder manejar correctamente las influencias de todo tipo que nos rodean! Y no ser su pobre esclavo. ¡Pero para poder hacer eso no es necesario retirarse de casi nada! Todo lo contrario).

Pero sigamos, la presencia del otro semejante y a la vez radicalmente distinto, amenazador en general, con esa multiplicidad de "formas egoicas" que esos "otros" pueden presentar para vivir, aunque igual mejor diríamos...para sobrevivir; pudieran y debieran ser nuestra verdadera fuente de alimento para un verdadero desarrollo "esencial". Se da la paradoja de que solo a través del "otro" (lo ajeno, distinto y diferente a mi) podrá crecer mi verdadero Yo. Pero deberé tratarlo e incorporarlo de una forma muy determinada y particular, no se trata de relacionarme con los "otros", de cualquier forma, sino solo de una muy específica. El "otro" por sí mismo, puede representar mi oportunidad de liberarme o mi esclavitud.

Un hombre podrá "madurar" (o sea consolidar y darle consistencia) su naturaleza ya adquirida, en caso de que viva o esté aislado y solo, pero difícilmente podrá Crecer. El crecimiento se producirá solo en la "confrontación creativa" y transformadora, y por lo tanto "esforzada", con el "otro".

El "ego", una vez constituido en las primeras épocas de la vida, sería posible utilizarlo como "sustrato base" para enriquecer y desarrollar mi autenticidad. El niño incorporaría egos diversos, captados del ambiente, que luego transformaría y metabolizaría en su propia sustancia con lo cual habría un crecimiento enriquecedor. Así pues, el ego en cuanto alimento o instrumento, se le podría considerar una oportunidad y un riesgo a la vez. Porque si los egos que me habitan no son digeridos e integrados en mí esencia verdadera, a partir de la segunda mitad de mi vida, serán para mí como un parasito depredador. Pero también es cierto que, sin ellos, sin su energía contrapuesta a mis aspiraciones y limitaciones innatas, yo apenas podría Crecer.

Podríamos decir en alguna medida que el ego es un cierre prematuro de una estructura mental individual, que sería verdadera si la hubiésemos dejado crecer. Una unidad falsamente autónoma y completa, y por ello insostenible. No es, en su naturaleza actual el precursor eficiente de un posible y verdadero Yo. Y como hemos dicho estos "cierres prematuros" de las posibilidades individuales se producen con mucha frecuencia en nuestra vida infantil donde no hay todavía discriminación; y también en nuestra vida adulta de dormidos donde no hay posibilidad de comparación ni de elección.

El niño no tiene criterio para aceptar o rechazar y por ello está sometido a las influencias que le rodean, casi todas de orden familiar, a las que no se puede oponer apenas. Pero el adulto dormido, continúa identificándose, aunque no lo quiera como si fuera un niño, porque no tiene Voluntad y por ello tampoco Libertad de atención y de "elección", que viene a ser lo mismo.

C-Trabajar con los egos. Al servicio del Yo.

El ego es por lo tanto la constitución de un anillo o bucle que se cierra sobre sí mismo antes de completar lo que una verdadera constitución del Yo debiera producir. Es un falso Yo o un Yo sucedáneo o fracasado; y como los egos son múltiples, incongruentes, aleatorios y desconocidos… el efecto de desgobierno interno, de descontrol y de ausencia de dominio y de "unidad interna" en el hombre es como una pesadilla… o aún peor. Todos conocemos el conflicto interior en el que nos encontramos al llegar a la edad adulta.

Esta ausencia de unificación y de armonía interior tiene una consecuencia muy negativa y es que cuando se plantea un trabajo sobre las emociones se incurre casi siempre en el mismo error: se las considera como realidades posibles de manejar, accesibles al supuesto poder de nuestra Voluntad, como si nuestra vida emocional fuera obediente a una unidad o totalidad integrada y armónica que fuera nuestra voluntad, pero no es así. Solo tenemos acceso a determinada área o porción de tal o cual emoción y además con un poder muy limitado.

Nos invitamos unos a otros, con ingenuidad total, a dejar de ser celosos, ambiciosos, temerosos, ansiosos, etc…como si esto fuera posible. Como si hubiera un funcionamiento del todo o nada y nosotros tuviéramos alguna capacidad. Nos imaginamos que somos nosotros los que "tenemos" (en el sentido de que dispondríamos de ellas y que estuvieran subordinadas a mí) a las emociones, pero en realidad… "son ellas las que me tienen a mí". Suponemos que obedecerán a la voluntad personal, pero no, ellas son las que forman primero, y dominan después, a la Voluntad, a nuestra mismísima y personal voluntad.

Esta es una realidad que conocemos todos: nuestras emociones no obedecen a nuestros deseos voluntarios ni a nuestra conveniencia personal y por ello no podemos plantearnos acabar con lo negativo "de golpe" y mediante un "simple acto de la voluntad o de la intuición", sino solo conquistarlo progresivamente mediante el desarrollo de una Unidad interior (unidad psico-orgánica, no solamente mental). Y además contando con la correspondiente "ayuda exterior", pues por uno solo la tarea se hace casi imposible.

En este campo de la armonía y control de las emociones negativas, cada hombre dispone de un área de posible actuación con ciertas posibilidades sobre una emoción concreta (uno podrá confrontarse fácilmente con el orgullo, otros con la avaricia, otros con la ambición, o el miedo...etc.). Cada uno disponemos de un cierto Poder sobre una emoción. No somos todos iguales. Cada hombre es capaz, en este terreno, de un margen de actuación y de un grado de libertad definido. Y nadie debe confundirse y aspirar a más de lo que buenamente puede.

En cada momento tenemos una posibilidad o potencialidad de actuación y solo esa; pero si continuamos en el proceso de autodesarrollo comprobaremos que esa capacidad se amplia. A medida que desarrollamos nuestro deseo de hacernos dueños de nuestra vida emocional con el objetivo concretísimo de liberarnos de nuestras negatividades, más y más fuertes nos sentiremos y más y más convencidos acabaremos de que tenemos "reservas de libertad" no reconocidas todavía; y una enorme posibilidad de ejercer "una Voluntad" de la que ya disponíamos pero que no sabíamos utilizar.

Pero se necesita todo un entrenamiento largo y muy específico; y se exige también el desarrollo de toda una "ciencia" sobre los recursos y habilidad personal necesarios, para llegar a conocer suficientemente bien las complejidades de tal tarea.

Y esto es así porque cualquier emoción empieza como cualquier mucho otro fenómeno de nuestra vida, con un periodo de "incubación oscuro" y después sigue con una fase de "representación mental" incipiente de esa emoción. Continua cuando esa emoción "ocupa el cuerpo", se somatiza, se hace carne por así decirlo y se ancla en la propia organicidad y puede acabar por fin como una "descarga incontrolable en actos", sean estos verbales o conductas físicas más o menos complejas. Cuando se va, nos sentimos sea satisfechos o bien descontentos de nosotros mismos por haber albergado y dado vida a tal o cual emoción. Lo que ha sucedido en realidad es que la emoción "ha pasado por nosotros". Como una tormenta … emocional.

Dependerá de múltiples factores el que después nos sintamos bien o mal; satisfechos o decepcionados de nosotros mismos, y eso condicionará que más tarde nuestra fuerza o capacidad de control sobre ellas, nuestro grado de libertad disponible, se haya visto aumentada o disminuida con tal experiencia. ¿Existirá alguna forma de resistir a la emoción indeseable? Y ¿existirá también alguna forma de cultivar y reforzar la emoción deseable? Creemos que sí.

Cuando se habla de "Cultivo emocional" inevitablemente nos vienen a la cabeza esas ideas que circulan profusamente en nuestros días, como la de que cualquier control emocional seria sinónimo de artificialidad o incluso de represión y mutilación de nuestra autenticidad. Nuestra vida emocional es brillante y poderosa, sobre todo si la queremos contraponer con nuestra casi siempre, repetitiva, vulgar y otras veces estereotipada vida de pensamiento racional. La esencia de la experiencia humana es emocional en un sentido amplio y poderoso, que incluye una representación mental correcta y creativa y además un anclaje vivo y dichoso en la experiencia orgánica o vida corporal.

La emoción verdadera es el núcleo de lo humano, su rasgo distintivo y su prodigiosa especificidad. Sin emoción no hay experiencia humana, y por eso cualquier tendencia a minusvalorarla o desdeñarla se puede entender como una mutilación o empobrecimiento de esta. Pero lo que sí es cierto, y creemos que comprobable, es que la mayoría de las emociones que vivimos son o negativas o falsas, porque nadie nos ha sabido enseñar o nosotros no hemos sabido aprender otras mejores.

Y por eso la idea que nos podría ser útil, no sería, por supuesto, la de un control artificial, mucho menos la de una mutilación castradora de nuestras emociones, sino la de su "posible selección o elección" de acuerdo a su naturaleza y nuestras posibilidades de aceptación o de rechazo; o sea de acuerdo a nuestra capacidad de elección emocional. Y esta es una parte de las posibilidades del "cultivo emocional", pero hay otro aspecto importante junto al del control o selección de esas emociones que ya están dentro de nosotros otras.

Porque junto a esta posibilidad de seleccionar y elegir emociones está también la posibilidad de liberación de la esclavitud de emociones ajenas que se nos pretenden imponer, o sea de aquellas que yo percibo como que me vienen de "afuera", que se me imponen con mayor o menor coacción. Solamente con disponer de esta capacidad de no dejarse influir por aquellas emociones que yo no deseo que me influyan ya, nos podríamos sentir satisfechos. Ya sería un gran logro. Pero también es muy importante el aspecto complementario, o sea el de ser capaz de neutralizar los efectos negativos, y las malas influencias, a través de mis negatividades, que emito yo, antes de que afecten a los demás.

¿Pero yo también emito negatividades tóxicas? "A mí me parece que no, o quizás solo en muy pequeña medida" ...; todos pensamos así. El hombre siempre considera que sus negatividades...no son verdaderas negatividades, que son "necesarias", y que sirven para realizar siempre una buena función. Nunca imagina la "toxicidad" de sus propias emociones porque está protegido por su auto-indulgencia y una falsa buena conciencia de sí. No entiende las razones de las negatividades ajenas, que le parecen inadmisibles, pero las suyas... siempre disponen de justificación.

Si dedicara un tiempo a observarse, imparcial y despiadadamente vería mucho mejor su realidad y quizás se asustara. Nosotros debiéramos aspirar, e incluso exigirnos, la posibilidad de la auto-limpieza de aquellas emociones de naturaleza claramente dañina para uno mismo, pero sobre todo para los demás. Seria diluir o disolver la "toxicidad" que emito yo.

D-El campo positivo de las emociones.

Junto a esta dimensión de "control responsable y de posibilidad de elección", tanto en lo que recibo como en lo que emito del mundo emocional, existirán otros aspectos todavía más esperanzadores, inesperados, e incluso sorprendentes. Esta nueva posibilidad será la "emergencia" de emociones nuevas de una naturaleza inesperadamente positiva, casi increíblemente positiva. Este descubrimiento de nuevas emociones o sentimiento desconocidos previamente por mí, se manifestará como la recepción de verdaderos regalos," emociones extraordinarias", insospechados totalmente por mis limitadas expectativas previas. Anunciados con antelación, dado que me había familiarizado previamente, mediante la que podríamos llamar..." cultura del buscador", con la necesidad de Experimentar "emociones extraordinarias", estas siempre me sorprenden por su grandeza y desproporción con todo lo previamente conocido.

Y estas nuevas emociones o mejor dicho..." experiencias de tono emocional", vienen a completar a la primera capacidad que ya estoy haciendo sólida y que consiste en la estabilización y el desarrollo de las emociones deseables positivas, que ya conocía antes perfectamente bien. Antes quiere decir...antes incluso de despertar.

El instrumento que dispondremos deberemos crearlo por nosotros mismos y será siempre algo constituido con un elemento de Intención mental, otro de Sensación física que podríamos llamar "poder orgánico" y por último un elemento Ético que siempre será una noble intención altruista. Nuestra Intención se debe encarnar en una forma cualquiera de sensación corporal, o sea se debe hacer orgánica, porque siendo solo mental nuestro poder es muy limitado. Controlar "la mente con la mente" es muy difícil. Necesitaremos apoyarnos en el cuerpo, que nos ofrece instrumentos grandiosos como son la Relajación y la Apertura, la Sensibilidad hacia energías nuevas y la Respiración. En nosotros siempre se están produciendo confrontaciones y luchas de energías y también síntesis e integración creadora, pero "todo adquiere la forma de energías", al final.

Todo este trabajo preparatorio permitirá la construcción de un Eje de estabilidad y control en mí mismo, que constituirá, en un sentido metafórico y también real, "mi Columna Vertebral". Será la columna vertebral de mi Yo, que ahora se vuelve a manifestar.

Una evolución de este tipo puede comenzar por diversos motivos, de los que no tienen por qué estar excluidos el sufrimiento humano propio y nuestra aspiración a la felicidad personal, pero más tarde deberá aparecer un elemento de Compasión por "la situación general de la humanidad", en su conjunto. Habrá otras formas igualmente válidas de inscribir nuestra búsqueda en algo grande y bueno y no en mi propio egoísmo personal, con la apertura a la empatía, la responsabilidad o la caridad; y muchas otras posibilidades sin duda.

Creo que ya se ha sido suficientemente claro sobre este aspecto: no hay posibilidad de una auto-realización particular que en el fondo fuera egoísta. No puede haberla, porque no estamos separados de los otros. Pero si puede y debe haber la "realización propia", que solo me incumbe a mí...

para comenzar por fin a cumplir la tarea que me esperaba". El hombre puede empezar a trabajar solo para sí mismo, para sus propios fines y necesidades, pero si lo hace justamente, acabará trabajando también para los demás. Y esto es una Ley.

E- Instrumentos de ayuda.

Como hemos dicho en otro momento, las emociones pueden estar en fase psíquica simplemente, o en fase de cristalización, cuando ya se han producido modificaciones permanentes en el cuerpo. Si este último es el caso, la cristalización se deberá trabajar mediante un proceso que además de psíquico tendrá que ser energético, lo que quiere decir que tendremos que utilizar las energías corporales. Estas energías corporales solo se pueden sentir en momentos de una profunda relajación corporal y de un notable silencio de la actividad mental. Para esta tarea se exigirá una notable quietud de las pequeñas voluntades, mecánicas o no, que operan en mí. Silencio interno, reposo profundo e inmovilidad serán habilidades a desarrollar para "des-cristalizar" emociones indeseables. La relajación, la respiración natural y la apertura de nuevos canales de energía en el cuerpo, serán los siguientes pasos. Esta tarea no nos será conocida de antemano; en este proceso de apertura y relajación, no sabemos casi nada, porque la mente no es capaz de imaginarlo.

No sabemos cuanta intensidad de relajación y apertura emocional vamos a necesitar para deshacer una u otra emoción negativa cristalizada; no sabemos durante cuánto tiempo deberemos permanecer permitiendo e incluso favoreciendo una nueva circulación de energías especiales y concretas, en esas zonas que ahora están como cerradas y casi muertas. Se deberá trabajar el tiempo que se requiera...con la "finura necesaria", no solo "con la intensidad necesaria", porque aquí las capacidades que precisaremos a partir de ahora, serán de mayor "sutileza" de todo lo que éramos capaces de hacer antes. El trabajo se hace ahora mediante una notable "sensibilidad". Relajación, abandono, apertura...nos abren la puerta a experiencias nuevas sobre las que poco se puede decir. Pero ahí están … ¡esperando! No tenemos otra opción.

21-LA DISTANCIA ENTRE POSICIONES Y SU ACCESIBLIDAD

Sería conveniente tener presente el grafico de las Triadas para poder reconocer bien nuestras posibilidades de desplazamiento.

1-   Se podría decir de una forma aproximativa que no habría "separación" entre las Posiciones 1-2-3. Serían distintas, pero no estarían separadas, y si estuvieran separadas, en el fondo tendrían una única Voluntad. Aunque esto esté muy lejos de nuestra capacidad lógica de comprensión, por el momento lo dejaremos así sin pretender entenderlo con más exactitud. Aquellos que nos hemos formado en una cultura cristiana, recordamos bien como siempre se nos dijo que el Padre, el Hijo y el Espíritu eran tres Personas distintas pero Un solo Ser; eso nos "resuena" mucho porque es lo que siempre se ha afirmado. Constituye el misterio bien conocido de la Trinidad, pero también se ve reflejado en la Ley de Tres como Ley primordial en muchas enseñanzas; y asimismo en una variante más filosófica está también en la dialéctica Hegeliana, que exige siempre tres elementos o cuando menos tres tiempos, para la manifestación completa de cualquier fenómeno o proceso. Esto nos provee de unas ideas que no nos exigen una comprensión formal y minuciosa, sino más bien solo una simple y correcta intuición. Por cierto, que cualquier hombre es en sí mismo una articulación de tres posibilidades o funciones: siente corporalmente, piensa intelectualmente y tiene emociones. Tres posibilidades que tomadas cada una por si misma tienen una perfecta delimitación; de hecho, creo que todos podemos afirmar haber tenido una emoción de alegría, por ejemplo, o un pensamiento matemático o un dolor en tal o cual parte del cuerpo. Sin embargo, en nuestro funcionamiento verdadero esas tres capacidades distintas están tan entremezcladas que nos sería muy difícil precisar en cada uno de nuestros actos, que componente tiene de sensación, emoción o de idea. Se producen simultáneamente sin preeminencia de una sobre otra; en una ocasión se presentará primero la visión, en otros la voluntad de querer ver algo deseado. Igualmente sucede con nuestras tres capacidades de "visión "que es estática, "emoción" que como la propia palabra indica, viene de motus (movimiento) es un movimiento, pero solo interno hacia algo y "voluntad", que consiste ya en hacer algo con todo el ser. En nuestro personal campo de visión, aparece un objeto al que deseamos y por ello nos movemos hacia él; cuando ese objeto no es deseado, nos alejamos de él. En nosotros mismos esas varias funciones actúan sin separación entre sí, aun siendo distintas.

2-   Al Absoluto en el hinduismo se le presenta como poseyendo tres cualidades, no una sola: Sat-Chit-Anand (Ser-Conciencia y Beatitud).   Por el contrario, las Posiciones 4-5-6 están "separadas e individualizadas" pero Conectadas entre sí por sus fuerzas y capacidades propias: Existen "puentes" ya construidos por ellas mismas, por su misma naturaleza, lo que quiere decir que el desplazamiento de una a otra se realiza "pasivamente", sin esfuerzo personal ni gasto de energía o trabajo. Pero no obstante tiene un "requisito riguroso", que es la "Aceptación" por parte de la voluntad. Sin esta sincera y sutil aceptación no hay desplazamiento. Esta posibilidad de obtener resultados o logros en cualquier área, contando única y exclusivamente con la "propia Voluntad", equivale y es representada en los mitos y fantasías de todos los tiempos, como la "posibilidad de una capacidad de omnipotencia", (sea del Maestro o del Mago o de los Dioses de la antigüedad o de nuestros Dioses actuales). En la psicología infantil la podemos ver reflejada en los sentimientos inconscientes de omnipotencia en las edades más tempranas, sentimientos estos que deben ser superados completamente para disponer de una correcta normalidad mental. Pero no se trata de nada parecido a esto. No hablamos de quimeras infantiles sino de una simple, y nueva, facultad que se nos va a presentar si despierta en nosotros la Voluntad.

En nuestra visión, la que justifica nuestro esquema, la entendemos de una forma muy simple; corresponde exclusivamente a la posibilidad de "disponer de una Voluntad No Dividida". La Voluntad se ha Unificado, la escisión primordial en la que crecemos, se ha superado en una "Reintegración", por más que muchas corrientes de psicología no crean en esta posibilidad. Las "ambivalencias" simplemente se han resuelto y la personalidad se ha Integrado consigo misma, en alguna forma de Unidad. Esto es perfectamente posible para cualquier hombre que se conduce adecuadamente a lo largo de su vida; y lo es más aún para aquellos que se disponen a alcanzar tal Integración cueste lo que cueste. Por lo tanto, la Omnipotencia no significa en absoluto que el hombre podrá alcanzar y satisfacer todos sus deseos e incluso caprichos, sino que una posible significación de la omnipotencia es la simple superación de la "impotencia en que vivimos". Superada esta, el hombre podrá Satisfacer todas sus "necesidades esenciales", las necesidades internas del propio yo. Entendemos claramente que las "necesidades esenciales" no se originan en la mente externa, o sea no son inventadas por la cultura imperante, sino en la misma naturaleza esencial. Y por ello, por el propio desenvolvimiento de la naturaleza y la vida, se deberían poder realizar. ¡Porque se encontraban dentro del plan!

3- Pero la complejidad y dificultad de esta nueva capacidad, la de poder desplazarse sin dificultades ni grandes obstáculos hacia el Centro, consiste precisamente en que tiene que darse una Aceptación total, de todos los fragmentos de la personalidad y no solo de una parte. Por eso no se puede producir en fases iniciales del trayecto de auto-perfeccionamiento sino solo a partir de ese punto del cual el hombre tiene, porque lo ha logrado de alguna forma, "una cierta unidad interior o cuando menos equilibrio" interno.

Ahora mismo somos incapaces de decir claramente "si" y también de decir limpiamente "no", estamos divididos y mezclados, somos contradictorios y ambivalentes porque no tenemos una voluntad Unificada. No disponemos todavía de esa capacidad y nos la tenemos que ganar. Pero una vez lograda esta, muchas cosas que ahora nos parecen inalcanzables se pueden conseguir con relativa naturalidad. Lo "imposible" se hace posible. Y todo ello dentro de la mayor lógica y sensatez; todo ello dentro de una adecuada responsabilidad y madurez. No hay nada de infantilismo mágico ni omnipotencia prepotente en esta posibilidad.

4- El escenario de lucha y sufrimiento, de esforzado y agonístico trabajo personal desaparece, dejando paso a otro en el que reina una nueva "armonía" y la "facilidad de la Voluntad no fragmentada". Las fuerzas "resistentes" dejan de oponerse y "vencer" con ese resultado paralizante que bloquea casi todos nuestros intentos de cambio y transformación. Las resistencias siempre han anulado mis tentativas y siempre me han colocado ante la amarga experiencia de no poder. Pero ahora, ya "unificado, ya reconciliado", las resistencias se quedan como lo que son: un simple momento de resistencia en un proceso en movimiento continuo y libre, que, se quiera o no, va a lograr su propia finalidad. Estas "resistencias" han podido tener un sentido que quizás se nos ha pasado por alto. Miremos nuestra capacidad y habilidad de movernos. ¿Qué serían de nuestros movimientos si no hubiera gravedad? El simple desplazamiento sería más fácil, nuestra sensación de esfuerzo, menor; pero una danza sin ella quizás no fuera posible, y como bien sabemos nuestros músculos y huesos, se atrofiarían rápidamente. La facilidad, el éxito, el regalo, no nos permiten alcanzar nuevas zonas del "yo" que necesitamos desarrollar.

Pero en eso han consistido precisamente nuestros trabajos y tareas previas y preparatorias en las posiciones anteriores a la Posición 7, cuando hemos realizado un esfuerzo de desplazamiento desde la Posición 10; y ese esfuerzo específico previo ha sido el de Reunificación interior. Reunificación de las intenciones, de las aspiraciones, de las voluntades y de las energías. Las tareas que han debido ser cumplidas en las Posiciones 11-10 y también en 9, han sido, claramente una lucha desesperada a favor de la Positividad y contra nuestra negatividad personal.

Hemos trabajado por crear y no destruir, por unir y no separar y sobre todo por no ceder al odio implícito en la separación constitutiva del hombre dormido que se aísla de los demás. Esta separación entre los hombres crea mundos-islas que se confrontan en una tarea de destrucción reciproca; no mundos distintos que se articulan luego en una armonía mayor. El ejemplo que nos otorga la fisiología, de los efectos destructores del cáncer respecto al cuerpo humano en su conjunto, aunque muy repetido, sigue siendo todavía muy aclarador.

5- Primero trabajamos contra nuestra "negatividad emocional", que en mayor o menor medida nos molesta; pero más tarde luchamos contra nuestras "fantasías e imaginaciones", que casi siempre nos parecen necesarias y positivas, a la vez que muy propias y creativas, pero que casi nunca lo son. Esas "creaciones", dicho esto con toda la ironía posible, a las que creíamos que debíamos desarrollar y defender, por ser muy "nuestras", pero que en realidad encubren nuestras negatividades más íntimas y ocultas. Los restos de las fantasías infantiles se han quedado ahí guardadas.

Primero trabajamos contra nuestro "sueño", del que más o menos todos deseamos librarnos, porque lo percibimos muy nítidamente, y más tarde contra nuestra "Ilusión" de ser seres en estado de "separación constitutiva". Primero nos enfocamos en las producciones del yo y más tarde en ese mismo yo, mi "yo separado", que identificábamos como el esencial privilegio de mi propia posición humana y que ahora lo vemos como un importante obstáculo de naturaleza artificial.

5- La Posición 7 es especial porque está entre dos mundos y podría corresponder quizás en términos del Trabajo de Gurdjieff a esa posibilidad que se encuentra entre los mundos "el del accidente y el del destino". Por fuera de la Posición 7 todavía estamos bajo la influencia del accidente y cualquier cosa puede sobrevenir, pero a partir de ahí y moviéndonos hacia dentro empezamos a estar en las manos de nuestro Destino, que sea cual fuere, quizás sea más agradable o menos, pero será en realidad "lo que nos correspondía vivir". Una vez reconocido este con suficiente nitidez, el hombre debe aprender a aceptarlo y ser capaz de vivirlo.

Hemos dicho que es en la Posición 7 y solo en siete, cuando "estamos por vez primera" bajo 6a influencia del Centro, pero además de una forma Directa. Antes en 9 y 8 nos llegaba esa influencia, pero de forma" indirecta y mediatizada" a través de personas y situaciones intermediarias que podrían obstaculizar el efecto puro de positividad de estas influencias. No había garantías de que esas llegaran a nosotros correcta y limpiamente, y produjeran su propia y benefactora acción.

7- En la Posición 7 estamos bajo dos clases de influjos, uno indirecto que es el del mundo con sus negatividades y una influencia directa que es la que proviene del núcleo central u Origen. De estas dos posibles interacciones surge la comprensión de que, a pesar de los avances y logros, que se han alcanzado al situarse en la Posición 7 todavía nada es definitivo y se podría perder la posición y la recepción de ese contacto central, aunque sería cierto que esto solo sucedería a través de una sucesión de "catástrofes".

Pero no hay lugar para el pesimismo pues, aunque se perdiera en esta ocasión quedaría "como una huella" marcada indeleblemente de nuestro pasaje por allí. Y esta huella es "eterna", si se quiere, aunque nuestro asentamiento en siete no lo haya sido. Es eterna en el sentido de que su naturaleza es de sustancia intemporal y por ella está por encima, o por debajo como se prefiera, de las vicisitudes del devenir de las cosas y seres. Y también está libre del transcurrir del tiempo, que ya en 7 empezamos a comprobar que, aunque nos lo imaginábamos antes con mucha ingenua seguridad, ahora nos confesamos a nosotros mismos que no sabemos bien que es. ¿Qué es el tiempo? ¿Qué es el Transcurso del mismo? ¿Qué es el Presente y el Devenir? ¡Misterios, claramente todo ello son misterios!

8-   Hemos dicho que incluso en la Posición 7, las influencias del mundo de la mente humana, la mente colectiva de lo humano, no solo artificial casi siempre, sino que muchas veces también anti-natural y anti-real, nos llegan todavía, aunque de forma indirecta. Y eso quiere decir que, afortunadamente nos llegan filtradas parcialmente por nuestra incipiente voluntad, elegidas y seleccionadas por lo mejor de ella. No impactan ya sobre nosotros como antes lo hacían, plenamente y en el momento más inoportuno o inesperado. Ahora las podemos neutralizar, atenuar, o retrasar. La experiencia de liberación que acompaña a esta simple posibilidad puede llegar a ser extraordinaria.

9-   Recordemos que hablamos siempre de tres posibilidades subjetivas que son las emociones, sentimientos y afectos, que, aunque tienen una naturaleza de difícil discriminación corresponden todas ellas a la vida llamada genéricamente "emocional"; pero que son tres cosas muy distintas. Cada una se acompaña de representaciones, imágenes y conceptos y también de excitabilidad orgánica o somática, o sea del mundo de la sensación. O sea, todas tienen un elemento mental y un componente orgánico. La posibilidad de sentir con la sensación y no con la emoción, nos confunde mucho porque en español ambas experiencias se denominan con la misma palabra: sentir. Siento una sensación de mi pie y siento una tristeza por una pérdida cualquiera. Pero este "sentir sensaciones" es simplemente una función más entre las otras de pensar, sentir emocionalmente, intuir y también el ejercer el poder de la Voluntad. Puedo neutralizar un sentimiento de ira con otro, que dispongo porque lo he cultivado suficientemente, y solo por eso, de generosidad o compasión. Puede atenuar mi propio miedo con la capacidad de enfrentarme a algo que temo, y que por mí mismo sería incapaz de hacerlo, pero que ahora si soy capaz de hacerlo como un acto necesario de cumplir para los demás. Y al final una emoción de tristeza la retraso y difiero en el tiempo lo suficiente para no perturbar a terceros… quizás.

10-   Neutralizar, atenuar, retrasar la Negatividad, son tres posibilidades de las que dispongo ahora ampliamente en la Posición 7, a las que he aprendido a manejar con seguridad en aquellos momentos en que trabajaba sobre mí a la desesperada y sin certeza intelectual ni convicción ni confianza emocional en que podía lograrlo. ¡Qué duros y difíciles momentos del inicio, cuando el hombre no sabe todavía por sí mismo nada con certeza y debe trabajar por fe ciega, o confianza en terceros o por simple desesperación! Y todos conocemos esa fase oscura del comienzo, ese primer periodo de aproximación.

11-   Entre las Posiciones 10-9 y 8 hay distancias importantes y además sin puentes construidos entre ellas, porque no tienen contacto, hay que crearlo; y lo que es peor, la "corriente fluye hacia afuera" y te quiere llevar de 8 a 9 y de ahí a 10 o más fuera aún. Pero si hay algo que nos podría ayudar, porque en esta región hay… "barqueros" que te acompañan y te llevan gratis, "rio arriba" por supuesto, contra corriente. Se conocen el camino y realizan un primer esfuerzo por ti. Está en su propia naturaleza hacerlo y no supone para ellos en absoluto ni pérdida de tiempo o energías, ni cansancio ni distracción de sus propias metas. Estos barqueros obviamente, son personas dispuestas a ayudar, sean estos Terapeutas o Instructores o Maestros. Y estas tres figuras deben ser perfectamente distinguibles.

12   El Terapeuta será aquel que te ayuda a mejorar tu situación emocional para adaptarte al mundo que te rodea, sea cual sea este, y en la posición en la que estés; no se plantea directamente un cambio de la misma ni de tu posición en el mundo, ni por supuesto mucho menos un cambio en este. Te ayudará a adaptarte a tus condiciones de vida sin pretender cambiarlas, y a aceptar tu propio yo, el que ahora dispones, sin demasiados cuestionamientos acerca de su verdadera naturaleza real. Busca solo tu armonía con él medio, en un intento de adaptación "sana" a él, cuando menos no alienada, logrando así una posición de bienestar temporal. Temporal, quiere decir también, que no visualiza ningún otro escenario más allá de esta vida.

Arregla, armoniza o "cura", todo lo que entendemos referido al campo de la mente psicológica, y esta, especialmente con su dimensión interindividual o social. Sus objetivos son el sufrimiento mental individual o neurótico y la inadaptación social. Su campo o área de interés es simplemente "la vida", esta vida.

13   El Instructor, y puede haber muchos y de diversas clases, te ayuda a progresar en lo que llamaríamos el Proceso de Individuación, en un sentido muy próximo al que se refiere Jung. Proceso que no culmina en la edad adulta simplemente, sino que es una tarea para toda la vida del individuo, hasta el último minuto de esta el hombre debiera poder crecer. Por el contrario, según las escuelas de psicología, profunda o no, el desarrollo

acaba con la madurez, y luego solo quedaría vivir y acumular experiencias, pero ya no habría crecimiento estructural ni esencial. Esto un verdadero Instructor no lo puede aceptar.

Sin embargo, el Instructor no te ayuda tan maternalmente como un terapeuta, sino que tiene una doble actividad de ayuda y exigencia a la vez. Te exigirá, de alguna forma, que culmines tu proceso de evolución. No será su interés exclusivamente tu bienestar mental, sino tus "posibilidades y obligaciones" de Evolución personal. Por otro lado, no pretenderá evitarte todo tipo de fricción, tensión, confrontación e incluso sufrimiento, si considera que estos son útiles a tu desarrollo.

La "guía" puede ser suya e incluso las instrucciones y la claridad también, pero el trabajo principal no, ese te corresponderá a ti. Se contará sustancialmente con tus propios esfuerzos y con su guía que se supone certera y que ilumina tus confusiones y zonas de ceguera. La energía la pones tú, los sacrificios los realizas tú también, mientras el Instructor con sus planos y su claridad mental te va "guiando". No pretende solo que te adaptes y aceptes lo que tienes delante, lo que percibes como real, lo que tu llamas tu mundo, sino que a su vez te interrogará sobre tus convicciones acerca de aquello que llamamos "yo" y de aquello que llamamos "Realidad". Ese Instructor considera que, dado nuestro yo actual, sino procedemos a un cambio notable o incluso drástico, poco tenemos que hacer en orden a lograr claridad, equilibrio y bienestar, por eso te obligará a enfocar la dimensión más allá de lo particular de la personalidad, o sea la zona olvidada de lo Transpersonal, o personalidad no subjetiva. Este busca no solo tu bienestar sino además tu Autenticidad Esencial. Por eso no mezclará sus energías con las tuyas.

Su área o campo de interés no es tanto la vida humana actual, como las posibilidades que puedan venir después. Sean estas las que sean. No se interesa exclusivamente en la vida actual, sino en su posible evolución. No se interesa exclusivamente en la personalidad, sino en la Esencia, que quizás sea perdurable. No reduce su interés a la felicidad sino a la Autenticidad del yo humano.

14   El Maestro podría ser aquel que carga contigo sobre sus mismos hombros durante una fase más o menos larga del camino o en determinados puntos de dificultad especial, sin pedirte nada. Te transporta gratis durante un tiempo, cosa que obviamente solo se puede hacer por

alguna forma de interés amoroso. Sin embargo, todo ese proceso solo se desarrollará si hay sinceridad y gratitud por tu parte. Y obviamente, por su misma naturaleza de radical autenticidad, no acepta nada que sea menos que la realidad Ultima o Final; la que le sea posible al hombre en general y la que le sea posible a ese hombre en particular. Considera que nuestra verdadera naturaleza es Consciencia y Felicidad, pero que estos no son personales sino más bien Objetivos. Considera que nuestra naturaleza de entes separados del Todo, es una falsa ilusión, y por ello plantea como objetivos la Reintegración con el entorno de la Gran Naturaleza, el Retorno a la fuente de Origen, y la Recuperación de nuestra verdadero Ser.

Un Maestro es ya un Modelo o mejor dicho un Molde donde el hombre se puede mirar y construir, no simplemente una ayuda o una guía, que también lo es, por cierto, cuando se necesita. Un Maestro no propone solo un objetivo psicológico o Psíquico, ni mucho menos exclusivamente social. Un Maestro ofrece un modelo energético de las posibilidades de lo que significa "ser humano" de verdad, y le abre al hombre a las posibilidades de su "inevitable función cósmica".

Por lo tanto, un Maestro no ejerce solo una función parcial, o simplemente técnica podríamos decir, al "influir" solo sobre la mente o sobre las emociones, sino que se ofrece como una Unidad para que se realice una acción Total con él. No pone en juego solamente sus emociones supuestamente sanadoras y reconfortantes, ni su propia claridad intelectual o sabiduría Transcendente, ni su simple Benevolencia, sino que ofrece todas las partes de su ser, haciéndolas completamente disponibles para "uso vital" del discípulo. Y así se realizará un trabajo parcialmente visible y otro invisible, uno accesible y otro oculto, uno comprensible y otro incomprensible, mientras dura el proceso de Transformación.

15   De forma que se podría decir que el terapeuta trabaja con las emociones negativas, pero solo las inadaptadas para la convivencia en nuestro ámbito social, el resto las deja tranquilas considerándolas erróneamente como inevitables y consustanciales con nuestra posición humana, aunque sean muy negativas para nuestra evolución posterior. Esto es así, porque solo busca nuestra adaptación. Por ejemplo, te planteará la superación de ciertos temores a actuar ante terceros, pero no la falsedad constituyente de nuestro ego en la sociedad actual ni la sobrevaloración individual de la propia personalidad y su realización.

Mientras que por el contrario tanto el Instructor como un Maestro te ayudan a abandonar para siempre lo negativo, tanto lo que tu reconoces con certeza como negativo en ti, como lo que no reconoces todavía como tal, pero sí lo es, por ejemplo, la auto-percepción falsa de radical separación e independencia esencial respecto a tu cuerpo, la naturaleza y la Creación en su Unidad. Esta alucinación de "estar separado" y ser libre y "poder hacer", representa para el hombre actual su forma más peligrosa de enfermedad. Ya lo hemos señalado en varias ocasiones.

16   Para el Instructor verdadero y por supuesto para cualquier Maestro verdadero, que si los hay, y quiero insistir en esto, que si los hay, el ego actual no es un logro evolutivo de la especie sino una enfermedad que se debe superar. Se trata de ir "más allá del Ego". En busca del verdadero Yo.

17   Además de ello está incluido en su actuación el intento de que reconozcamos e incorporemos emociones desconocidas de positividad superior a través de nuestra vuelta al origen o sea de nuestra Reintegración en un Orden Superior. Un Instructor verdadero pretenderá   introducirnos en una nueva Visión del mundo, del yo y del Todo. Se pretenderá que reconozcamos la presencia y el valor de esas Posiciones más allá del 7. El Maestro, además aspirará a que sintamos con nuestro ser completo esa misma gloriosa realidad, mediante la recuperación de nuestra verdadera Naturaleza o Ser. No descansará hasta que participemos vitalmente en todos los mundos y en todas las posibilidades de ser: desde la Posición 7 a la 1-2-3.

18   Las Posiciones 10, 9 y 8 son esa parte del trayecto en que el rasgo distintivo es la presencia de esos "otros" de funciones muy particulares que me pueden ayudar," barqueros" en número suficiente para los que quieren cruzar con sus respectivas ayudas. Todas estas posibilidades de ayuda a través de "barqueros "variados, que además parecen competir entre sí buscando clientes, son de colores tan variados y pintorescos, atraen nuestra atención con tanta intensidad y producen tal impresión que muchos se quedan decidiendo que barca elegir y a quién. Quedan fascinados allí y sin decidirse durante tanto tiempo que muchas veces se pasa la vida, antes de iniciar una verdadera navegación. Este sería lo que podríamos llamar el "riesgo del embarcadero", bien conocido por los buscadores y navegantes. La única manera de superar ese riesgo es navegar mucho y con muchos, y además navegar seriamente. Eso nos dará claridad mental y seguridad.

J.J. Gonzagui

19   Es precisamente esta zona turística y pintoresca, donde aparcan y esperan los "barqueros", la que representa de forma exclusiva y excluyente para muchos al Trayecto total. Pero solo es una parte…limitada y temporal, aunque absolutamente imprescindible. Decimos temporal porque ya hemos señalado que desde la Posición 7 hay puentes que se pueden cruzar con facilidad y más tarde, aunque nos parezca totalmente ilusorio lo que se va a decir, más tarde … en realidad "ya no hay separación".

20   Hay que decir además que la distancia de 10 a 9 es enorme comparada con la que va de 9 a 8, y que la longitud de la separación entre 8 y 7 es aún menor. Por eso la evolución es cada vez más fácil y posible a medida que nos adentramos en ella. La situación difícil, por tanto, la parte más azarosa e impredecible del camino es la que nos permite iniciar el trayecto desde 10, entrando en 9 de forma segura y afincándonos allí con firmeza total.

21   Por el contrario la distancia desde 10 a 11 es bastante menor que a 9 y por eso nuestro peligro constante de caer en negatividad; y además para bajar a 11 y 12 no hay esfuerzo alguno que realizar, se hace casi solo por sí mismo y es obra exclusiva de la propia Negatividad de la especie humana. Y desde 10 para fuera tampoco hay barqueros que nos pudieran ayudar a remar en contra de la corriente, y volver al punto original, estos nos están esperando en 10. Esto es así porque sin lograr disponer de las características del hombre ordinario o 10 es muy difícil buscar con cierta garantía y sobre todo es muy difícil que se nos pueda ayudar. Nuestra propia negatividad en 11 anula y borra la posibilidad de ser ayudados y mucho menos por personas como nosotros, aunque sean cualificados y experimentados barqueros.

22   De hecho aquellos barqueros que se ofrecen en 10 son los más sacrificados y dignos de agradecimiento por nuestra parte porque para ellos allí todavía la tarea es muy difícil e incierta, debido a que estos deben ser "reconocidos "por nuestra mente, con sus pobres capacidades; y ellos cualquiera que sea su capacidad deben "tratar" con la mente exclusivamente, o sea hacerse comprender por ella, aprender su lenguaje. Se les podría llamar genéricamente Instructores. Por el contrario, en 9 y en 8 ya hay muchos más y su trabajo es más fácil, pero el problema es que casi siempre deberemos llegar hasta ellos por nuestras solas fuerzas. En este caso nos podríamos referir a ellos como Maestros o Iniciados.

23   Si alcanzamos la Posición 7 dispondremos de puentes relativamente fáciles de transitar y si llegamos a la Posición 4 ya estará todo hecho, porque estaremos en manos de una especie de atracción Pasiva irresistible que nos querrá llevar de vuelta a nuestro origen. Entonces seremos atraídos por una especie de fuerza de gravedad que proviene del Centro.

Entonces estaremos seguros para siempre de no perdernos en la negatividad, aunque decidamos volver hacia fuera, por algún motivo o para cumplir alguna tarea, porque mantendremos un misterioso hilo de unión que no se puede romper. La Reintegración ya se habrá producido y comprendemos que esta es Irreversible. Y ese era el objetivo único de todo este trayecto a través de todas estas Triadas de evolución. La vuelta al Hogar.

LAS CINCO PRÁCTICAS

INTENCIÓN	VOLUNTARIA Y ÉTICA
ATENCIÓN	SILENCIOSA Y VISIÓN
SENSACIÓN	VIVA, APERTURAS Y ENERGÍAS
RESPIRACIÓN	NATURAL Y VIBRACIÓN
PRESENCIA	EN LA VIDA, COMPASIÓN

22-LOS INSTRUMENTOS DEL BUSCADOR.

Las cinco Prácticas.

En el campo de la psicoterapia hemos llegado a un consenso muy amplio sobre la cuestión del valor que presentan los diferentes tipos de técnicas, doctrinas y formatos de las diferentes escuelas existentes. Abandonada ya la discusión y la confrontación entre unas y otras, evidentemente todas presumían de ser la más eficaz o cuando menos la más justificada desde un punto de vista determinado. Las escuelas conductistas se arrogaban el mérito indiscutible de ser "las únicas de base científica", cuyos resultados se podían medir y reproducir. Las de tipo cognitivo se mostraban más sofisticadas que las anteriores y también con una indiscutible base de solidez científica, pero además eran muy eficaces, mucho más que el resto para curar ciertos trastornos por ejemplo...la depresión. A su vez las múltiples escuelas Psicoanalíticas se disputaban la posesión de la verdad o cuando menos de la legitimidad histórica por ser seguidores de tal o cual autor. Y de paso desautorizaban radicalmente a las otras.

Las decenas de variedades de técnicas, métodos, procedimientos, encuadres, marcos teóricos, actitudes éticas, etc., eran justamente el motivo de un cierto desprestigio en que se apoyaban los profanos, que nada conocen de este mundo, para descalificar casi universalmente el mundo riquísimo, creador, esforzado y "eficaz" de las psicoterapias en general. Es lamentable que esta última actitud se pueda imponer como una descalificación general de las posibilidades de trabajo con la mente, con lo cual solo nos quedaría el trabajo correspondiente con fármacos o drogas. Exagerando un poco podríamos decir que existe una corriente de opinión bastante extendida que vendría a decir que "cualquier sufrimiento humano, se solucionaría con algún tipo de substancia; y que solo es cuestión de tiempo el que encontremos todas, o cuando menos esa que te falta a ti". A ti que pareces tan inquieto e insatisfecho con la vida que pareces querer descubrir un no sé qué.

En la investigación en el campo de la psiquiatría podemos decir que hay mucha eficacia...pero muy poca seriedad, o muy poca profundidad, o ¿quizás muy poca honestidad?

Creemos que todas estas confrontaciones, en gran medida, se van acabando lentamente en las últimas décadas. Los que practicamos psicoterapia sabemos que todas son eficaces, esto es todas ayudan, todas alivian y quizás todas curan, en un grado mayor o menor. Y por eso concluimos que su eficacia no depende estrictamente ni de la técnica utilizada, ni del método, ni de la teoría ni de la escuela, ni de la personalidad del propio terapeuta. Porque todas ellas tienen unos elementos comunes imprescindibles, todas. Se haga lo que se haga, se practique lo que se practique, siempre estarán sucediendo unas cuantas cosas entre el paciente y su terapeuta, incluso aunque ninguno de los dos sea consciente. Y esos son los "elementos comunes" de cualquier psicoterapia. Los que responden de gran parte de la curación o cambio o simplemente alivio. El valor de estos "elementos comunes" es ya incuestionable. Son aspectos como la disposición atenta del terapeuta, la capacidad de escucha imparcial, la empatía, el contrato terapéutico, cualquiera que sea, el acompañamiento, la verbalización de experiencias y emociones, la busca de sentido, etc. Son muchas, y cualquiera las puede conocer en la literatura actual, en la que están profusamente desarrolladas.

Con esta introducción queremos afirmar enfáticamente que también ... "todos los caminos de evolución, todos los maestros o enseñantes honestos, y las escuelas dignas de ese nombre, además de todos los procedimientos o técnicas sensatas, producen efectos por los factores inespecíficos implicados". No descartamos con lo dicho el que "además ciertas enseñanzas o enseñantes puedan producir efectos específicos complementarios" que pueden ser de mucho interés para algunos buscadores muy concretos. Hemos dejado fuera, por supuesto, las enseñanzas falsas o pervertidas, los enseñantes sin ética o compasión, los grupos erróneamente constituidos, en fin, todas esas agrupaciones o métodos que no sirven a nadie, que objetivamente no solo no hacen nada, sino que incluso algunas veces hacen el mal. Ya sé que, sobre este punto, que puede ser controvertido, pudieran surgir nuevas diferencias y dudas, pero dejémoslo ahí. Nos referimos exclusivamente a las personas con finalidades deshonestas, o estúpidas, ¡que también las hay!

J.J. Gonzagui

Nos queremos centrar en algunas líneas de trabajo que es inexcusable que estén presentes si pretendemos que se produzca un avance, por mínimo que sea. Y que serían notablemente independientes o casi indiferentes de la validez de cada una de las Enseñanzas, de la pericia particular de los Maestros y de la eficacia de tal o cual Escuela, como agrupación humana. Serian líneas de trabajo que estarán presentes en todas ellas, se especifique como tal o no.

Estos elementos comunes serían cinco en un primer nivel y luego otros más en el nivel superior. Vamos a centrarnos en los cinco primeros que serán, por este orden, los siguientes:

Intención altruista y ética.

Atención mental sin palabras.

Sensación corporal viva con energías-

Respiración armoniosa y Natural.

y Presencia en la vida en contacto con algo Superior.

A- LA INTENCIÓN-

La "intención" de alcanzar algo en este terreno de la propia evolución, debe ser sin duda el primer aspecto a tomar en consideración. Esta "intención" se caracterizará por su "cantidad" y también por su "calidad". Todos los hombres no aspiramos a las mismas metas con la misma intensidad de deseo.

La intensidad de la intención que se necesita es alta sin duda, y en general está bastante por encima de los esfuerzos que solemos hacer para lograr cosas abstractas, (para lograr cosas concretas de la vida, normalmente si sabemos emplear grandes esfuerzos y energías, pero no suele ser lo mismo para conseguir logros intangibles en el funcionamiento del "yo", o cambios en el área de las posibilidades personales de evolución). Sin embargo, aquella no deberá ser tan intensa que llegue a forzar o tensar en exceso, error que también se suele cometer. Como si fuera la cuerda de un arco, debe mantenerse una tensión de esfuerzo adecuada, ni excesiva ni laxa. ¿Cómo diagnosticar esta situación? La tensión excesiva produce malestar y dolor; la laxitud no produce resultados ni cambios a pesar de que el tiempo pasa, y en el que imaginamos que estamos haciendo esfuerzos. Un buen amigo experimentado podría ayudar mucho a valorar la idoneidad de esta "intensidad de intención". Nosotros, por nosotros mismos, tendemos a confundirnos e incluso engañarnos.

La "calidad" del esfuerzo implicado también es muy importante, y en principio podríamos decir que esta calidad va en contra de la cantidad. No se trata de hacer muchas cosas, ni todo el rato, ni de todo tipo, ni porque sí. Se trata de hacer ciertos esfuerzos especiales, en momentos específicos, con la intensidad y duración necesaria...y a la vez...dejar de hacer otras cosas. Eso es calidad. Hacer aquello que nos cuesta hacer y dejar bastante inactivo aquello que, si queremos hacer porque tenemos una predilección personal, o mucha habilidad para eso en concreto. Es muy típica la disyuntiva entre la meditación solitaria y el despertar en la vida, y también lo es mucho la contraposición entre la tendencia a dejarse fluir naturalmente o a esforzarse.

Alguno de nosotros queremos hacer mucho, poner mucho esfuerzo, entusiasmo, entrega, pero solo en esas áreas que nos gustan personalmente, y que en general ya tenemos bastante desarrolladas, y que por eso mismo no precisan un desarrollo ulterior. Personas intelectuales querrán continuar comprendiendo el sentido de la vida y se dedicarán a profusas y casi siempre estériles lecturas y reflexiones, otras muy emocionales solo pretenderán sentir tal o cual emoción sin exigirse entender nada, y así sucesivamente. Es muy difícil de entender que para iniciar un camino serio de evolución la primera tarea es la limpieza y la segunda es la armonización; todo ello bastante antes de que podamos empezar a caminar de verdad.

Es también muy evidente entre los buscadores la "tendencia confirmatoria", por la cual solo prestamos atención e interés a aquello que confirma nuestras expectativas previas y nuestras peculiares opiniones (solo leemos los libros que nos gustan, seguimos a maestros que nos seducen personalmente, repetimos continuamente las afirmaciones que nos reafirman lo que ya creemos ...y así sucesivamente) y descartamos, desvalorizamos y despreciamos a aquello que se opone a nuestras creencias y expectativas. Esto nos hace más y más limitados y "parciales" con lo cual nuestro desarrollo se hace unilateral; pero si seguimos mucho tiempo en esta actitud se hace "desequilibrado"; y ese es un riesgo tan alto que quizás sea mejor parar. Saber parar a tiempo, en una actitud o propósito determinado, es un ejemplo de intención realizada con calidad. Por cierto, que aquí es mucho más importante aún que en el caso anterior, la ayuda de alguien con experiencia e imparcialidad, para contrarrestar las propias tendencias subjetivas.

Pero aquí viene el ego fóbico o narcisista, bastante generalizado entre los buscadores, y es que casi nadie acepta consejos personales, solo nos gustan las máximas universales abstractas, generalmente rimbombantes, que nada tienen que ver conmigo mismo. Repetimos incansablemente dichos y sentencias de zen, del taoísmo, del tantra, del yoga, etc. que apenas tienen la mínima conexión ni con mi situación ni con mis obstáculos personales. Ni siquiera con mi meta personal; porque no tenemos ni idea de lo que significan conceptos tales como iluminación, satori, samadhi, unicidad, salvación o conciencia cósmica, etc., ¡pero los utilizamos con profusión! Al mismo tiempo veneramos a maestros del pasado que son simples clichés totalmente imaginarios, meras figuras, históricas o no, de las que no sabemos nada en realidad. Y pretendemos seguirles e igualarles en sus acciones. Mientras tanto nos aterra que alguien nos diga algo personal o nos dé una mínima indicación precisa y particular. No se trata tanto de ego u orgullo, como de miedo e inseguridad personales. No solemos aceptar ayuda real, nos conformamos con vagas ensoñaciones místicas. Incluso las personas más pobremente desarrolladas e inestables y confusas se agarran a la teoría del Maestro interior para declarar que no hay nadie que les pueda enseñar, porque todo les viene de ellos mismos, de su propio interior. Pero todos sabemos que eso está muy lejos aún, que tendrían que estar más preparados y dejarse guiar, aunque solo fuera un poco. Por cierto, que la enseñanza externa y la realidad maravillosa del Maestro Interior, son dos realidades que se deberán reconciliar en el futuro.

Resumiendo, podemos decir que la "intención" debe tener una intensidad energética concreta, una cualidad suficiente y una dirección específica, que en general solo nos la dará la ayuda de alguien más experimentado que nosotros mismos. Y hemos dicho también que en esa intención debe uno aprender a "hacer" por un lado y también a "dejar de hacer". Más adelante incluso a "dejarse hacer".

Aunque la intención, o sea la capacidad de esfuerzo y propósito, es muy importante, lo es más todavía su "calificación", porque lo que importa es que esta sea una intención "altruista" o de base "ética". Nada de egoísmo o narcisismo o escapismo. Nada de infantilismo, ni omnipotencia; nada de adición al placer, aunque sea este presentado como cósmico. Practica basada en el altruismo, aunque sea incipiente; en la "compasión", aunque sea limitada; en una ética cualquiera del bien común, aunque sea, por ahora, un mero ideal. Si no hay ética, empatía o alguna forma de amor, la motivación será tan egoísta y ruin que quizás no merezca la pena ni empezar. Auto-realizarse, en esa limitada comprensión egoísta, es una aberración importante de las capacidades que debiéramos tener de sentir la vida en conjunto y a la humanidad en alguna forma de unidad compartida. Si lo que se busca es solo una solución para uno mismo, la ceguera de inicio es tal que no se podría garantizar una correcta evolución posterior. Pero se puede preguntar qué sucede con todos aquellos buscadores que solo aspiran a más salud, bienestar y felicidad personales. ¿Qué se puede hacer o cuando menos aconsejar? El tema es muy complejo, pero sí creo que se puede decir que a una enseñanza cualquiera que no tenga una dimensión ética, nosotros se la deberíamos incorporar. Mis supuestos samadhi, satori, salvación o iluminación, si no sirven a los demás y a la evolución general de la humanidad, son simples estados mentales subjetivos, sin apenas valor.

B- LA ATENCIÓN.

Nuestra atención esta esclava y no responde a nuestra voluntad; mil pensamientos, imágenes, palabras, recuerdos nos parasitan la mente de forma continua. Cuando el hombre pretenda poner la atención en algo concreto, durante un cierto tiempo, entonces entenderá que no tiene una atención voluntaria suficientemente desarrollada. Hagamos el experimento que Ouspenski nos proponía: cojamos un reloj y mantengamos nuestra atención total sobre esta sensación de estar "yo, aquí y ahora", sin permitirnos distracciones ni interrupciones, durante un simple minuto. Veremos lo difícil que es; y precisamente esta incapacidad de superar el automatismo del proceso mecánico mental nos enseña que no "disponemos de atención libre" (no cogida o esclava de ciertos objetos) y también que no disponemos de "atención voluntaria" (esa que podríamos poner sobre cualquier tema o aspecto que nos pudiera interesar). Estamos distraídos, dormidos o somnolientos, y parasitados por múltiples interferencias mentales. Sé que habrá gente que afirmará que no es así, que ellos piensan lo que quieren y cuando quieren, que disponen libremente de su capacidad de atención; pero esto casi nunca es verdad, salvo que haya mediado un esforzado trabajo de "recordarse a sí mismo". En general lo que sucede es que nos identificamos con nuestros sueños de tal manera que los hacemos nuestros, y entonces a esos sueños que nos dominan, los llamamos... nuestro propio pensar.

El desarrollo de la Atención flotante o abierta, de la capacidad de concentración en detalles o puntos concretos (Pratiahara, en el sistema Yoga), y de la posibilidad de seguir con ella un proceso de la vida determinado en su discurrir (sea este un fenómeno interno o externo; y esto sería equivalente el Darhana), han sido ya históricamente desarrollados, y son ampliamente conocidos, aunque poco desarrollados. Sin embargo, el "recuerdo de sí" en medio de la vida, o el mantenimiento de la meta personal siempre delante de uno mismo todo el día, o el más sutil de la captación constante de la Presencia que impregna el mundo, se conocen menos y casi no se practican ya. Pero están suficientemente desarrollados en las literaturas específicas, por lo que aquí no vamos a insistir más.

Lo importante en este caso, es que en cualquier enseñanza que se precie, la atención deberá crecer, y además hacerse "silenciosa". No basta con que se desarrolle y crezca de cualquier manera, sino que su potenciación deberá ser selectiva. Tendrá que ser en la medida de lo posible una atención vacía de contenidos y de palabras. O dicho de otra forma no será mi atención particular, sino una "atención impersonal". Se deberá acercar lo más posible a una Pura Atención, o a una simple Percatación o Constatación. Sin más añadidos, sin más comentarios internos, sin más asociaciones mentales. Ver y más ver, puede ser una gran solución para salir del impasse en el que estamos, pero solo ver, sin más. Esta nueva capacidad de ver no requiere explicación mental alguna acerca de lo que estoy viendo, sino que trae su propia comprensión añadida y gratis en sí. Por lo tanto, el simple acto de Ver, nos regala la comprensión de eso que vemos. No debemos buscarla en ninguna otra parte.

Un aspecto importante y siempre olvidado es que este acto de Ver, no solamente no es mío, sino que sobretodo..."no es para mí". El Ver no tolera sujeto alguno que mire, o que observe tranquilamente, sino que como si fuera un fuego, va disolviendo también a aquel que empezó mirando. Primero quema y disuelve a "aquello que veo" ...y más tarde comienza a disolverme a mí como testigo, o sea disuelve a "aquel que ve". La atención es un fuego purificador y no pertenece al hombre, sino que se le presta. En realidad, la Atención vive en sí misma.

Dado que enseguida comprobamos que la atención es incompatible con el sueño, tendremos que elegir entre ambos. O sueño o atención. Imaginar el mundo o ver.

C- LA SENSACIÓN.

En el hinduismo se recalca la necesidad de experimentar con las energías corporales si se quiere lograr las máximas posibilidades evolutivas; se habla de localizaciones, centros, chakras, pranas y kundalini. En nuestra tradición occidental la alquimia recoge esta idea, insistiendo en la necesidad de recoger, diluir, concentrar y transmutar energías. Hasta lograr el Elixir, la Piedra, que todo nos otorgará. Pero en la religión cristiana el cuerpo solo es valorado como fuente de perturbación, de pecado y de esclavitud. Y con el cuerpo, el mundo material en su totalidad es vivido como una condena. De ahí que en la educación de generaciones enteras las envolturas físicas del hombre y sus posibilidades evolutivas hayan sido siempre despreciadas. Se ha privilegiado lo mental, lo conceptual, lo representativo: todo eso que se engloba bajo el concepto del pensamiento humano.

El pensamiento por sí solo no puede lograr un proceso de evolución serio, se deberá integrar la dimensión somática, y lograr así una integración de todos los vehículos del hombre, desde los más superiores, hasta los aparentemente inferiores. En realidad, las dimensiones inferiores, o sea cuerpo, mente y emociones, son las áreas más importantes de trabajo, porque las superiores ya están plenamente constituidas. Nos debemos centrar en cultivar los cuerpos de expresión inferior, siendo el más bajo, el último y probablemente el más necesitado de trabajo el cuerpo físico. Pero debemos decir con rotundidad que nuestro cuerpo no es en absoluto lo que las ciencias biológicas y médicas nos hacen entender. Es mucho más que lo que nos imaginamos y creemos saber sobre él. Está lleno de misterios y energías desconocidas, y nos ofrece posibilidades inimaginables.

Sin la transformación energética del cuerpo, todos los cambios que pretendamos, se quedan sin concreción, sin fijación y sin substancia. Ya hemos dicho que al cambio psicológico y mental debe seguir la transformación orgánica. La creación de nuevas posibilidades de expresión material, porque la verdadera tarea consiste en llevar lo de "arriba" a lo "más bajo". Y sin el concurso del cuerpo esa tarea se manifiesta inviable.

De hecho, la incorporación en la sensación propia nos permite avanzar mediante un proceso de "Deslizamiento continuo". En la sensación nunca hay nada rechazable una vez que nos hemos librado de las grandes tensiones internas. Todo es agradable y positivo porque ahí solo se manifiestan las energías de la vida, de mi vida. ¡Y por eso todo lo que voy a encontrar dentro de mí …! es mío! Mejor dicho "soy yo". Una vez superadas las representaciones imaginarias, muchas de ellas ajenas, todo lo que ahí encuentro es mi propio campo de experimentación. Nada ajeno, extraño ni amenazador. El deslizamiento se producirá con mayor o menor velocidad, con mayor o menor alegría, pero será continuo, porque no habrá fronteras o barreras, ni abismos o precipicios que saltar. Eso solo estaba en la mente, donde encontramos los "opuestos irreconciliables" por doquier. Ahora estoy seguro, luego dudo; ahora quiero, luego no: ahora entiendo, más tarde no entiendo nada; ahora confío, y después desconfío totalmente. La mente funciona así, por eso no hay continuidad armoniosa hasta que no aparece delante nuestro el cuerpo, con sus sensaciones y sus misterios, que me viene a ayudar. En la mente hay siempre pares de opuestos totalmente contradictorios unos con otros, unos nos invitan a despertar y otros con la misma convicción nos presentan el dormir como un camino igual de interesante. Unos nos hablan de esfuerzo, sacrificio y entrega y otros condenan todo ello por antinatural e incluso antiespiritual. Lo que entendía antes está proscrito ahora, lo que entiendo ahora seguro que será sometido a crítica por igual. Y esto es así con nuestras operaciones mentales que configuran nuestra búsqueda y dar forma a nuestra meta...pero ¿que podríamos decir de nuestras emociones? Son todavía menos de fiar hasta que han sido educadas. El "deslizamiento continuo" en la sensación nos evita dudas, temores, detenciones y perplejidades, y nos ofrece un camino progresivo y natural hacia el propio Yo, que es una forma de organicidad y no solo un pensamiento.

Aunque en esta obra solo se trata de recordar su necesidad y su papel en cualquier trabajo evolutivo serio, y no un desarrollo exhaustivo del mismo, señalaremos tres aspectos principales de esta posibilidad.

La primera es que el cuerpo debe estar siempre presente con un eje de estabilidad. Después es que debe estar vivo, manifestarse como una fuente continua de vida con energías en continuo movimiento. Y por último es que debe participar de transformaciones y experiencias más allá de él mismo, permitiéndonos así experimentar la realidad más íntima del cosmos

Primero lograremos disponer de una sensación corporal, que ahora no tenemos. Pero esa sensación será todavía algo rígida y forzada, al principio. Esta sensación deberá ser después, global y completa, o sea englobará cada miembro y cada órgano corporal. Más tarde se producirá una relajación progresiva hasta lograr una casi desaparición de las tensiones, lo cual precisará una cierta capacidad de abandono de mis hábitos mentales e incluso de un cierto abandono de mis apegos y de mis deseos y temores.

Luego se comenzará a sentir pequeñas sensaciones muy gratificantes y positivas por diferentes partes del cuerpo y por fin por todo él. Después serán corrientes de energías que conllevan consciencia en sí mismas. Esas energías se activarán en el cuerpo y también fuera de él.

D- LA RESPIRACIÓN.

La respiración es la gran olvidada de los verdaderos procesos de evolución. Si ya nos cuesta entender que la sensación corporal tiene un importante papel, la función de la respiración es todavía más difícil de captar. No se trata solo de ejecutar ejercicios de controlo respiratorio (los pranayamas del hinduismo), sino de otorgar a la respiración natural la importancia que merece. No cabe duda que todos sabemos que en momentos especiales la respiración cambia por si misma; al escuchar música, sentir la naturaleza o estar relajado y receptivo nuestra respiración se hace más profunda y lenta. Y también todos sabemos que la respiración agitada, entrecortada y no fluida, es siempre un anticipo de malestar, angustia o incluso enfermedad. Pero nos podemos preguntar... ¿Qué tendrá que ver una simple función fisiológica con mi aspiración a relacionarme con algo más Alto? Aquellas personas de tendencias religiosa o místicas con un fuerte componente personalista en su relación con el Absoluto, incluso pueden pensar que nos encontramos ante una auténtica aberración. Es un secreto importante y muy oculto, que tendremos que descubrir si queremos progresar.

Hay tres niveles de posibilidad respiratoria que deberemos distinguir, la respiración ordinaria, la respiración natural, y la respiración Conectada con algo mayor que sí misma.

La respiración ordinaria puede oscilar entre extremos de agitación y otros de suavidad y tranquilidad, pero en ningún caso es consciente. No estamos atentos a ella, no la seguimos, no la sostenemos; y por ello no disfrutamos de esa experiencia que siempre sería positiva y agradecida. La respiración debiera ser una fuente de satisfacción corporal y psicológica, una posibilidad que sirviera de contraste al discurso de la vida, con todas sus contradicciones. Pudiera ser la manifestación de algo vivo y a la vez natural, que nos reconciliara con nuestra verdadera naturaleza. Que nos otorgara serenidad, bienestar y gratitud. Todo ello por el simple hecho de "prestar atención al respirar".

Más adelante este proceso, si se desarrolla, manifiesta la necesidad de una mayor relajación corporal, y un mayor desapego de los contenidos de la propia mente. Al final de esta fase la falsa identidad que sostenemos todos habría cedido de tal forma que apareciera nuestra personalidad más verdadera, muy lejos de los artificios de la personalidad. Esa respiración nos está ayudando a entrar en nosotros mismos, en un espacio de intimidad personal y de autenticidad. A la vez mi sinceridad y mi entrega progresiva a esa experiencia de respirar y "ser respirado" simultáneamente me señala una naturaleza propia olvidada, una posibilidad de ser completamente diferente a lo que yo he llamado mi vida previamente. Comprendo que la naturaleza de mi ser es muy grande y desborda todo lo que yo me creía ser.

Pero lo más importante es que debo continuar entregándome en silencio a esa experiencia, sin elaboraciones mentales ni comentarios y sin añadir creencias o subjetividades. Si lo hago así se manifiesta el verdadero carácter de mi respiración: está conectada. Conectada con realidades mucho más grandes que yo mismo. Mi respiración me conecta con algo muy Grande y Real. La respiración se ha hecho como algo Sagrado. Y con el mayor respeto y la más grande gratitud yo quiero conocer más de esa posibilidad.

E- LA PRESENCIA.

Esta posibilidad está muy lejos de nosotros, pero debemos comprender que nos espera al final. No escaparemos.

Cualquier experiencia, logro, capacidad, habilidad, y conocimiento que obtenemos en nuestro secreto trabajo interior, tiene siempre un destino: su integración en la vida, su entrega a los demás. No hay nada que valga verdaderamente y nos la podamos quedar para nosotros.

La posibilidad de "vivir en dos mundos a la vez", o la de Encarnar al Ser en la manifestación terrenal, es un logro, o quizás un regalo, de una enorme transcendencia.

No todas las corrientes evolutivas incorporan el voto del "Bhodhisatva", o sea ayudar a la humanidad hasta su liberación del dolor, pero personalmente considero que para los occidentales esta perspectiva es casi inevitable.

No pretendo desarrollar más esta posibilidad. Simplemente recordar a una gran persona que me ayudó mucho cuando yo era joven, Mme. H. y que nos contaba cómo fue de glorioso para ella estando comprando unas zanahorias sentir simultáneamente "dos mundos a la vez". Una "presencia" personal en el mundo que está impregnado y sostenido por Otra Presencia mayor.

Una experiencia a la que todos estamos invitados…aún.

23-LA INTUICIÓN TRANSCENDENTE.

La Suprema identidad.

Cuando Adam miraba hacia fuera, veía un mundo completo lleno de seres y cosas diferentes entre sí y regidas por sus leyes. Cuando miraba hacia dentro solo podía ver una cosa, un "ser". Un Único Ser. Su propio Ser.

Era un ser bifronte, en la frontera entre dos mundos.

Cuando veía cosas sabias relacionarse con ellas, era sabio dentro de las condiciones diversas. Cuando veía y sentía al Ser se dejaba ser.

Sabia ser Uno y ser "muchos" a la vez.

Sabía desplazarse y quedarse inmóvil. Sabia desear algo más y saturarse de Plenitud.

Sabia estar perdido y en el Centro. Sabia ser Adam y luego Ser Él.

Sabia disfrutar del paraíso y sabia renunciar a él.

Más tarde aprendió a sufrir.

Ofreciendo su mente abierta y vacía consiguió que el Creador pudiera "pensar" como si fuera un hombre más. Antes el Creador, omnipotente según se dice, no podía pensar.

Sansara, lo que se mueve, y Nirvana, lo que está quieto, no tenían secretos para él.

Un día se movió muy brusca y torpemente hacia a la izquierda y el contacto con el Centro se perdió.

Y nació el hombre. Y toda la historia humana, incluida su liberación.

Pero otro día Adán se volvió con fuerza a la derecha y entonces "recordó".

Y desde entonces…

Ya no necesitamos lógica, ni razonamiento impecable ni tampoco sentido común. No deseamos experiencias, ni logros ni conquistas; ningún Hal más (lo opuesto al Makan o estación o estado de ser). Buscamos estados, o mejor aún el nivel de ser que somos. Y hemos prometido no desear ser ni un miligramo más de lo que somos. Y aceptamos estar a la misma distancia del Centro a la que ahora mismo ya estoy.

¿Dónde mirar si estas en todas partes?

¿Cómo querer que vengas si ya estás?

¿Para qué llamarte si tú siempre sabes cuales son mis deseos.?

¿Que amenaza podría servirme para obligar tu voluntad?

Que halago. Que oración que Tu no estés recitándola ya.

Que sacrificio puedo hacerte a Ti que lo posees todo.!Oh Ser!

¿Cómo puedo pensar todavía en hacerte feliz como si no lo fueras?

¿Qué puedo pedir que no seas Tú?. ¿Qué podría darte que no seas Tú?

Mi mente se oscurece y para mi alegría...brilla la Tuya.

¡Solo la Tuya!. ¡Oh Único Ser!

¡Ahora ... si! ...

¡Ahora ...si!

www.ingramcontent.com/pod-product-compliance
Lightning Source LLC
Chambersburg PA
CBHW051343280526
45784CB00007B/2799